Tre vant carambole: Halv bord sirkel mønstre

Fra profesjonelle mesterskapsturneringer

Test deg selv mot profesjonelle spillere

Allan P. Sand
PBIA Sertifisert Biljard Instruktør

ISBN 978-1-62505-321-3
PRINT 7x10

ISBN 978-1-62505-485-2
PRINT 8.5x11

First edition

Copyright © 2019 Allan P. Sand

All rights reserved under International and Pan-American Copyright Conventions.

Published by Billiard Gods Productions.
Santa Clara, CA 95051
U.S.A.

For the latest information about books and videos, go to: http://www.billiardgods.com

Acknowledgements
Wei Chao created the software that was used to create these graphics.

Innholdsfortegnelse

Introduksjon **1**
Om bordoppsettene 1
Tabelloppsett 2
Formål med layoutene 2
A: Grunnleggende halvbordssirkel **3**
A: Gruppe 1 3
A: Gruppe 2 8
A: Gruppe 3 13
A: Gruppe 4 18
A: Gruppe 5 23
A: Gruppe 6 28
A: Gruppe 7 33
A: Gruppe 8 38
B: Inn og ut av et lite hjørne **43**
B: Gruppe 1 43
B: Gruppe 2 48
B: Gruppe 3 53
C: Inn i et lite hjørne **58**
C: Gruppe 1 58
C: Gruppe 2 63
D: Innsiden bakover **68**
D: Gruppe 1 68
D: Gruppe 2 73
D: Gruppe 3 78
D: Gruppe 4 83
D: Gruppe 5 88
D: Gruppe 6 93
E: Utvidet ben **98**
E: Gruppe 1 98
E: Gruppe 2 103
F: Utvidet ben (ekstra lang) **108**
F: Gruppe 1 108
F: Gruppe 2 113
F: Gruppe 3 118

Other books by the author ...
- 3 Cushion Billiards Championship Shots (a series)
- Carom Billiards: Some Riddles & Puzzles
- Carom Billiards: MORE Riddles & Puzzles
- Why Pool Hustlers Win
- Table Map Library
- Safety Toolbox
- Cue Ball Control Cheat Sheets
- Advanced Cue Ball Control Self-Testing Program
- Drills & Exercises for Pool & Pocket Billiards
- The Art of War versus The Art of Pool
- The Psychology of Losing – Tricks, Traps & Sharks
- The Art of Team Coaching
- The Art of Personal Competition
- The Art of Politics & Campaigning
- The Art of Marketing & Promotion
- Kitchen God's Guide for Single Guys

Introduksjon

Dette er en av en rekke Carom Biljardbøker som viser hvordan profesjonelle spillere tar avgjørelser, basert på tabelloppsettet. Alle disse layoutene er fra internasjonale konkurranser.

Disse oppsettene legger deg inne i spillerenes hode, som begynner med ballposisjonene (vist i første tabell). Den andre tabelloppsettet viser hva spilleren bestemte seg for å gjøre.

Om bordoppsettene

Dette er de tre ballene på bordet:

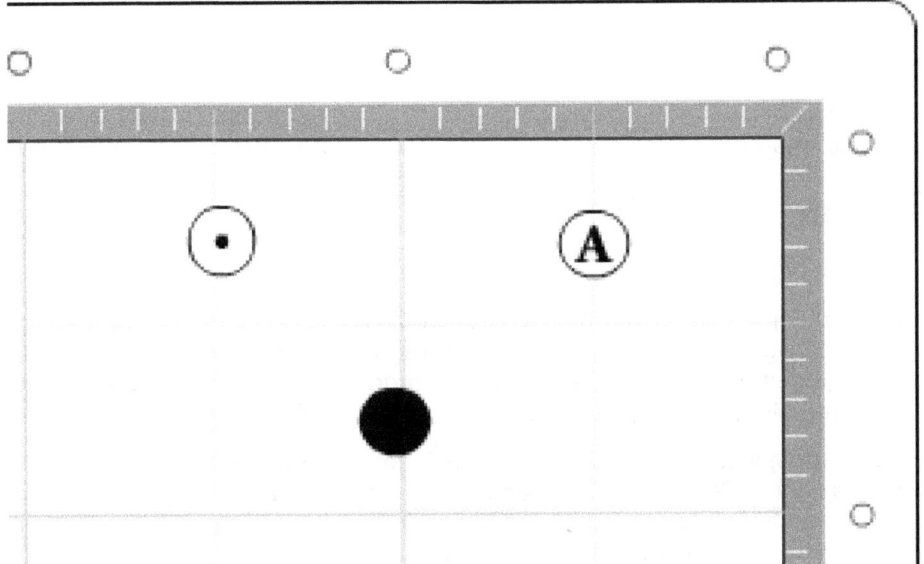

Ⓐ (CB) (biljardkulen din)

⊙ (OB) (motstander biljardball)

● (OB) (rød biljardball)

Hver konfigurasjon har to tabelloppsett. Den første tabellen er ballposisjonene. Det andre bordet er hvordan ballene beveger seg på bordet.

Tabelloppsett

Bruk papirbindingsringer for å merke ballposisjonene (kjøp hos enhver kontorforretning).

Plasser en mynt ved hver pute som den (CB) vil berøre.

Sammenlign din (CB) -bane med den andre tabellkonfigurasjonen. For å lære kan det hende du trenger flere forsøk. Etter hver feil, foreta justering og prøv igjen.

Formål med layoutene

Disse oppsettene er gitt for to formål.

- Din analyse - Hjemme kan du vurdere hvordan du spiller konfigurasjonen på den første tabellen. Sammenlign dine ideer til selve mønsteret på den andre tabellen. Tenk på løsningen, og vurder alternativer. Fra det andre bordet kan du også analysere hvordan du følger mønsteret. Mentalt spiller skudd og bestemmer hvordan du kan lykkes.

- Øv tabellkonfigurasjonen - Legg ballene på plass, i henhold til den første tabellkonfigurasjonen. Prøv å skyte på samme måte som det andre bordmønsteret. Du må kanskje ha mange forsøk før du finner den riktige måten å spille på. Slik lærer du og spiller disse skuddene under konkurranser og turneringer.

Kombinasjonen av mental analyse og praktisk praksis vil gjøre deg til en smartere spiller.

A: Grunnleggende halvbordssirkel

Den (CB) kommer av den første (OB) og inn i tre vant. Når (CB) kommer ut av den tredje vant, kontakter den den andre (OB).

Ⓐ (CB) (biljardkule) - ◉ (OB) (motstander billiardball) - ● (OB) (rød biljardball)

A: Gruppe 1

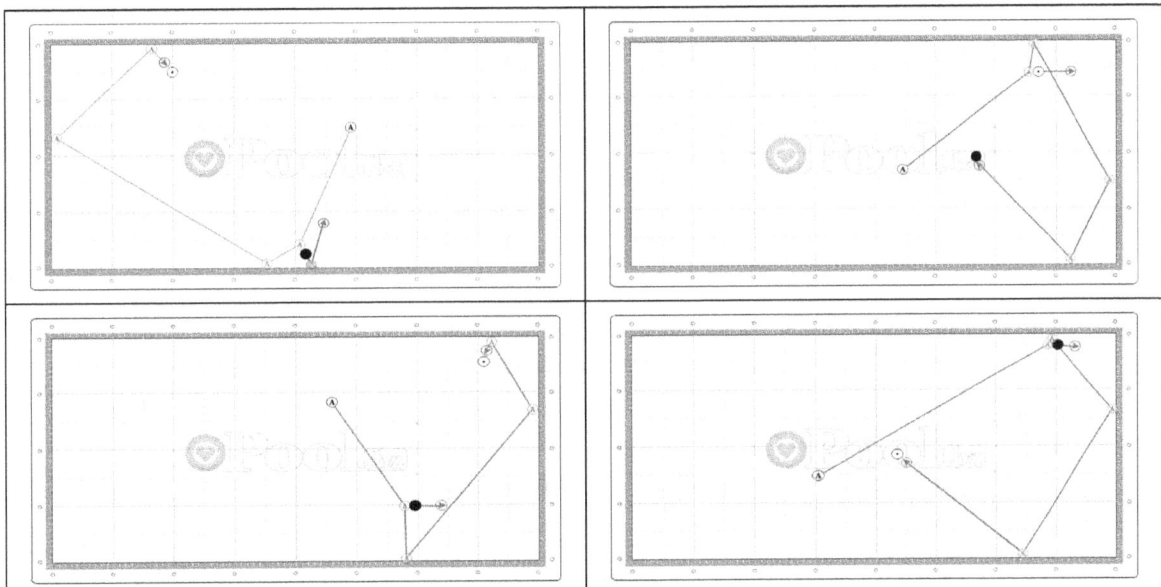

Analyse:

A:1a. _____

A:1b. _____

A:1c. _____

A:1d. _____

A:1a – Setup

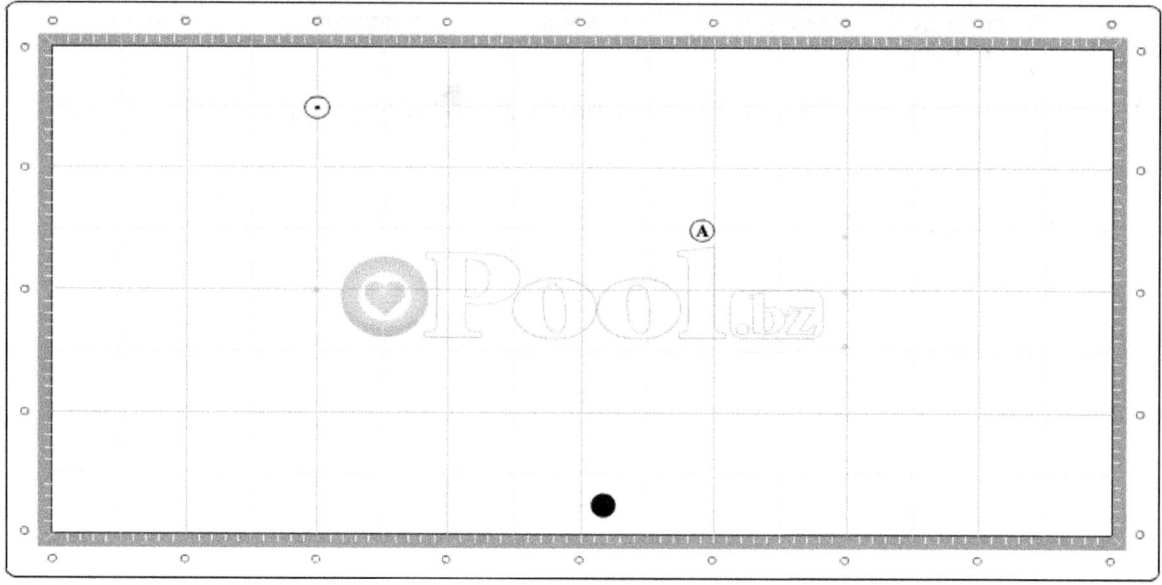

Notater og ideer:

Skudd mønster

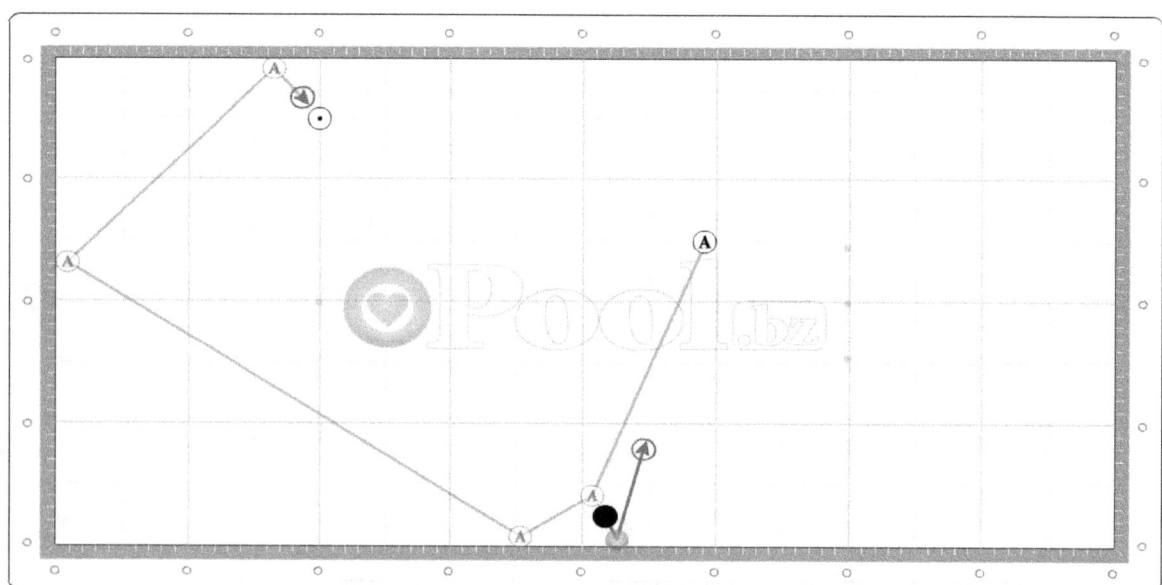

Tre vant carambole: Halv bord sirkel mønstre

A:1b – Setup

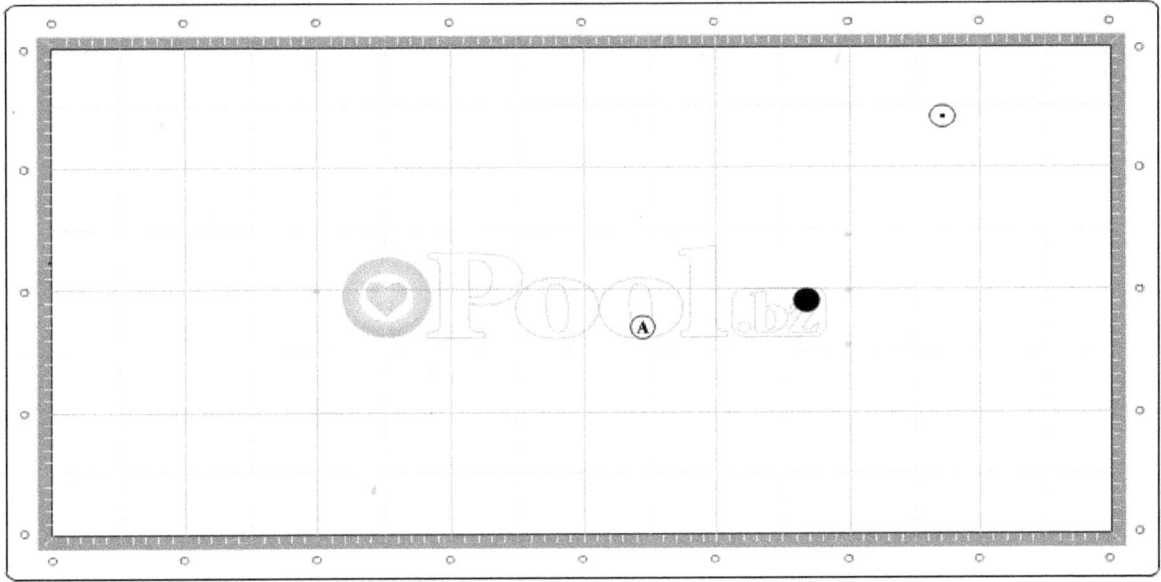

Notater og ideer:

Skudd mønster

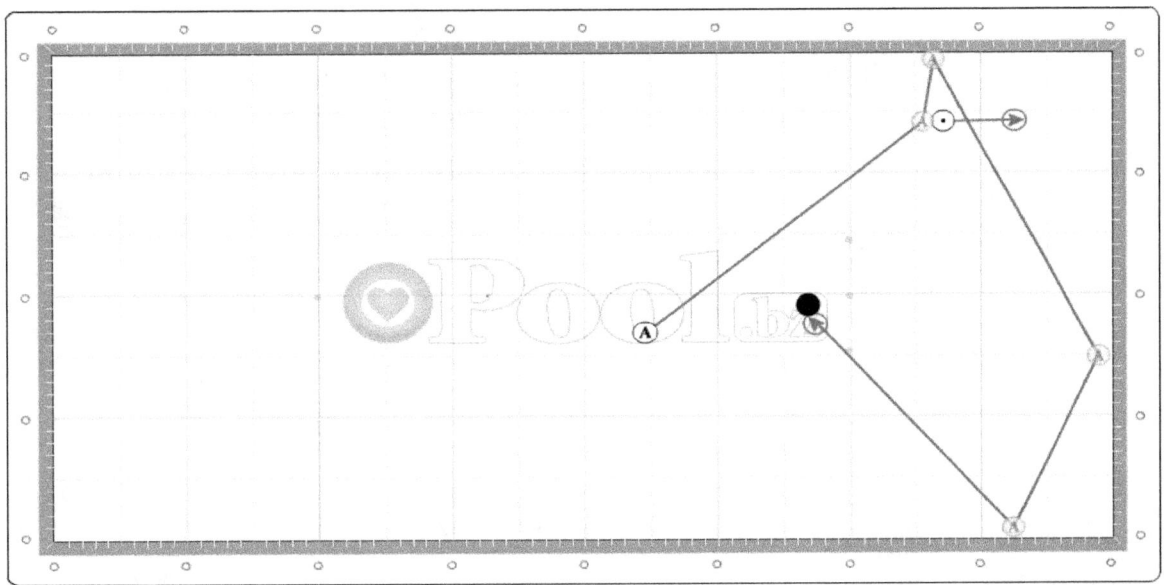

A:1c – Setup

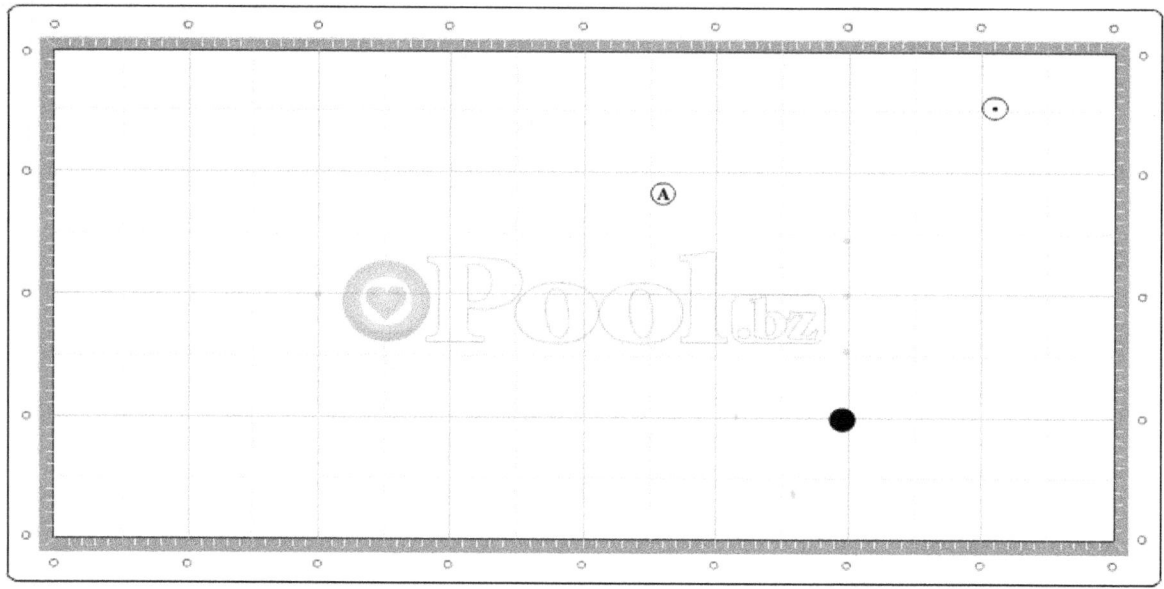

Notater og ideer:

Skudd mønster

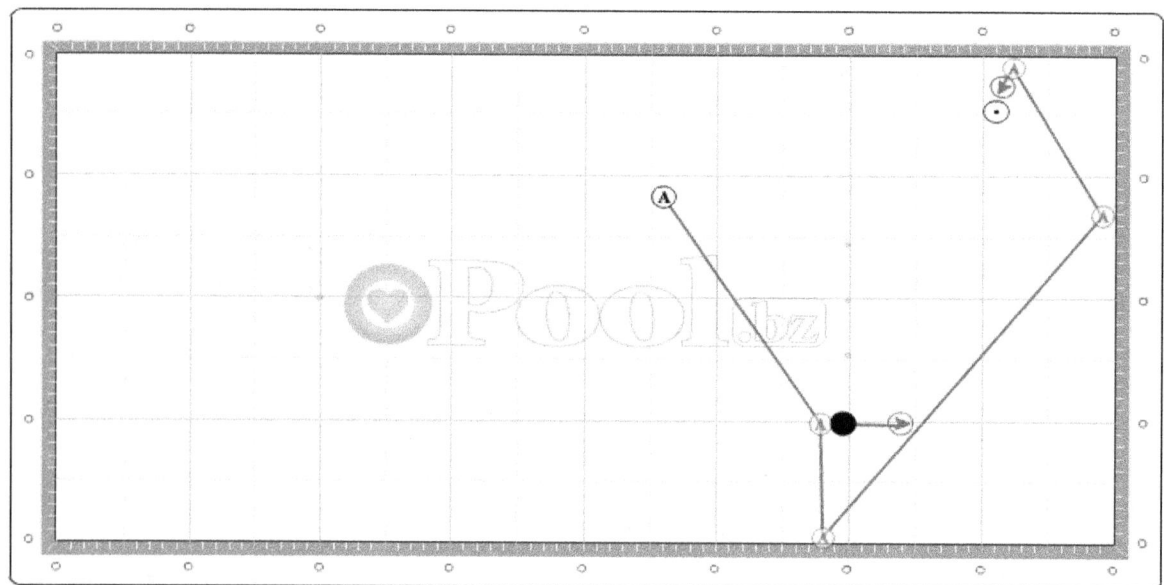

A:1d – Setup

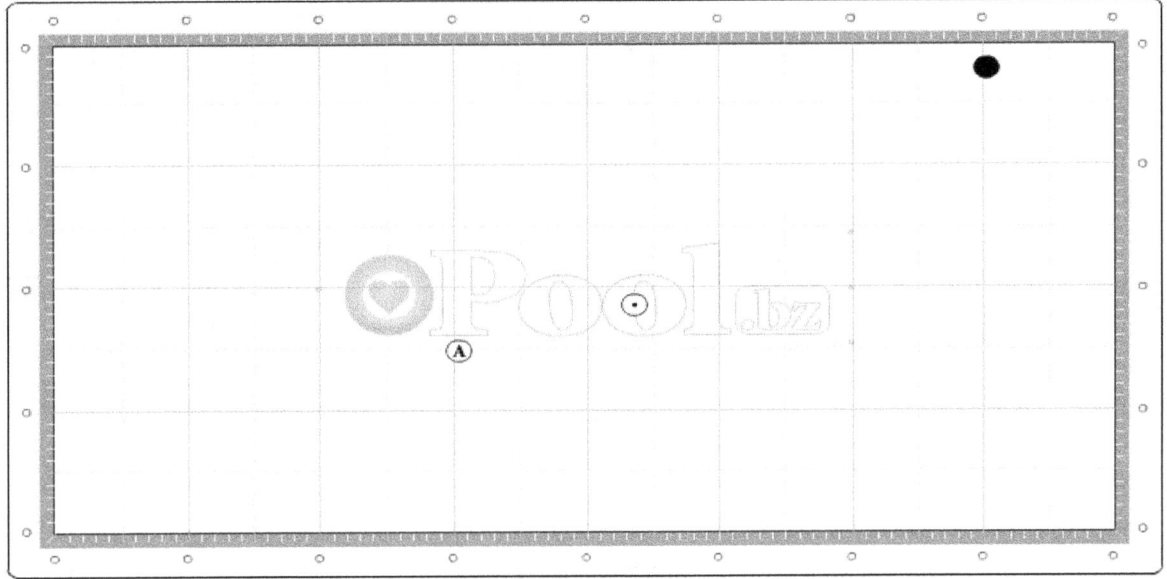

Notater og ideer:

Skudd mønster

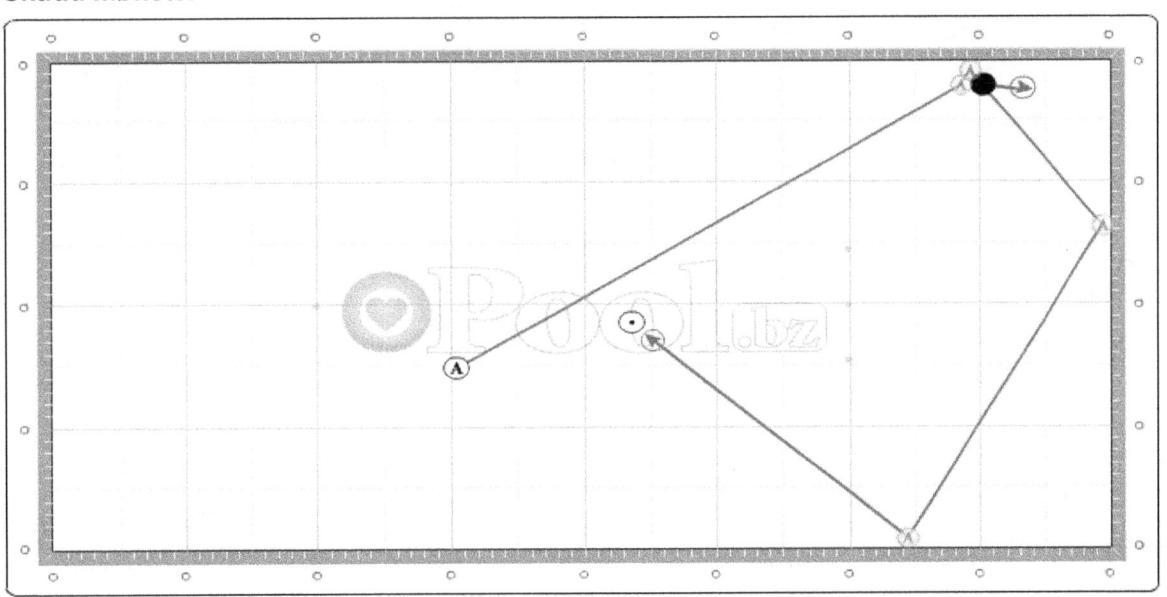

A: Gruppe 2

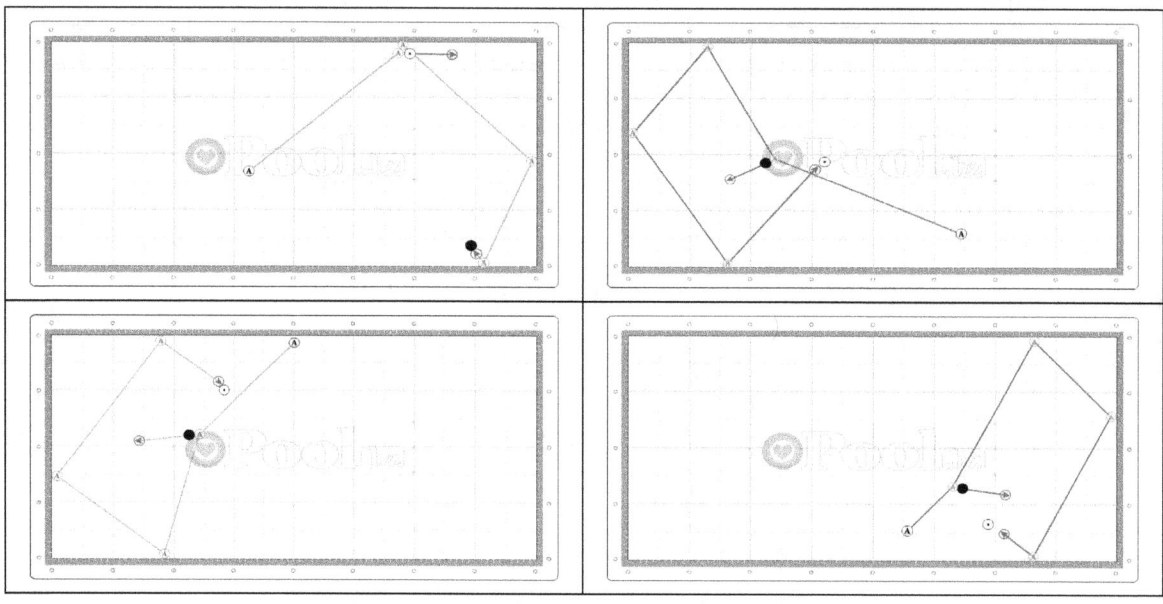

Analyse:

A:2a. _____

A:2b. _____

A:2c. _____

A:2d. _____

A:2a – Setup

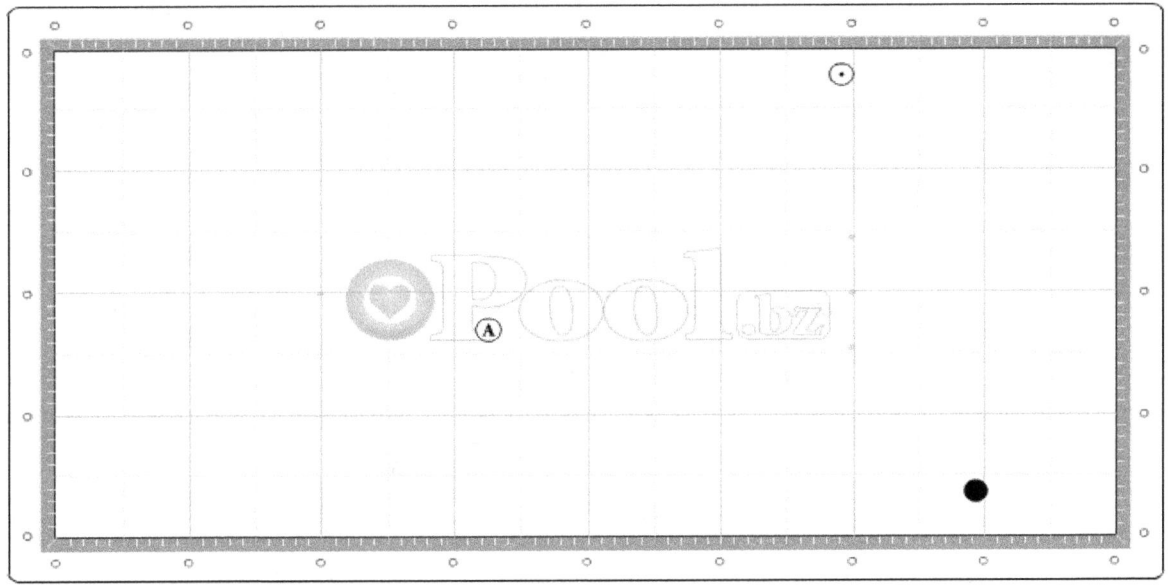

Notater og ideer:

Skudd mønster

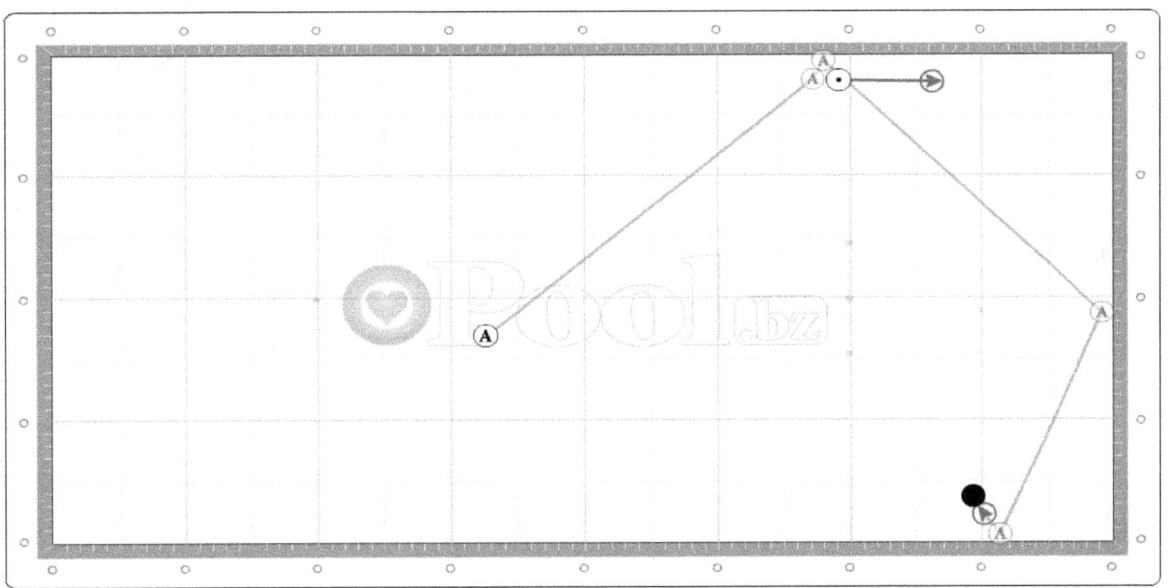

A:2b – Setup

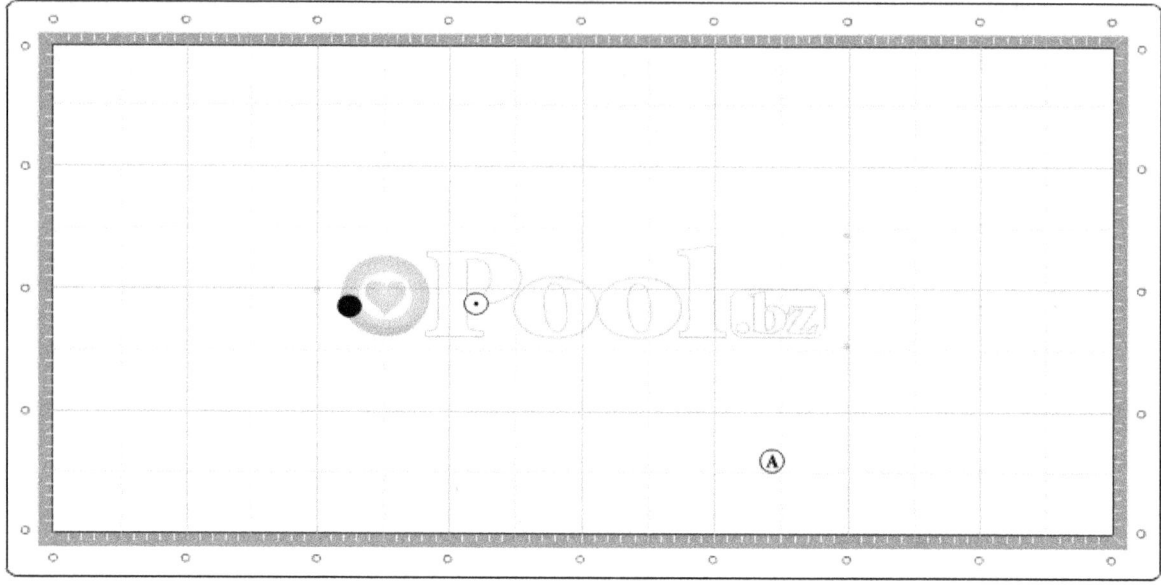

Notater og ideer:

Skudd mønster

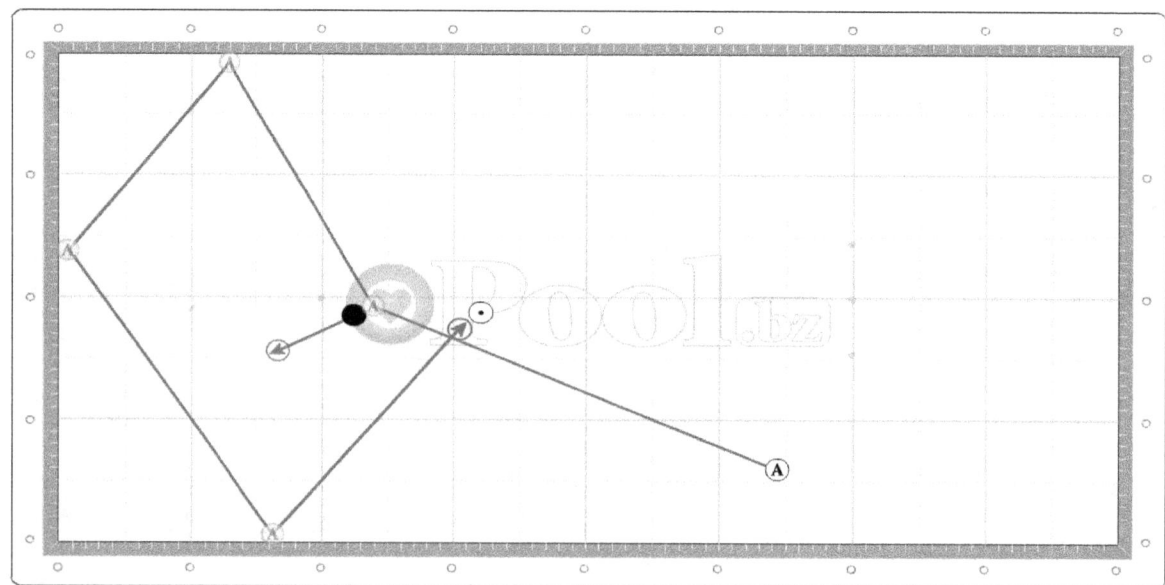

A:2c – Setup

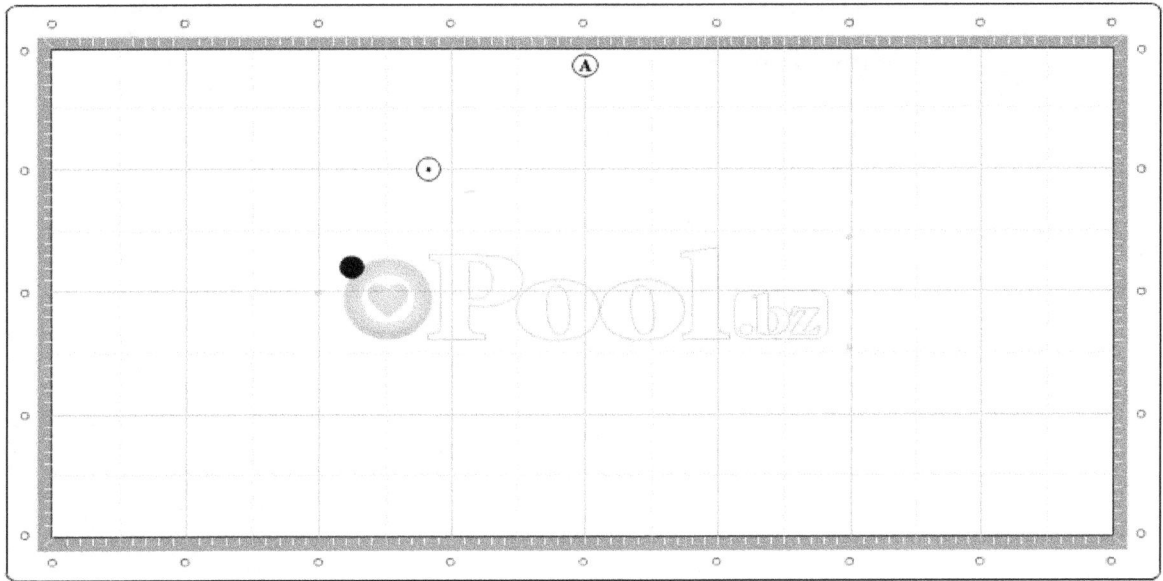

Notater og ideer:

Skudd mønster

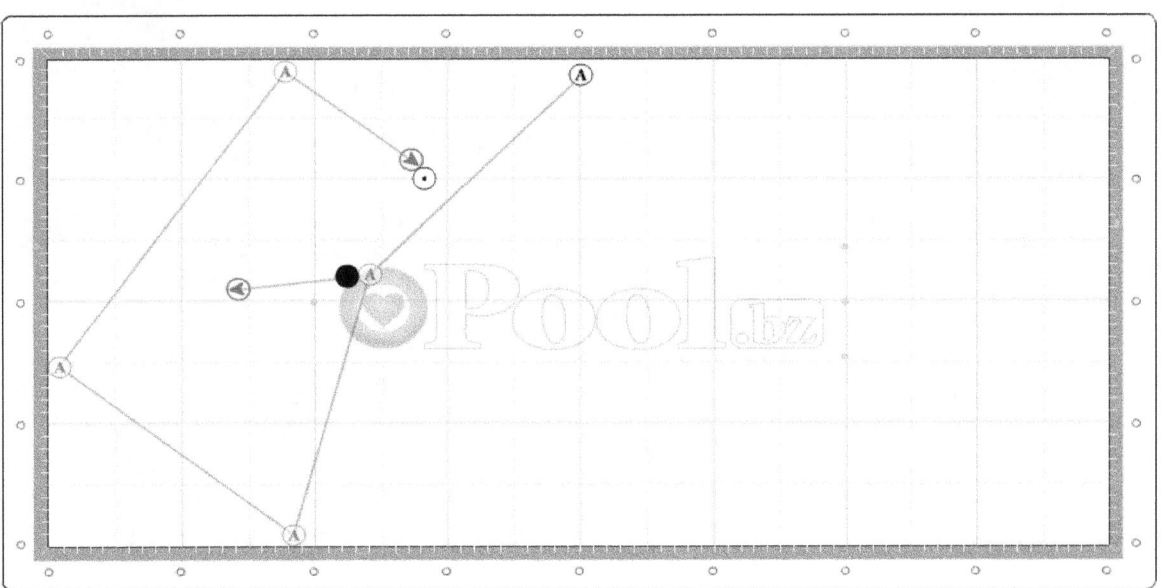

A:2d – Setup

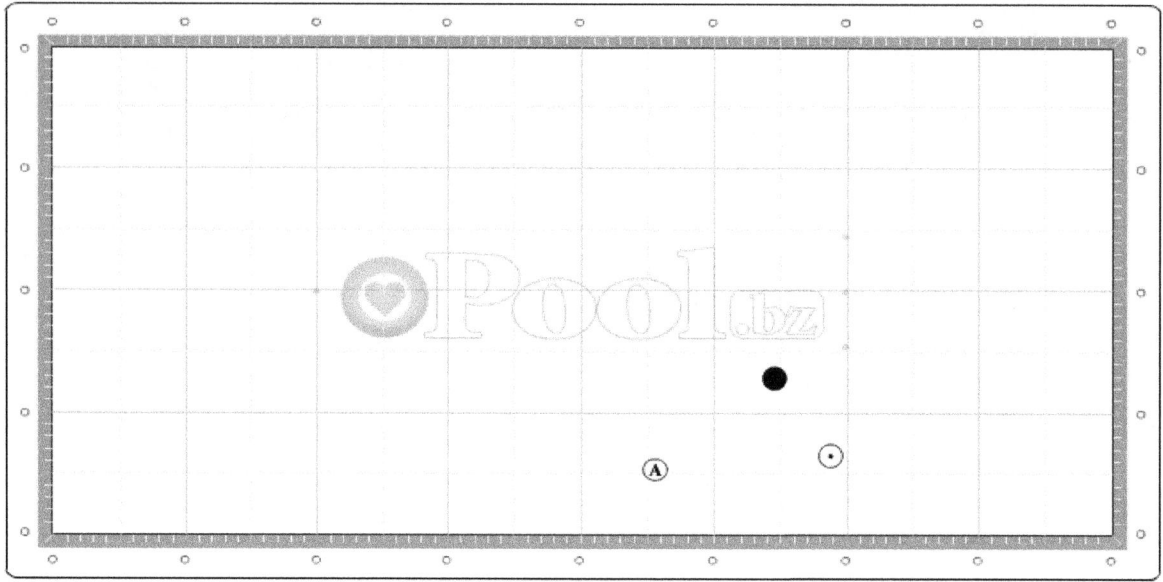

Notater og ideer:

Skudd mønster

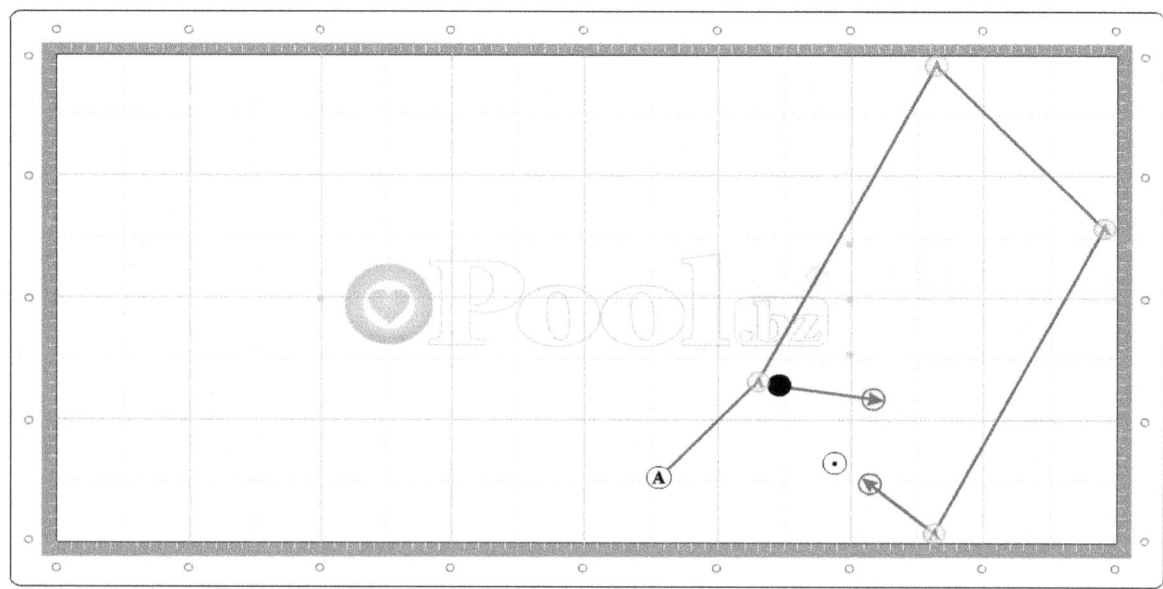

A: Gruppe 3

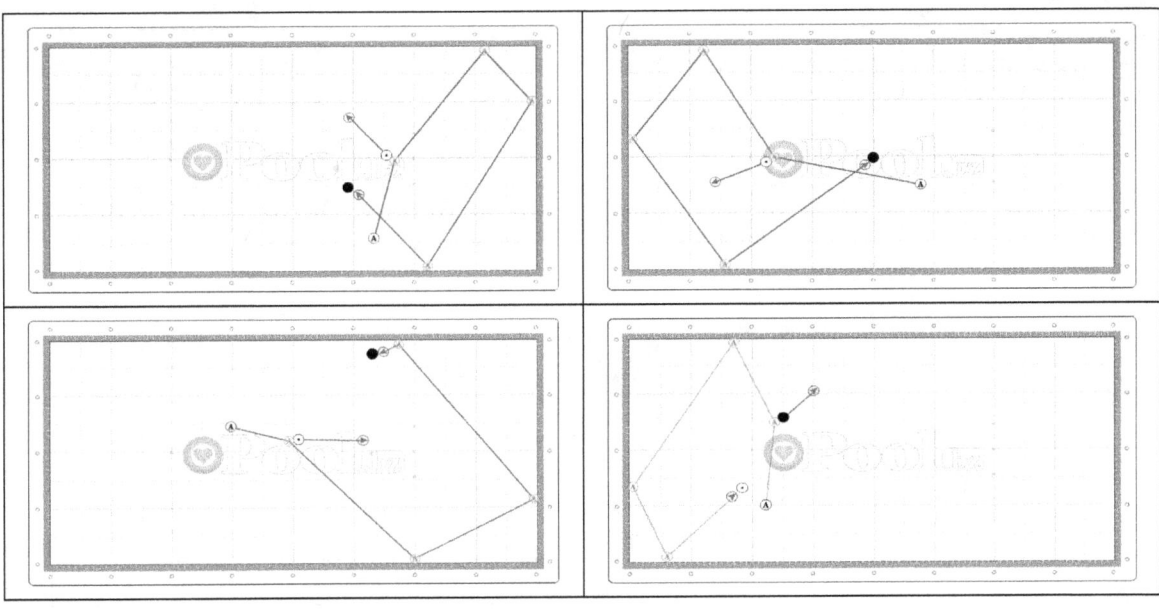

Analyse:

A:3a. _____

A:3b. _____

A:3c. _____

A:3d. _____

A:3a – Setup

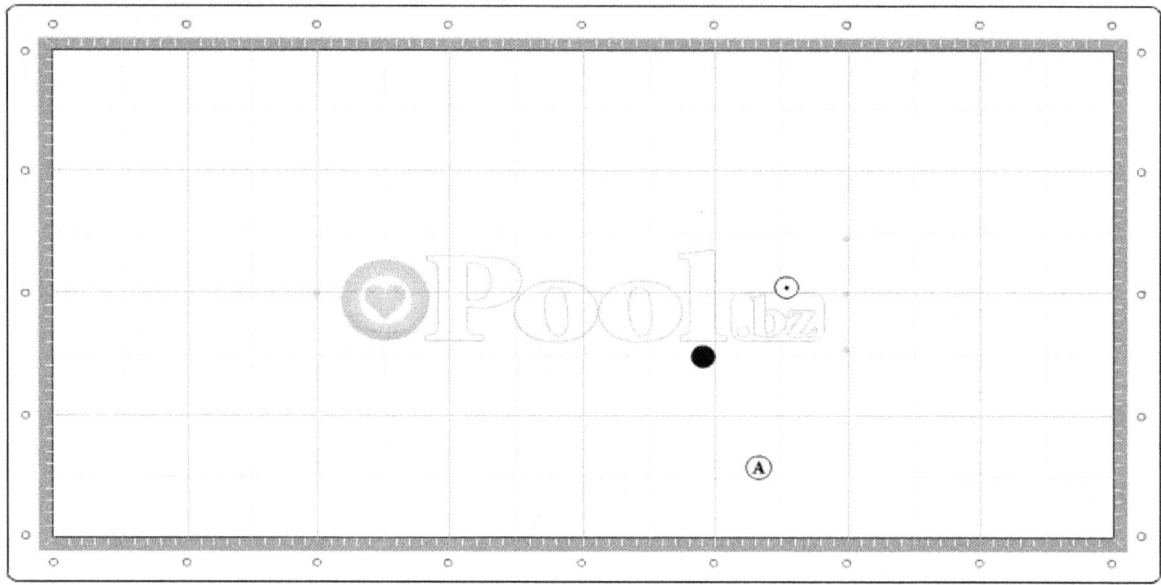

Notater og ideer:

Skudd mønster

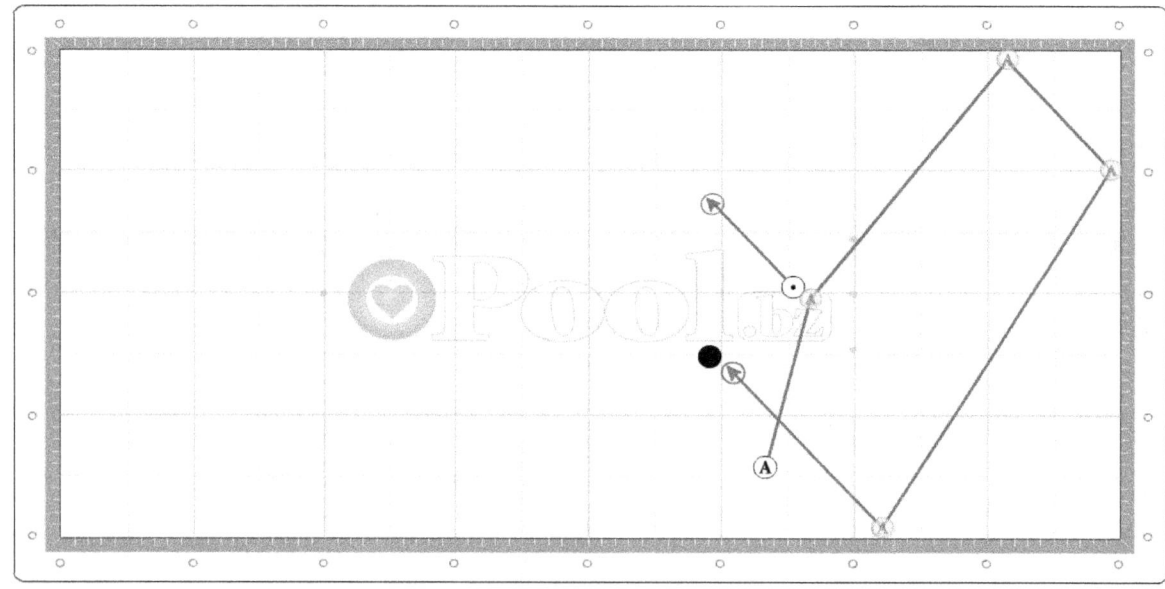

A:3b – Setup

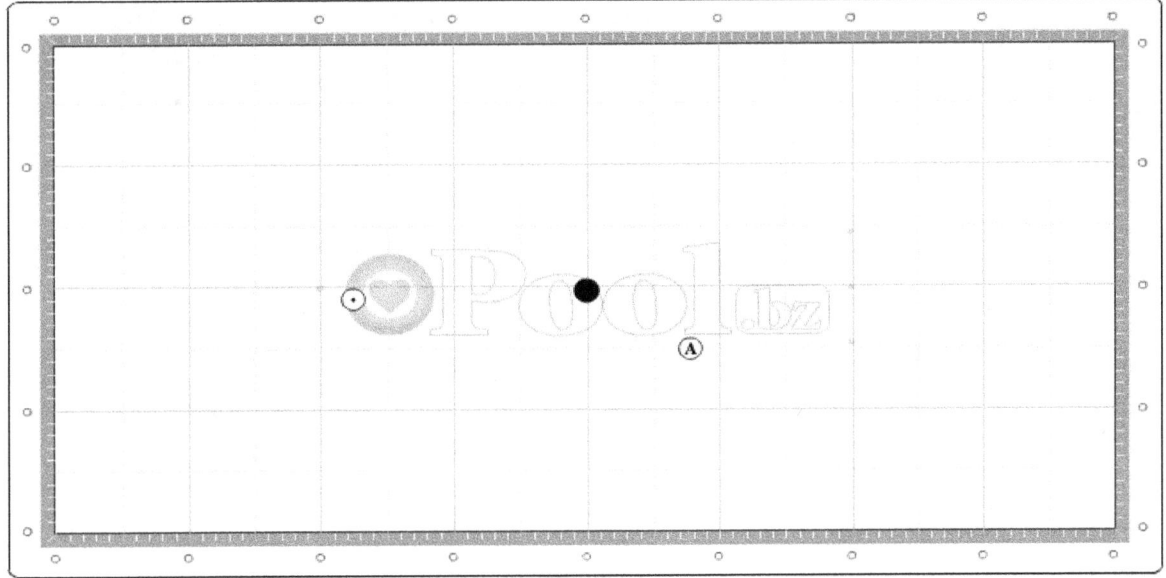

Notater og ideer:

Skudd mønster

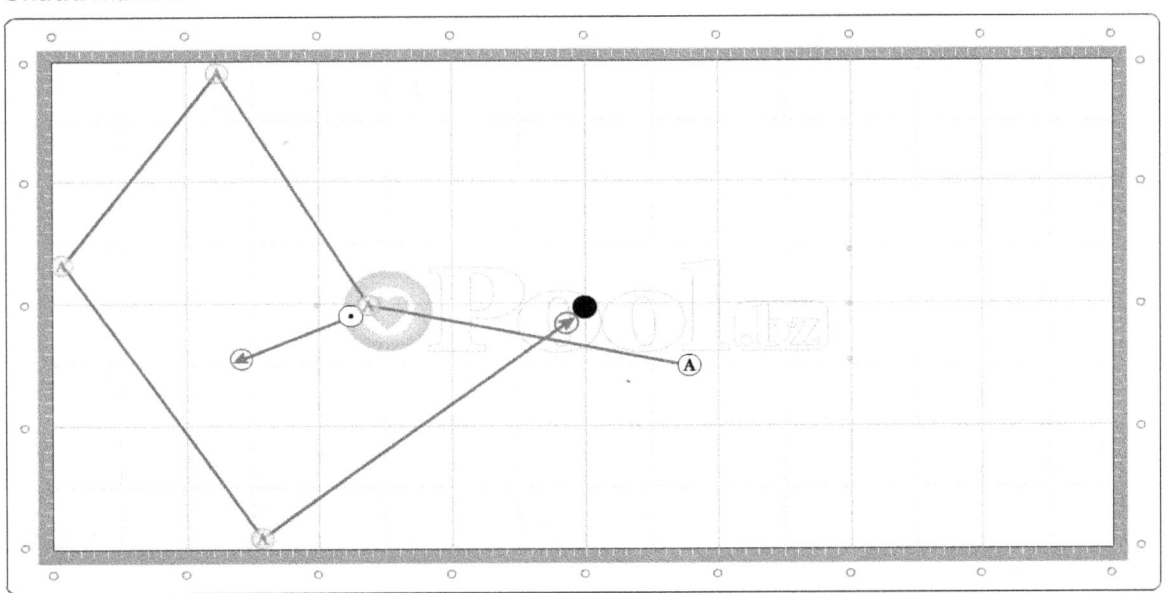

A:3c – Setup

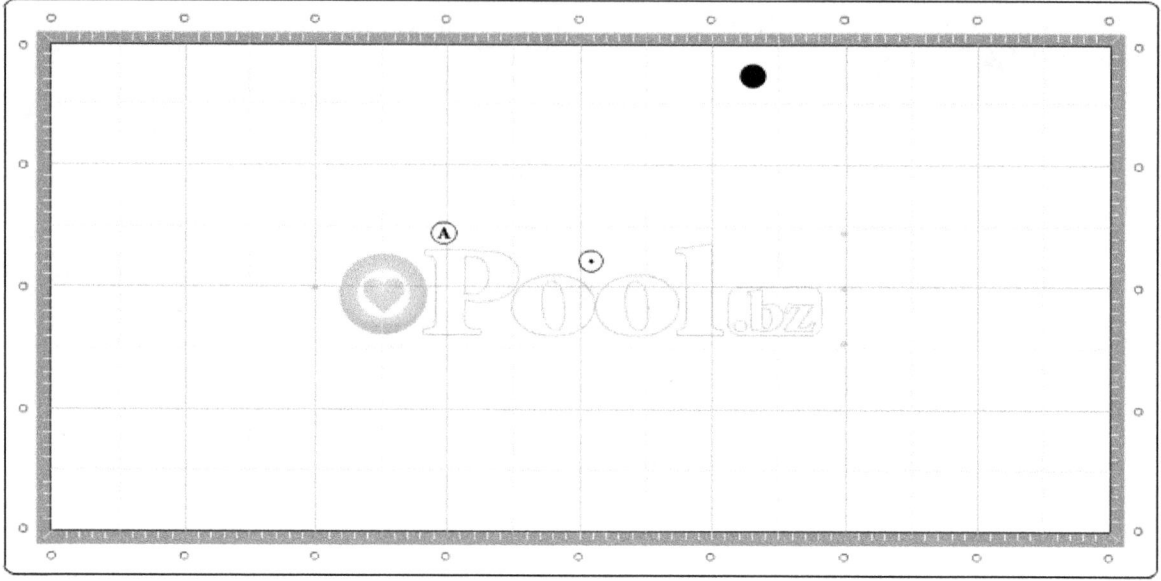

Notater og ideer:

Skudd mønster

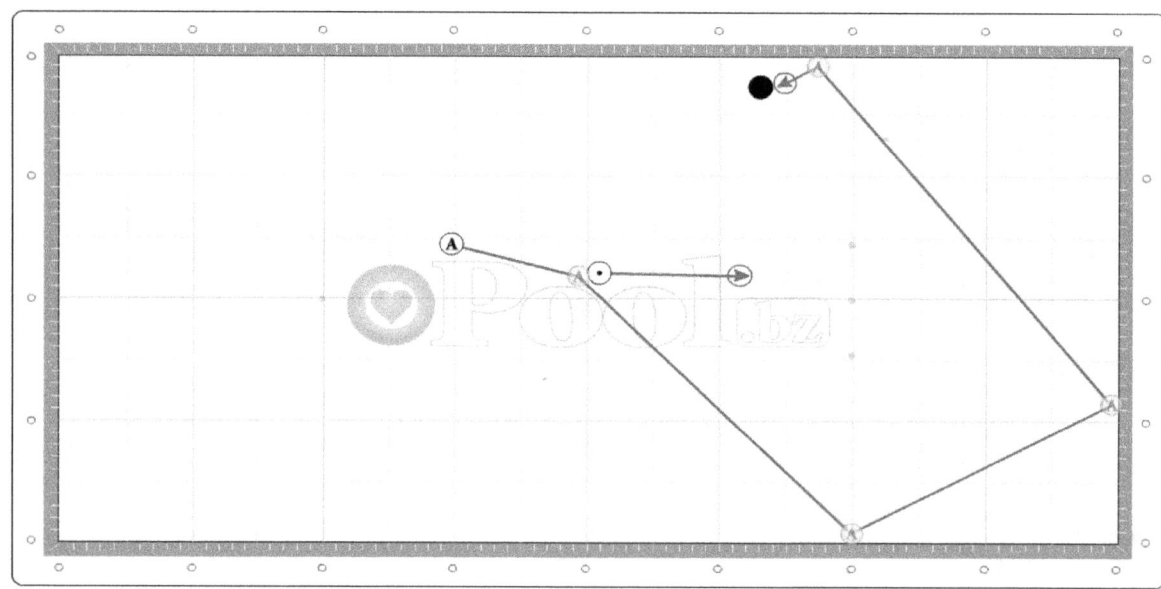

A:3d – Setup

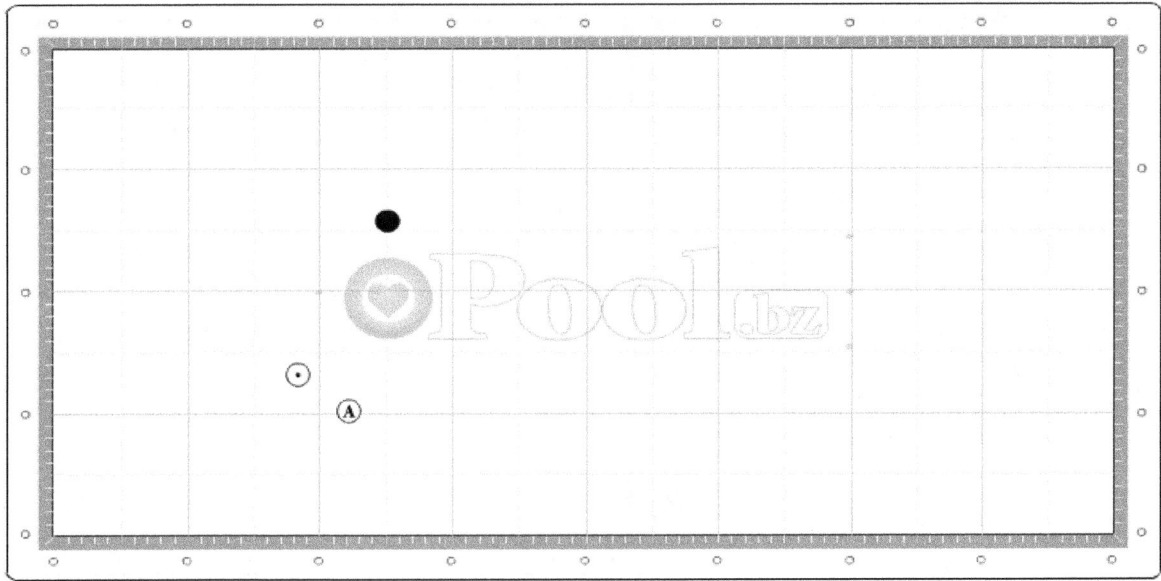

Notater og ideer:

Skudd mønster

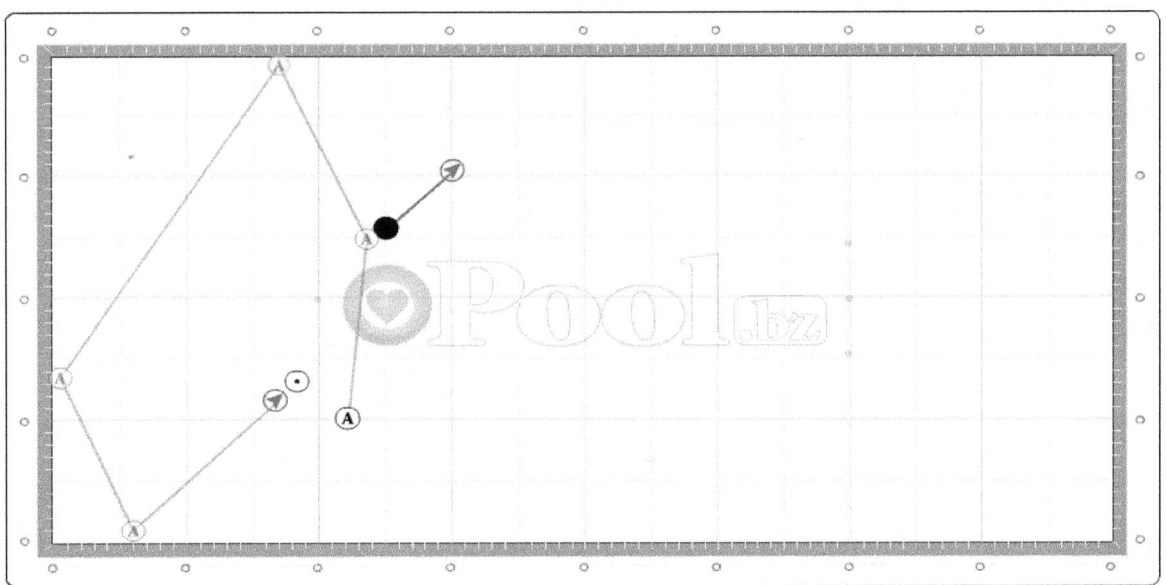

A: Gruppe 4

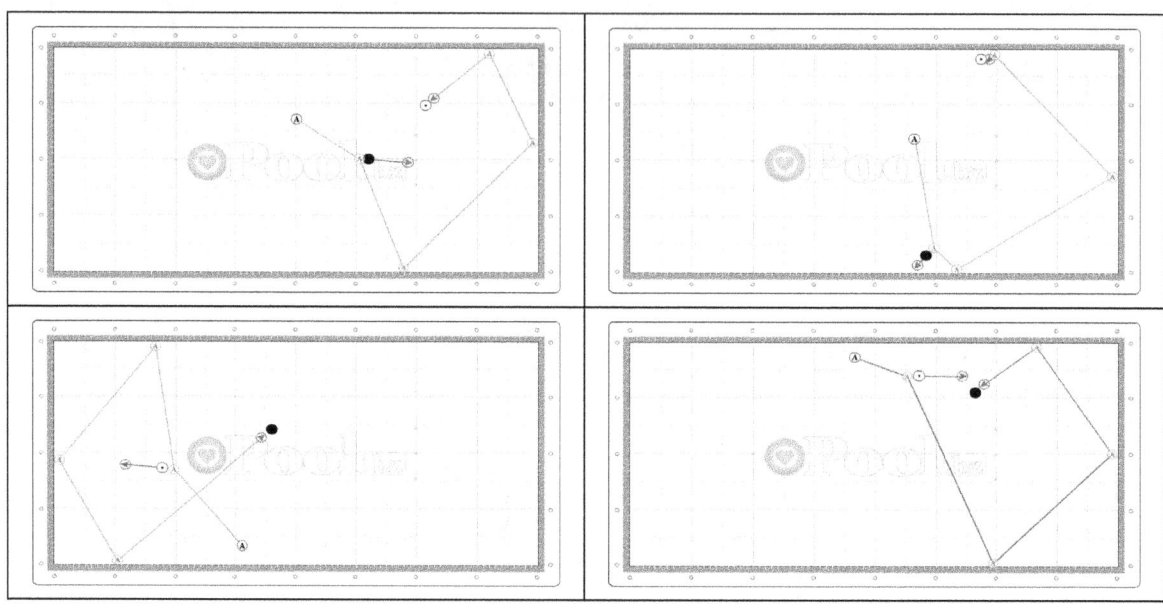

Analyse:

A:4a. _____

A:4b. _____

A:4c. _____

A:4d. _____

A:4a – Setup

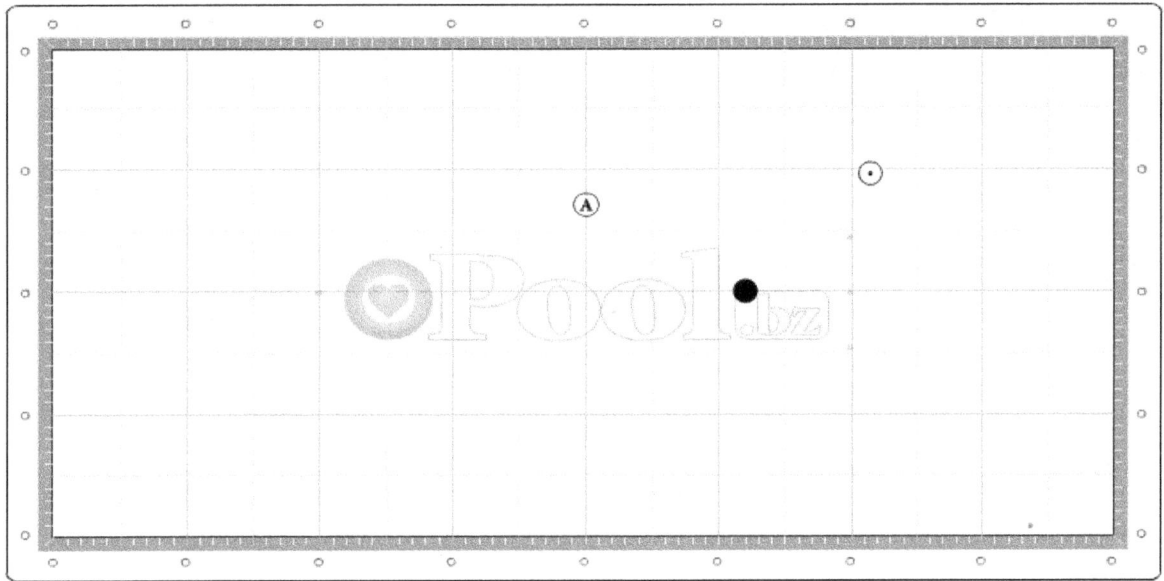

Notater og ideer:

Skudd mønster

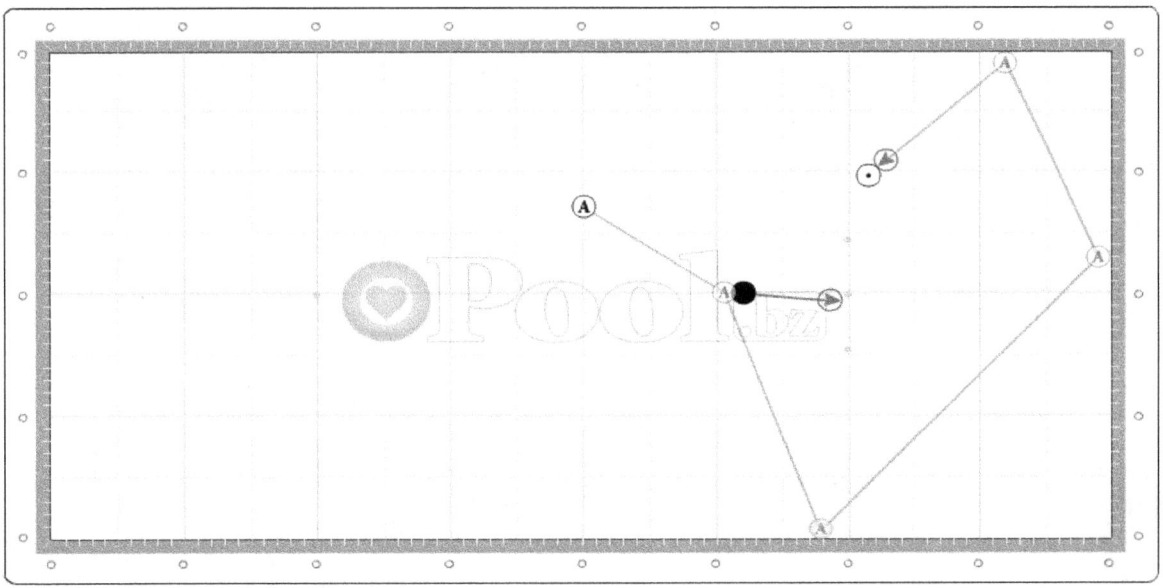

A:4b – Setup

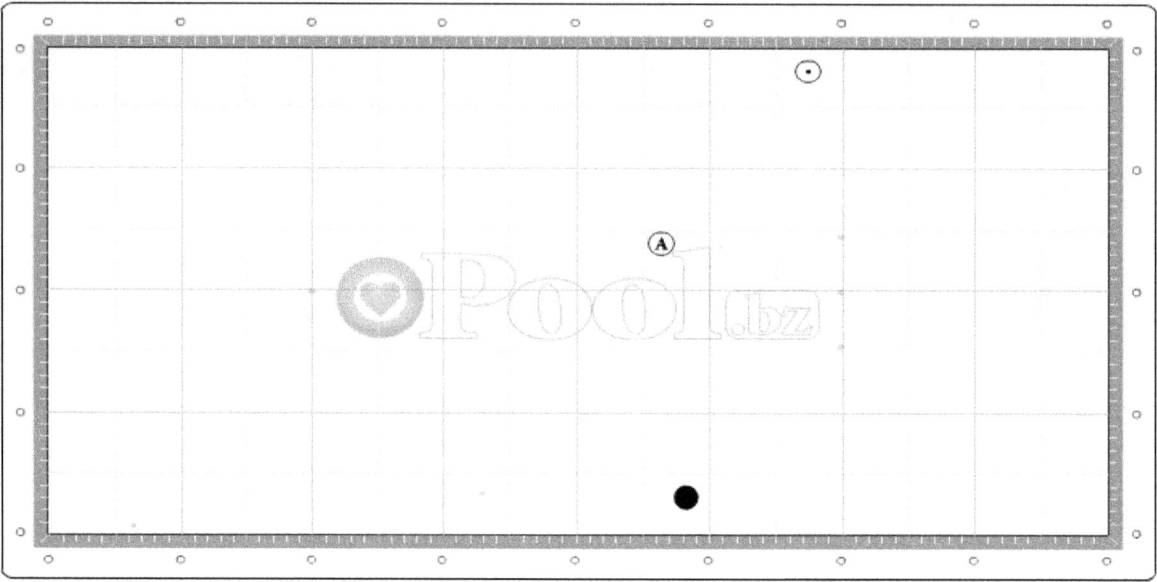

Notater og ideer:

Skudd mønster

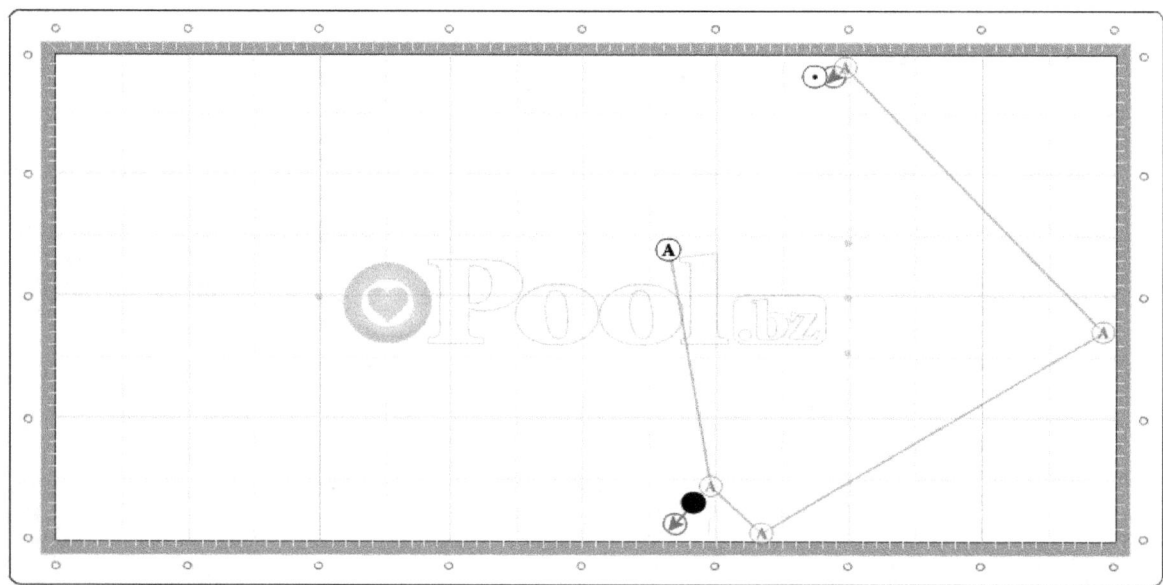

A:4c – Setup

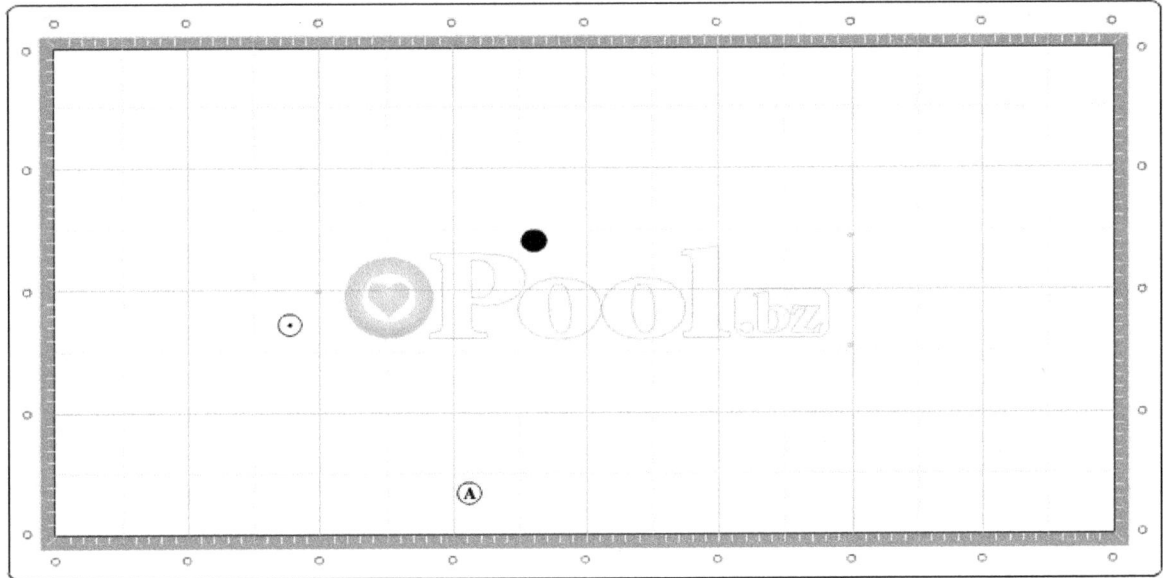

Notater og ideer:

Skudd mønster

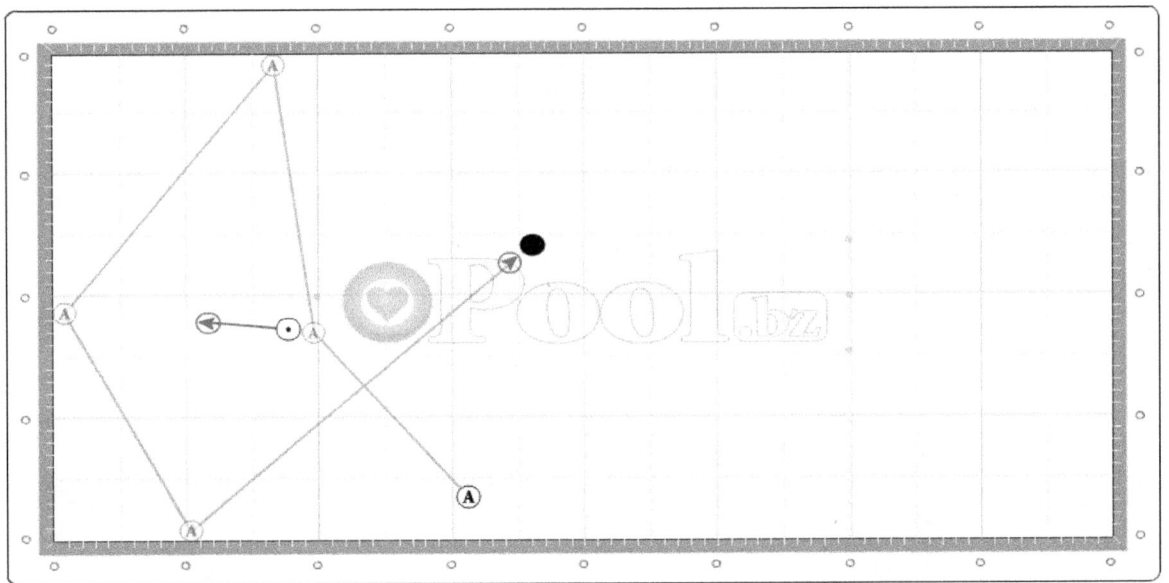

A:4d – Setup

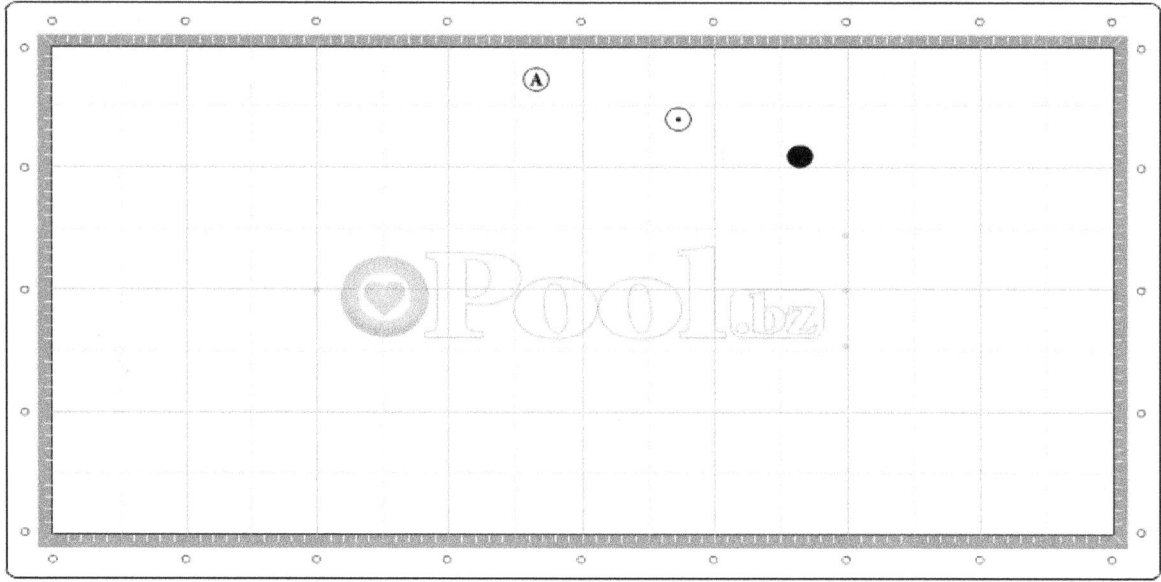

Notater og ideer:

Skudd mønster

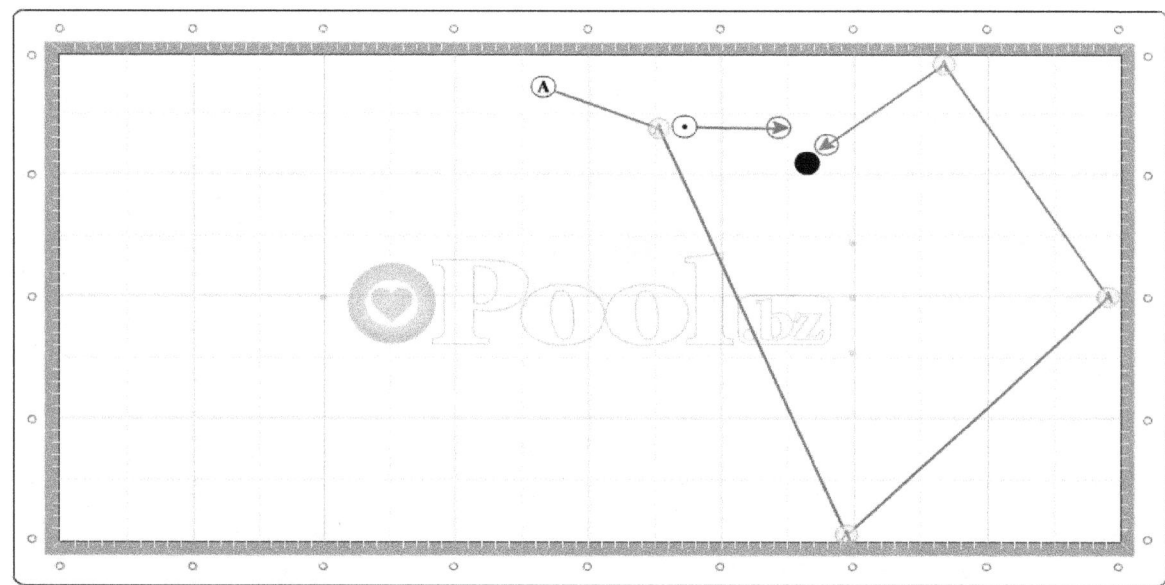

Tre vant carambole: Halv bord sirkel mønstre

A: Gruppe 5

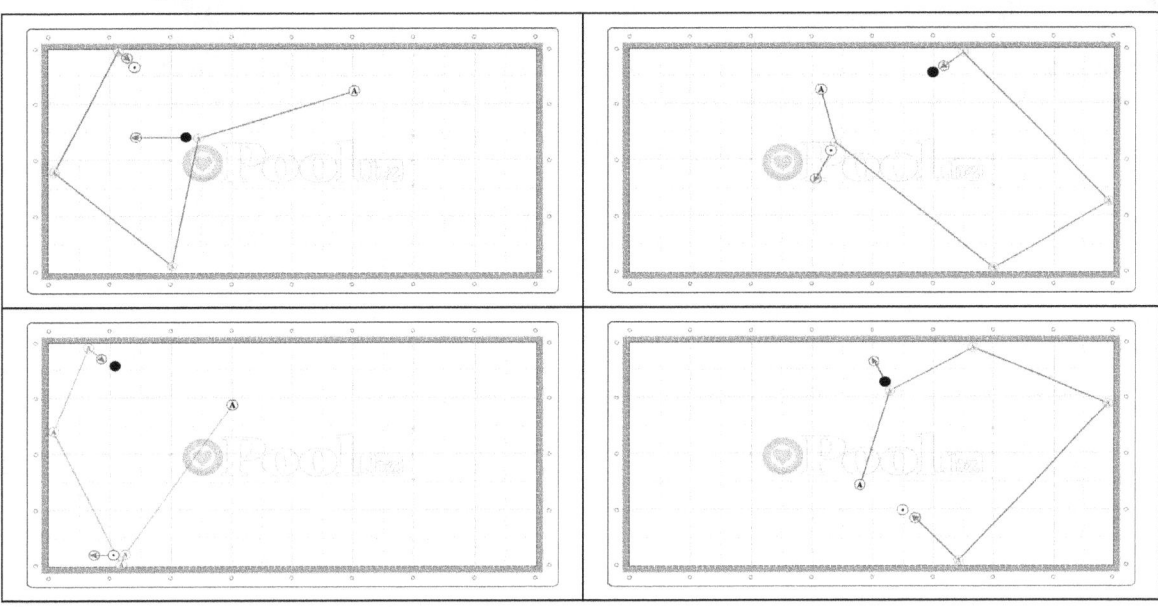

Analyse:

A:5a. _____

A:5b. _____

A:5c. _____

A:5d. _____

A:5a – Setup

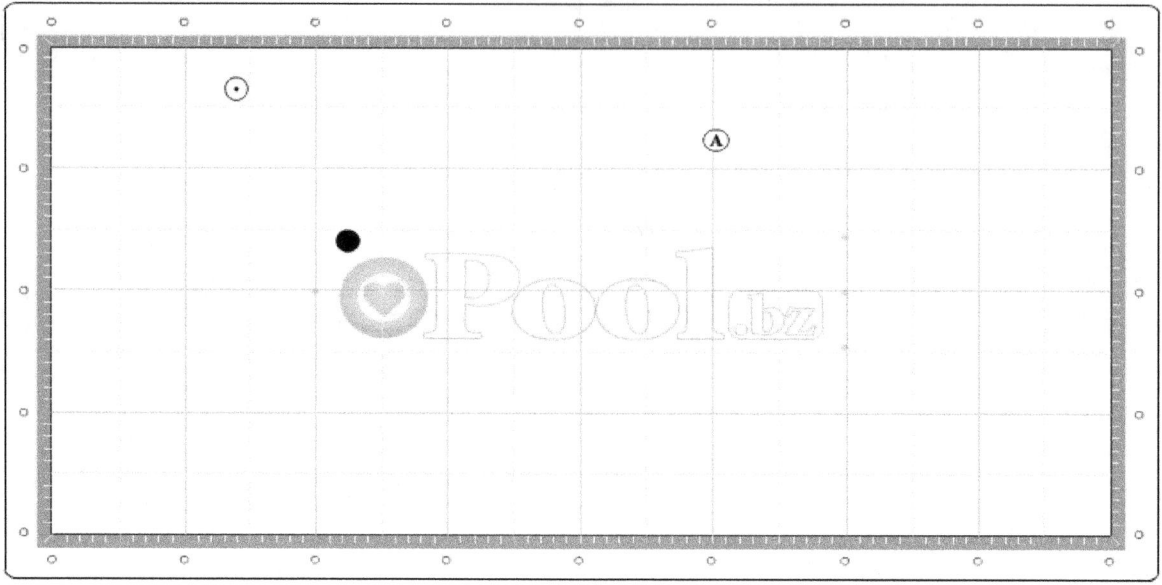

Notater og ideer:

Skudd mønster

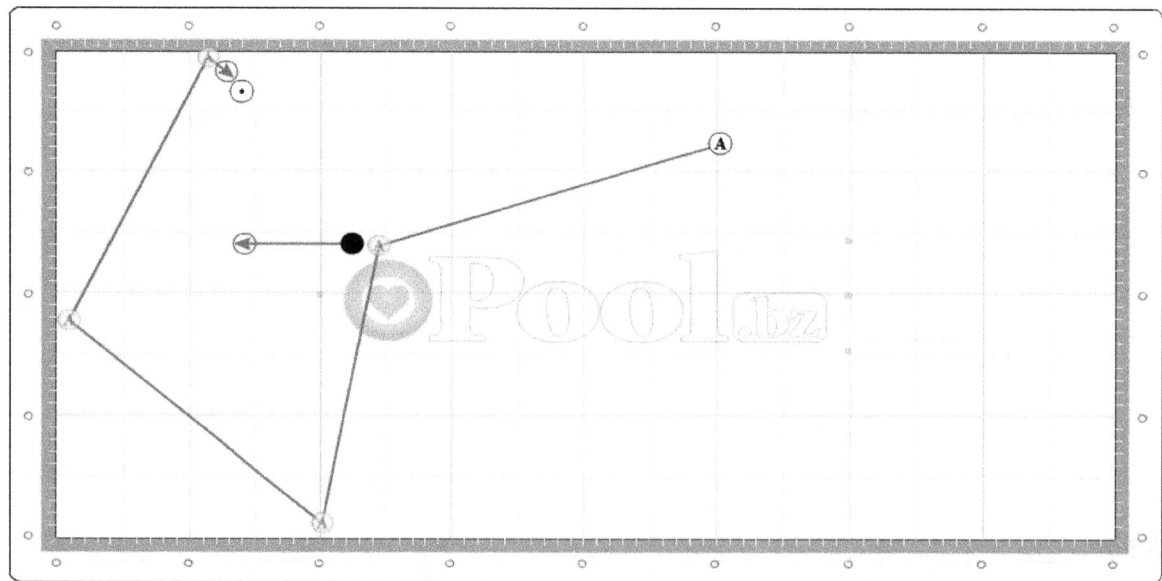

A:5b – Setup

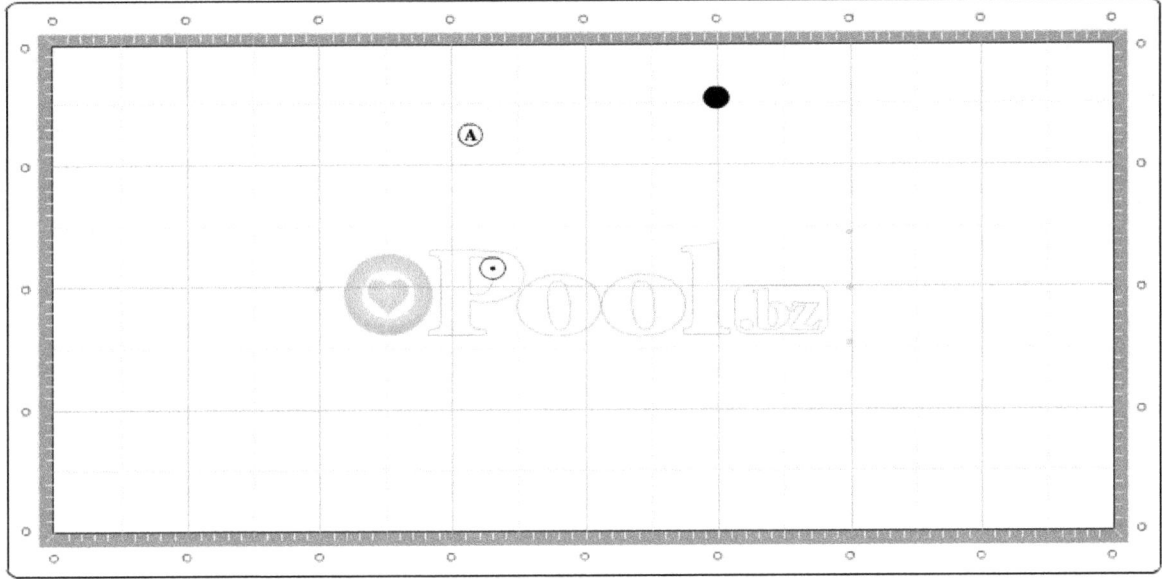

Notater og ideer:

Skudd mønster

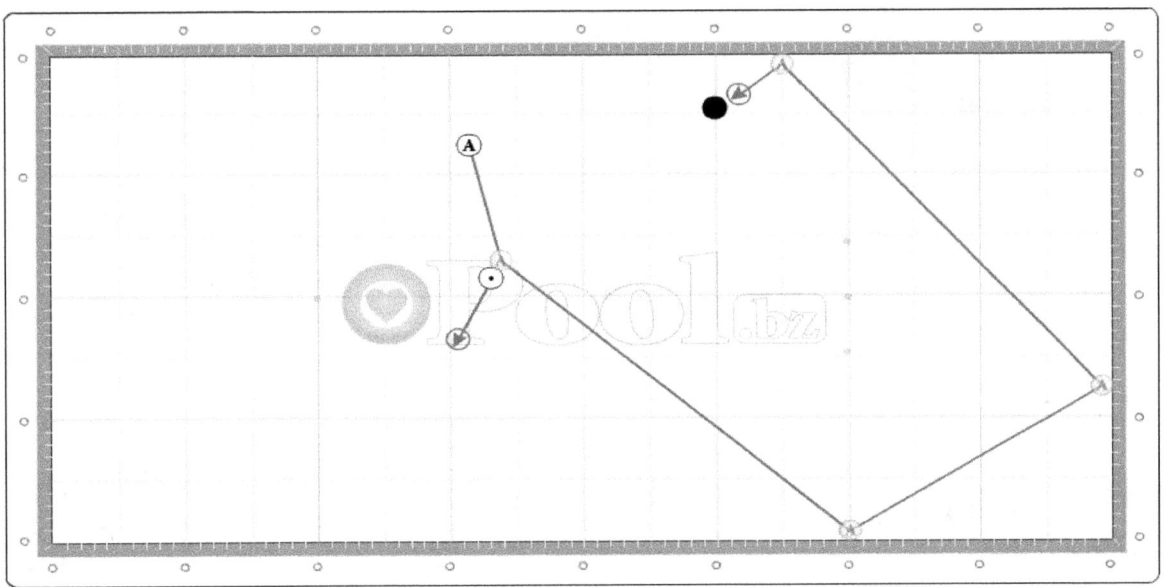

A:5c – Setup

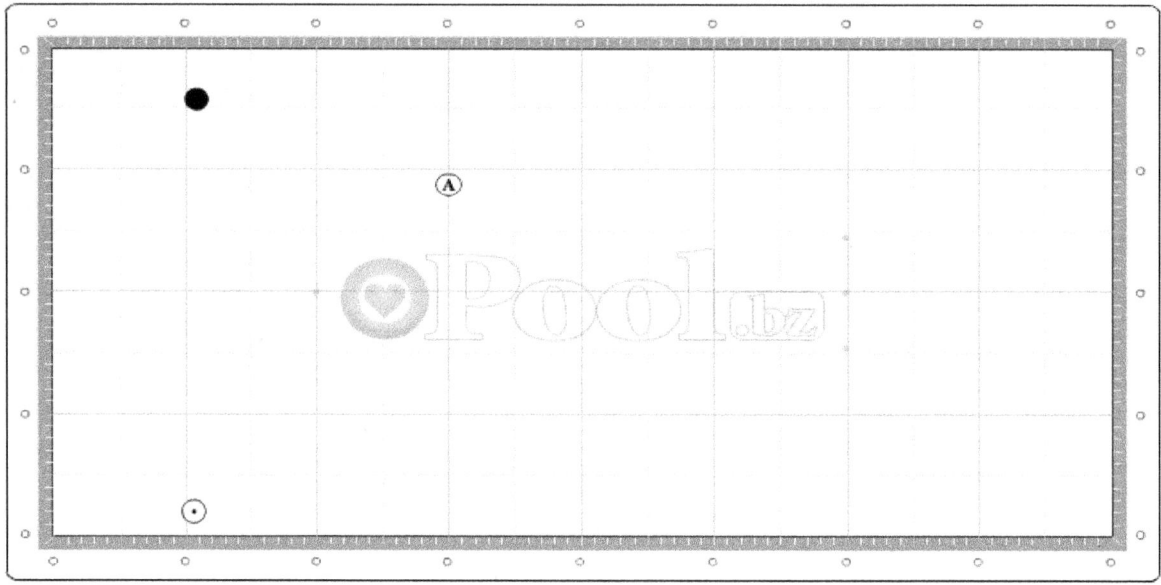

Notater og ideer:

Skudd mønster

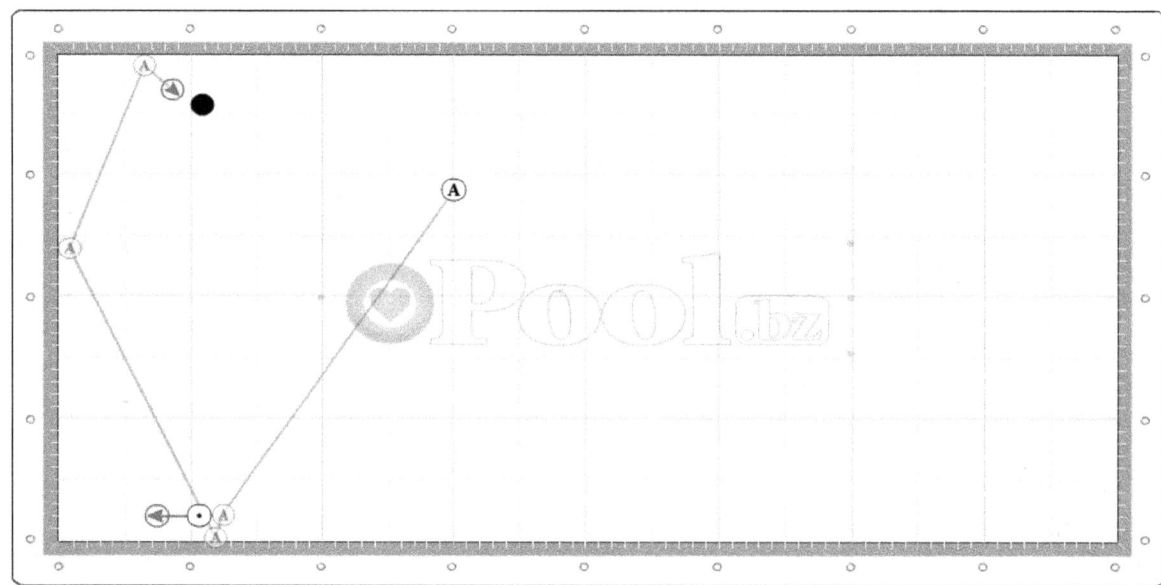

A:5d – Setup

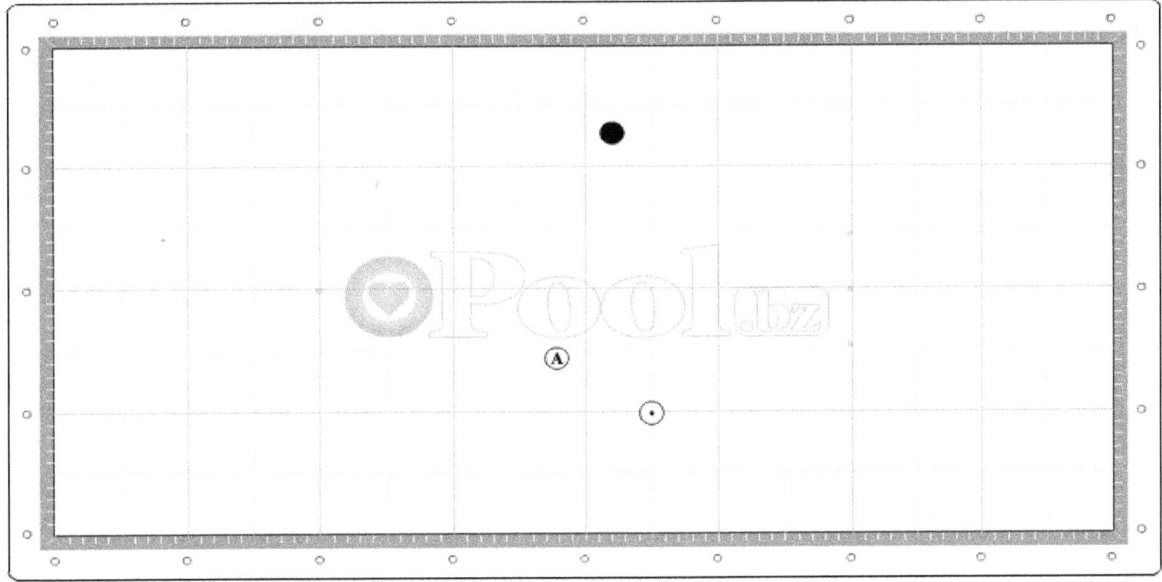

Notater og ideer:

Skudd mønster

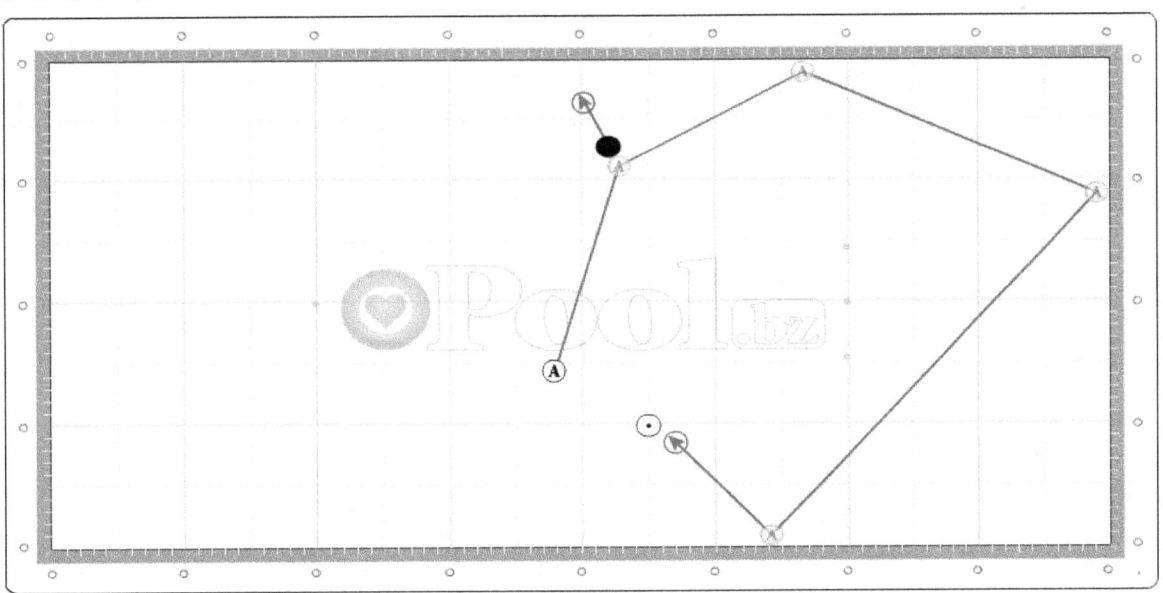

A: Gruppe 6

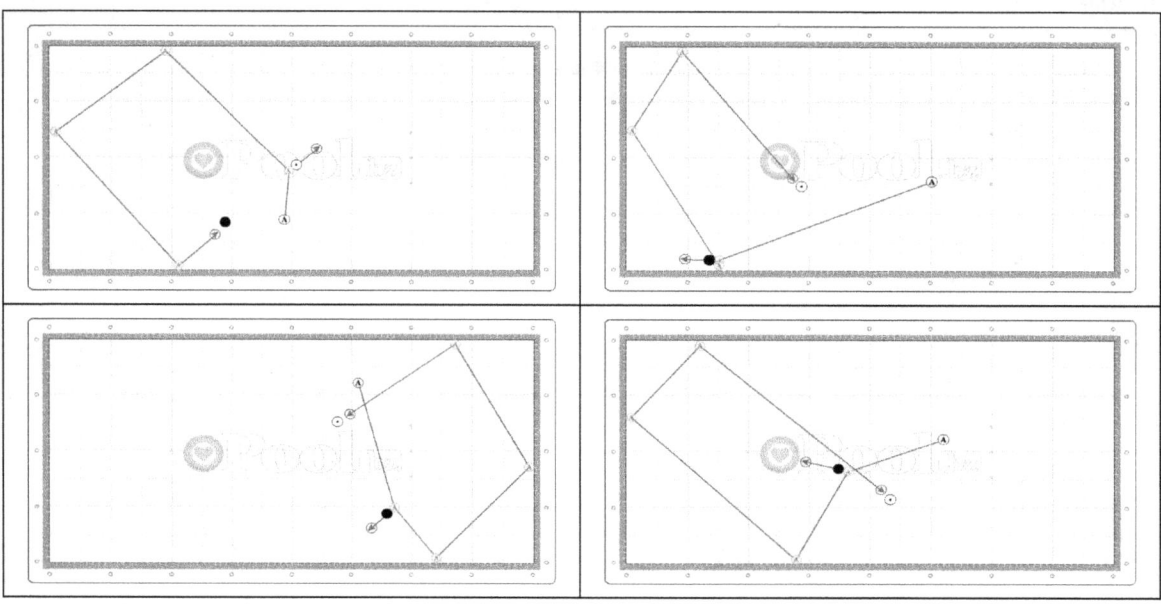

Analyse:

A:6a. _____

A:6b. _____

A:6c. _____

A:6d. _____

A:6a – Setup

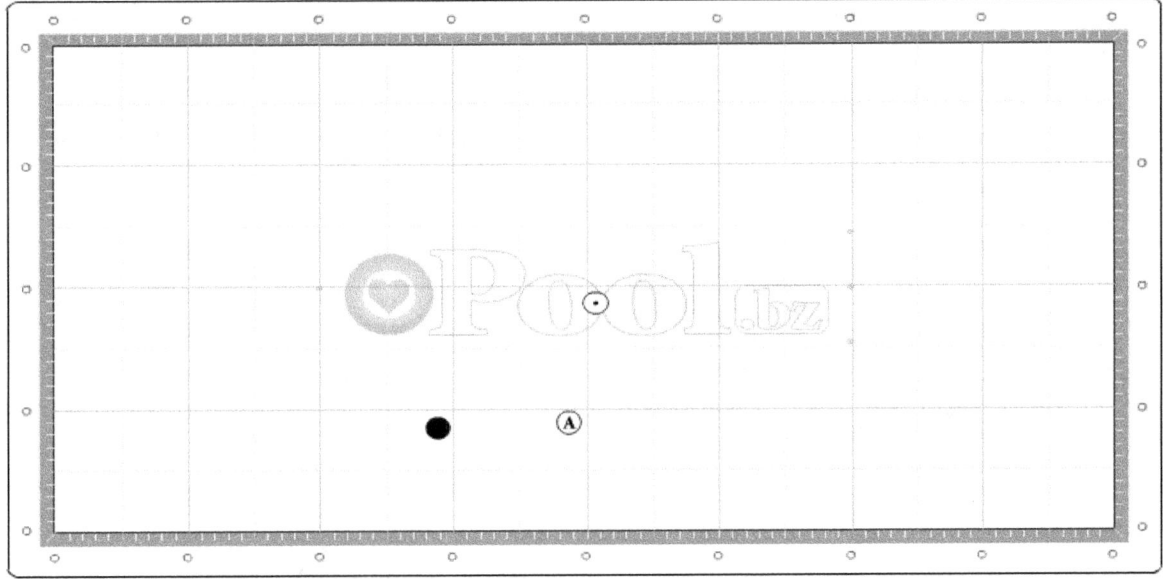

Notater og ideer:

Skudd mønster

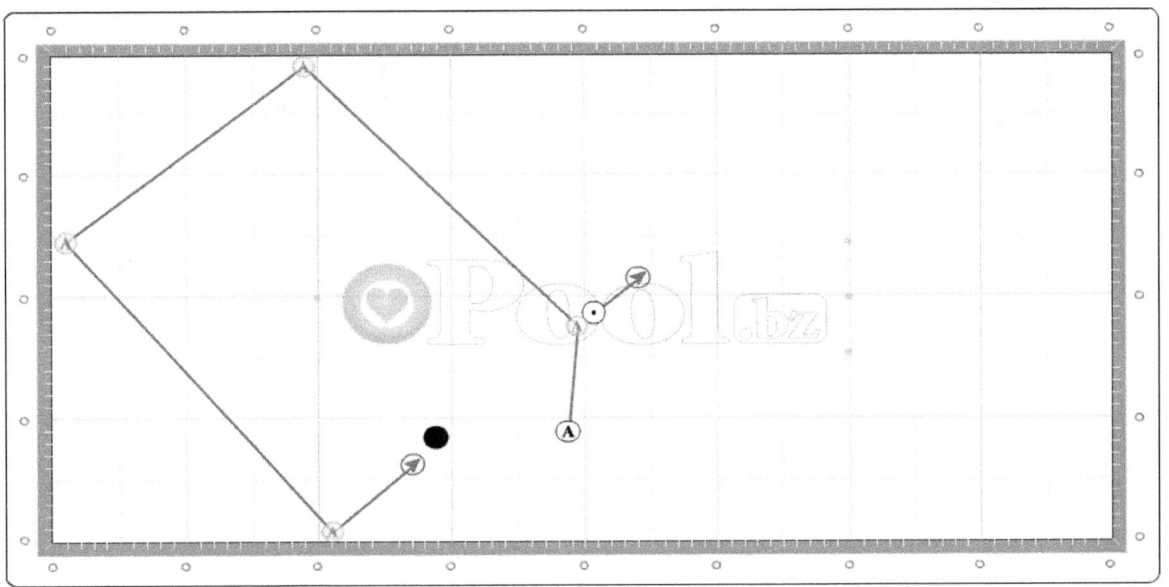

A:6b – Setup

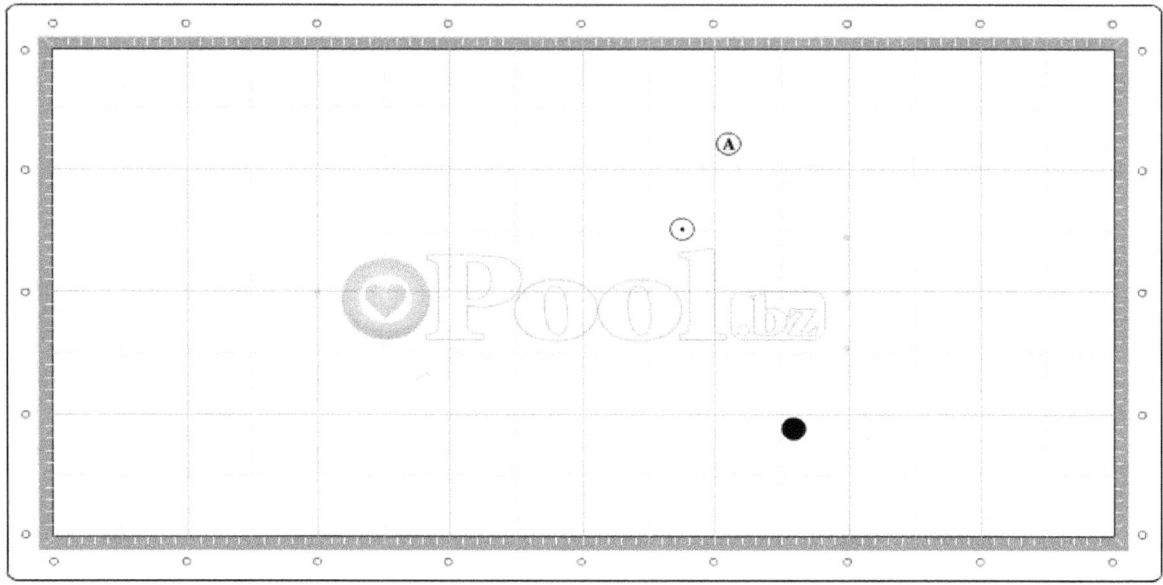

Notater og ideer:

Skudd mønster

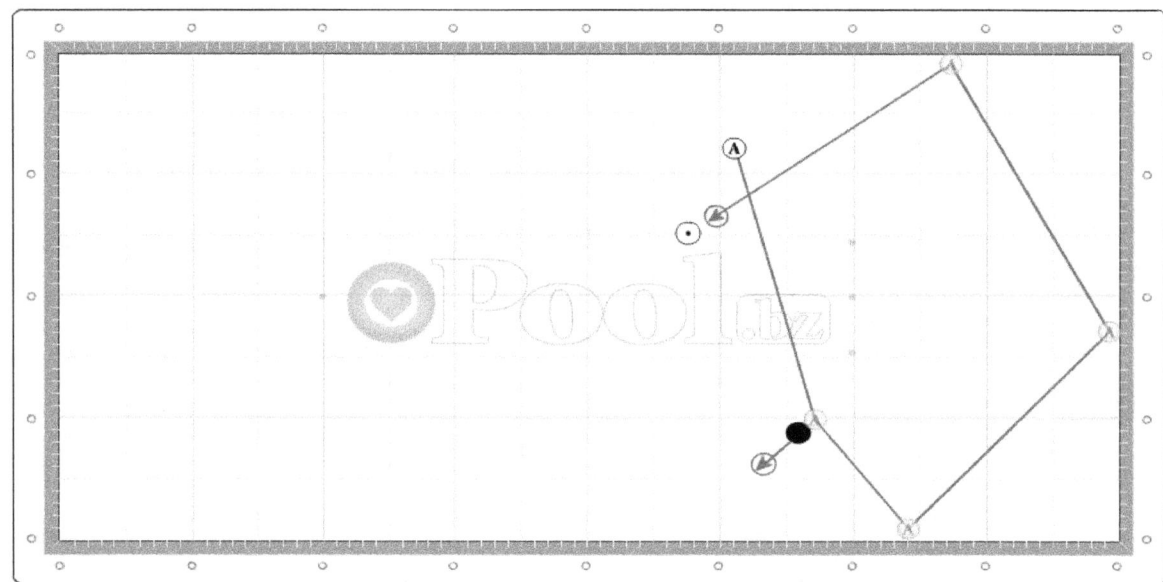

A:6c – Setup

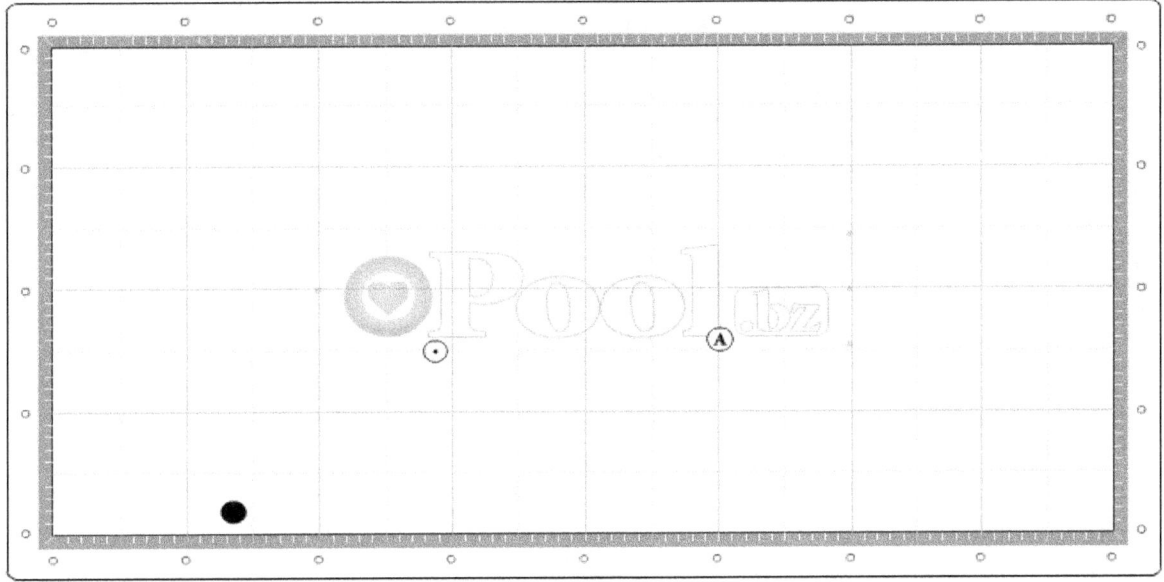

Notater og ideer:

Skudd mønster

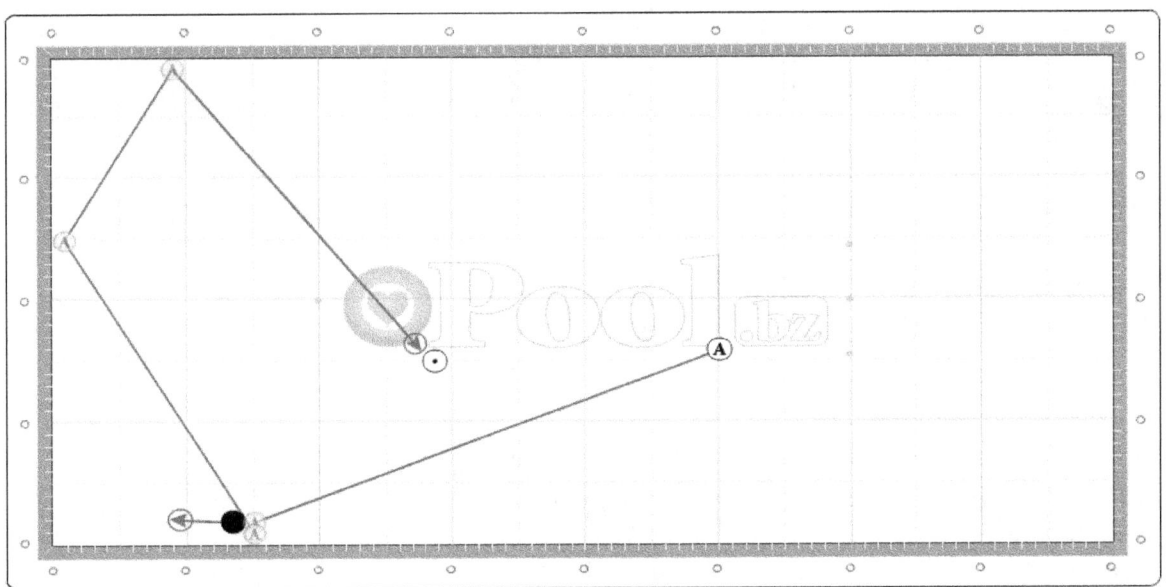

Tre vant carambole: Halv bord sirkel mønstre

A:6d – Setup

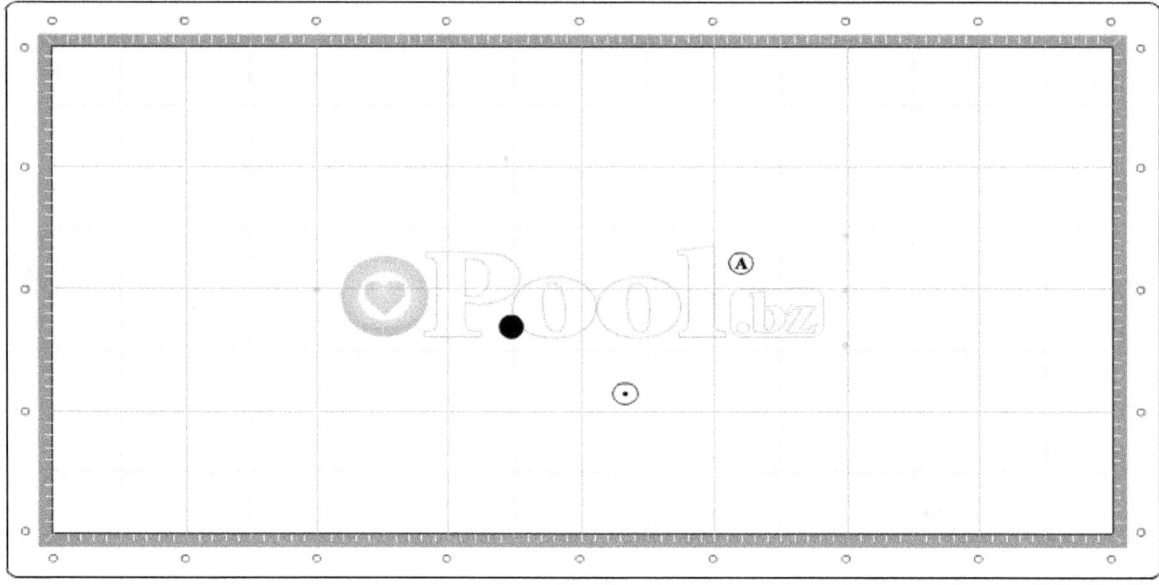

Notater og ideer:

Skudd mønster

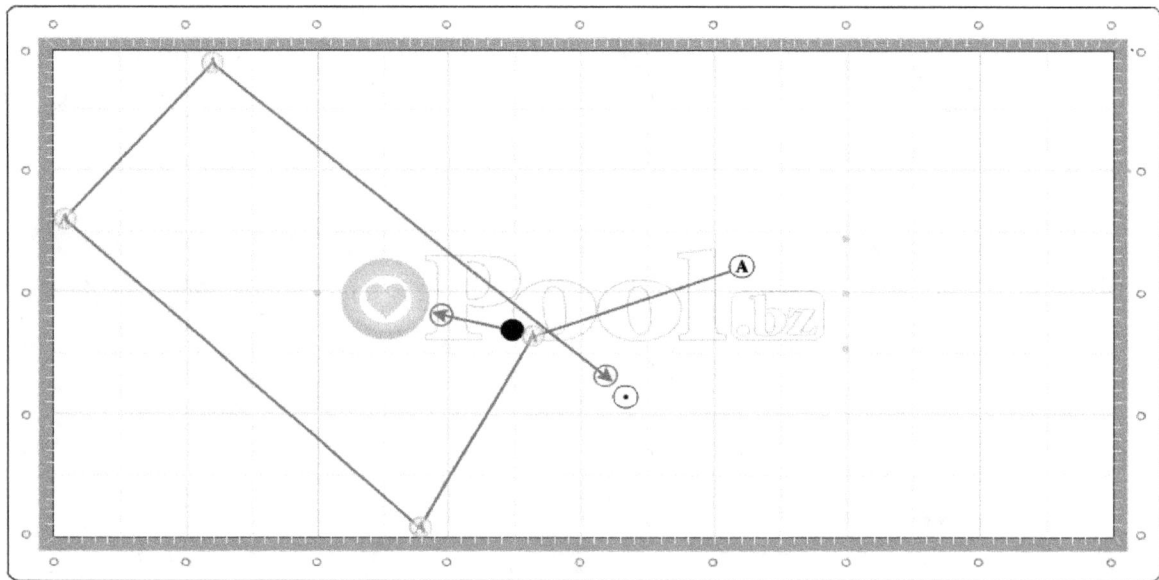

A: Gruppe 7

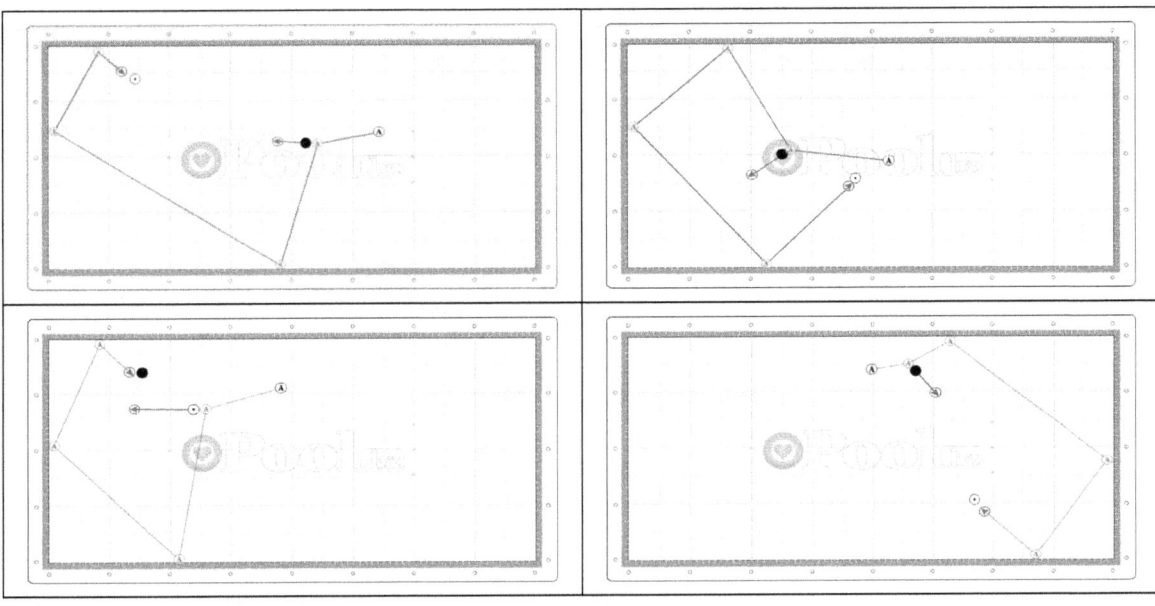

Analyse:

A:7a. _____

A:7b. _____

A:7c. _____

A:7d. _____

A:7a – Setup

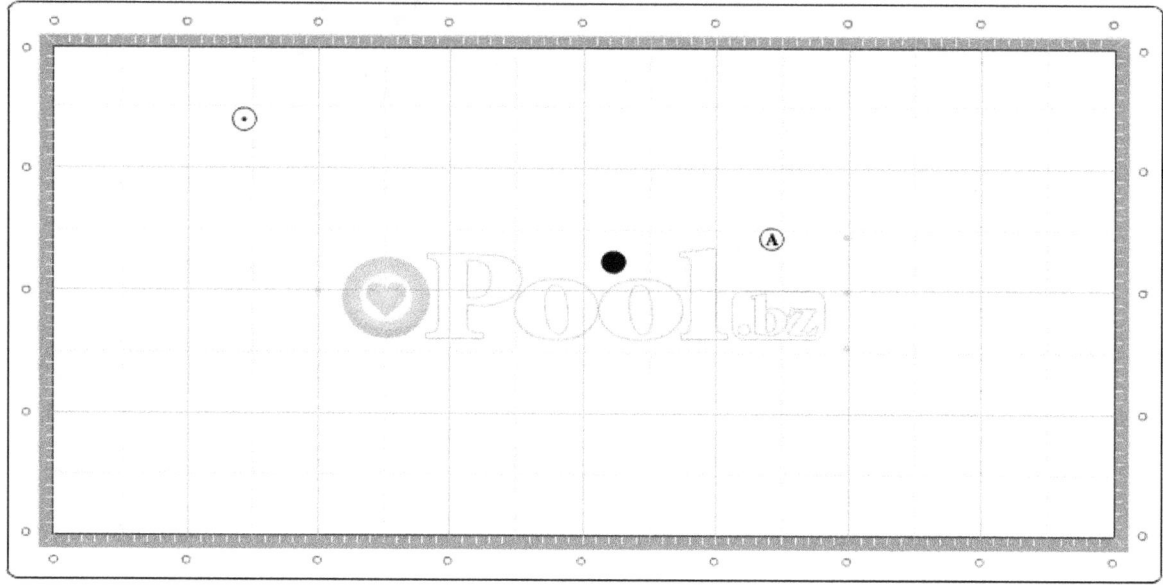

Notater og ideer:

Skudd mønster

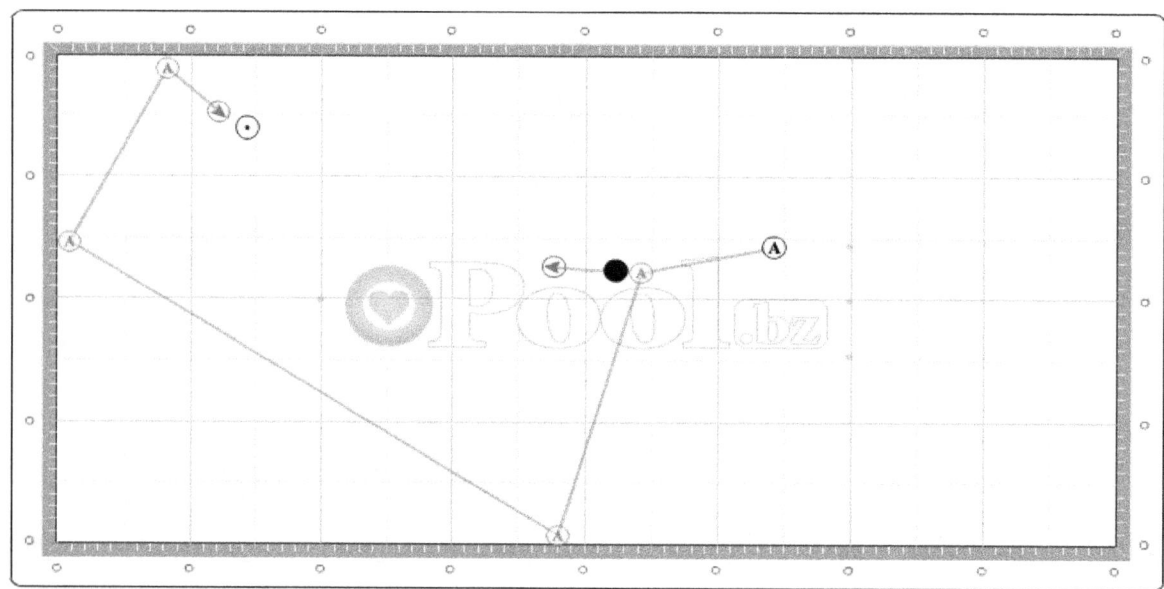

A:7b – Setup

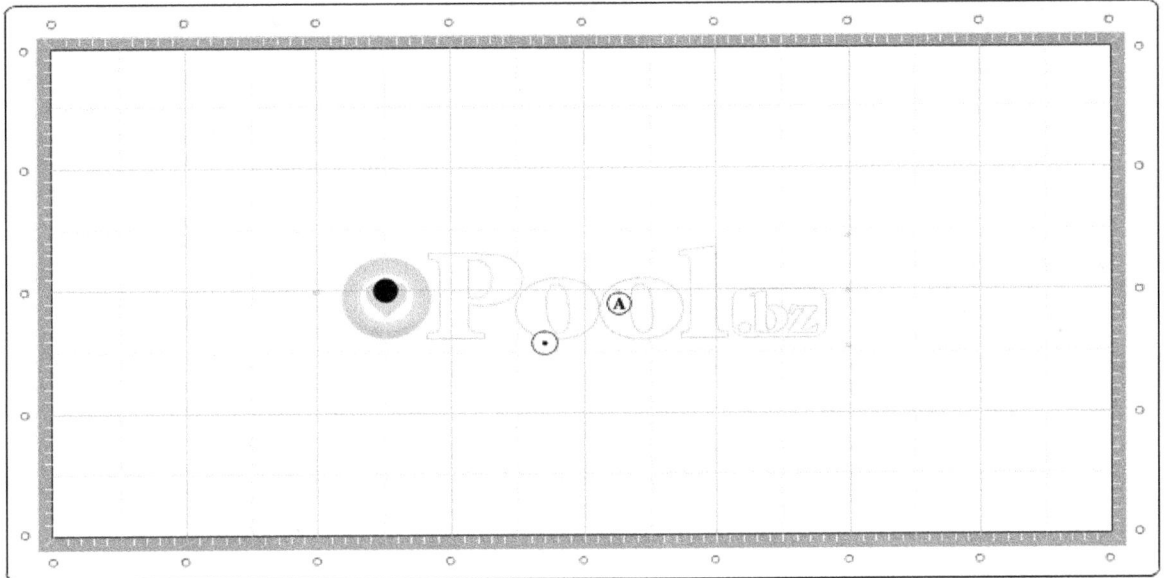

Notater og ideer:

Skudd mønster

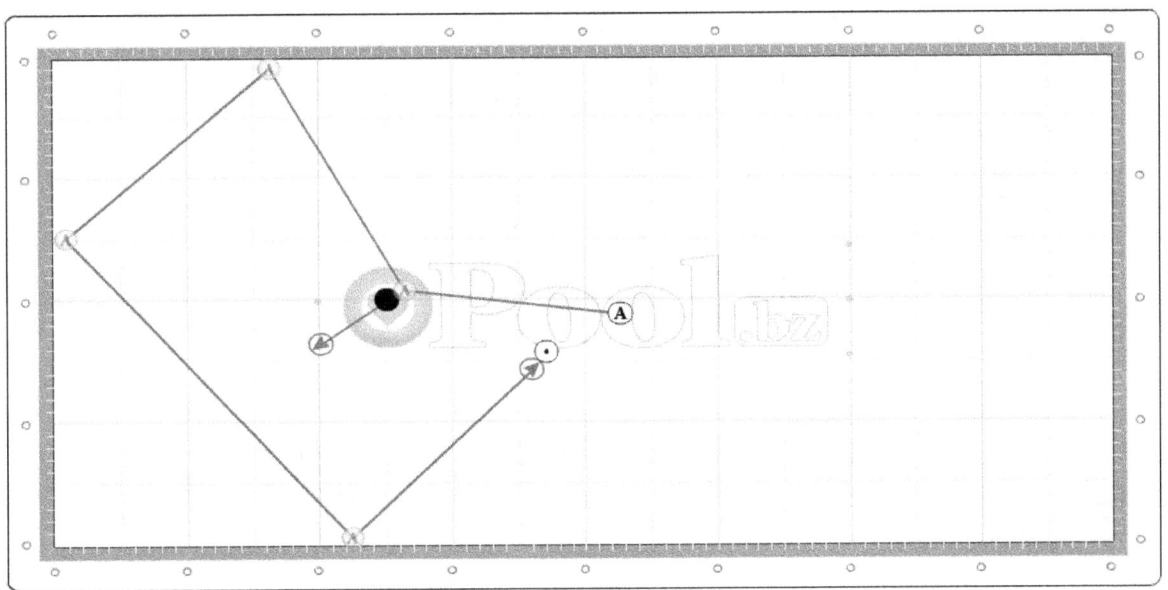

A:7c – Setup

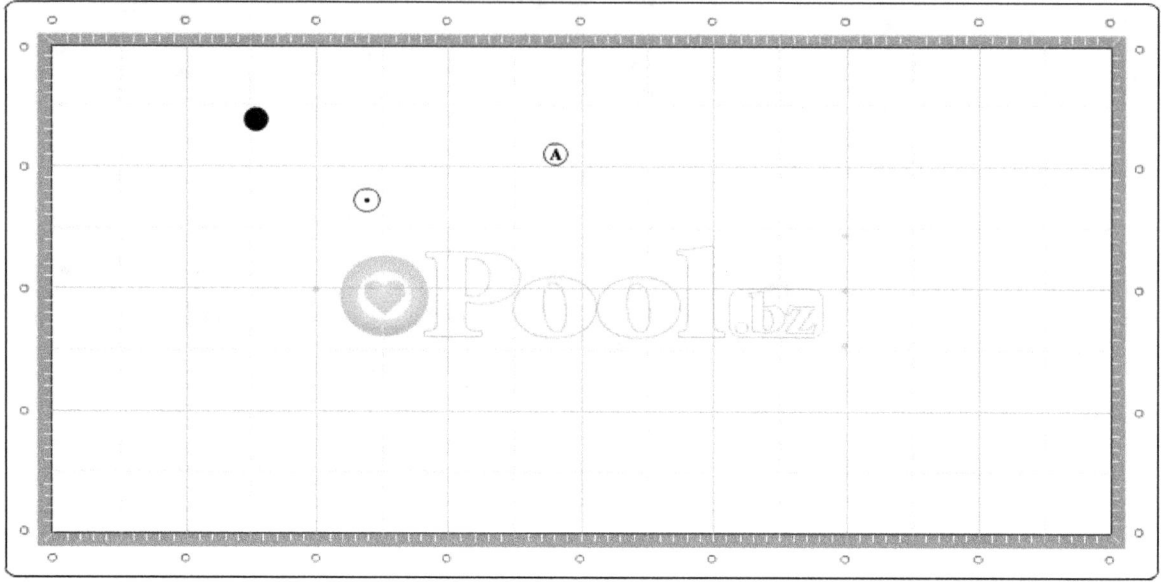

Notater og ideer:

Skudd mønster

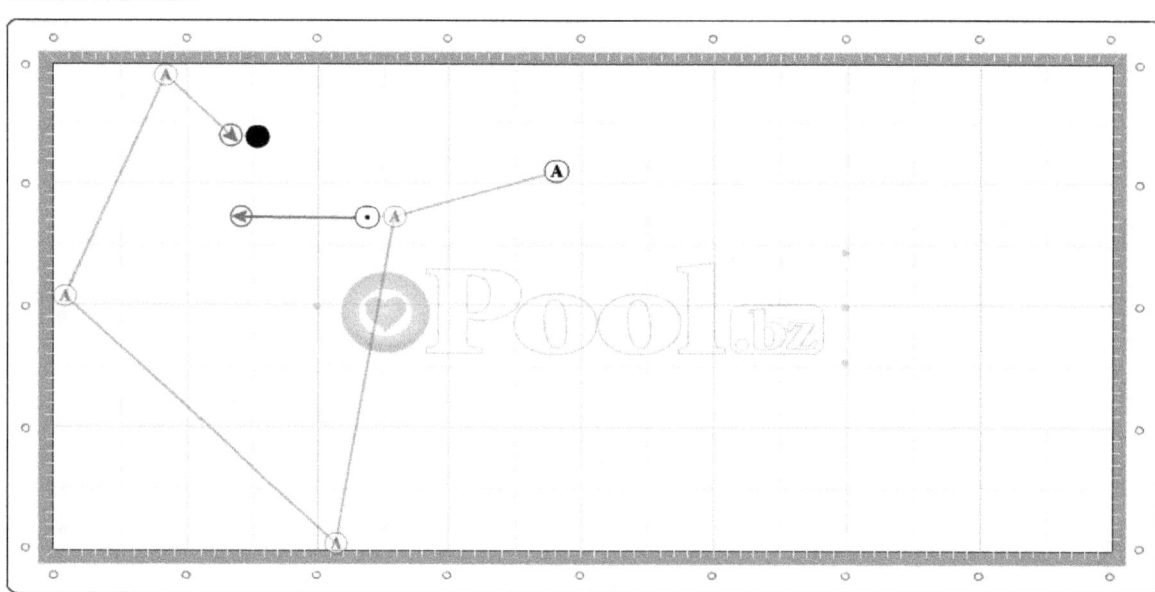

A:7d – Setup

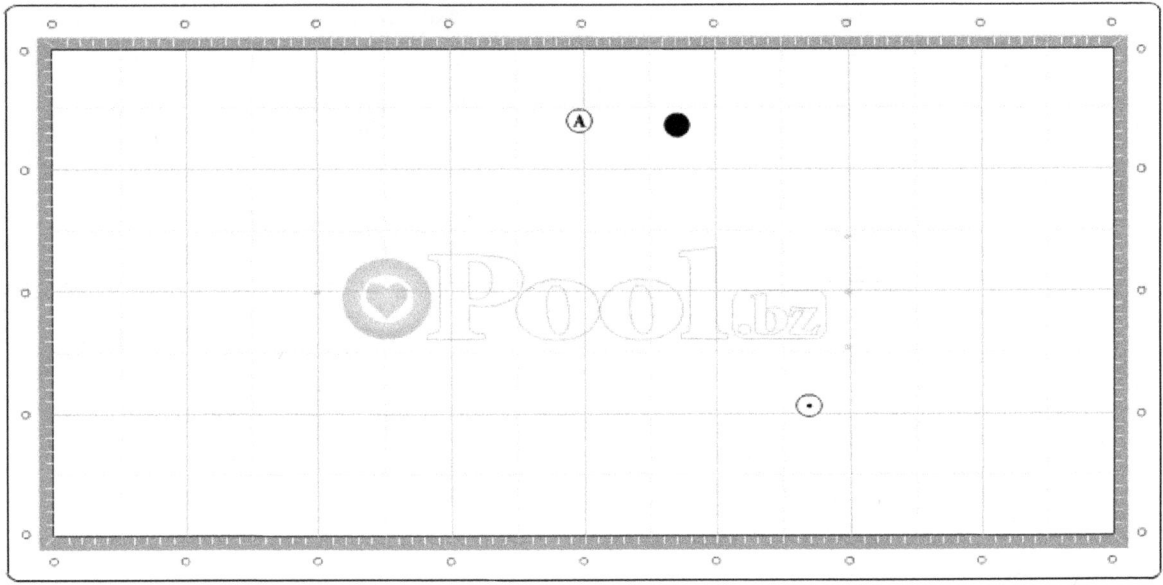

Notater og ideer:

Skudd mønster

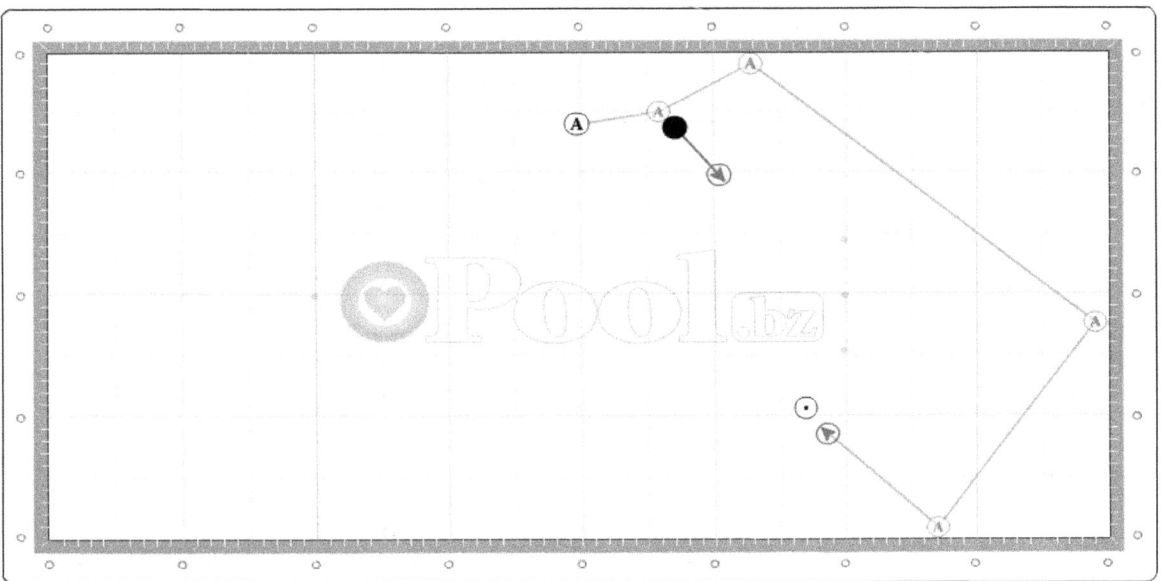

A: Gruppe 8

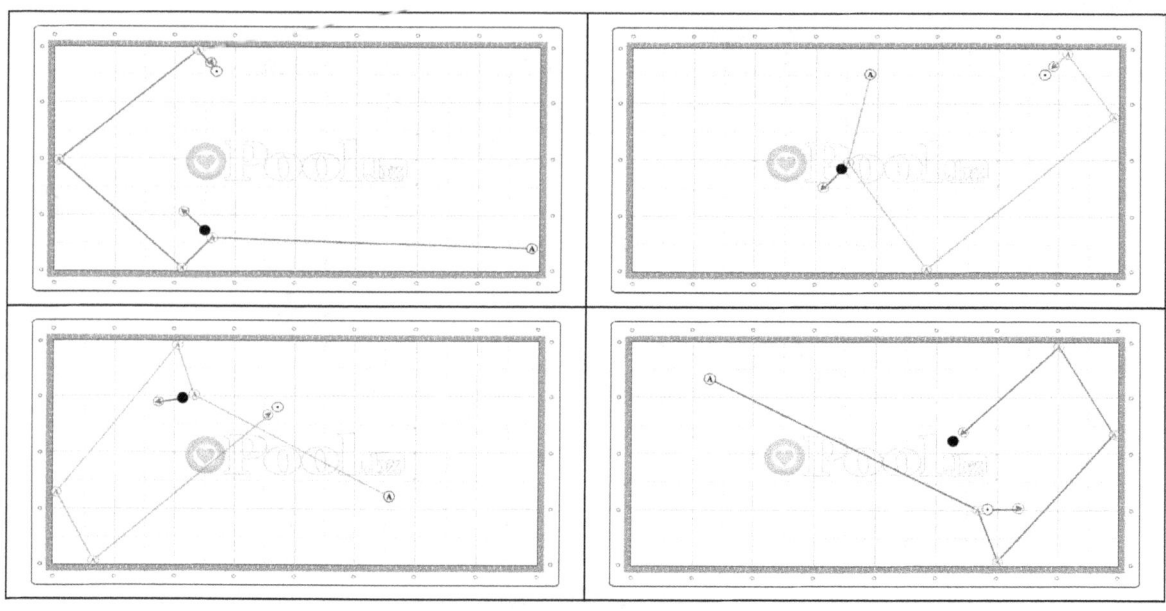

Analyse:

A:8a. _____

A:8b. _____

A:8c. _____

A:8d. _____

A:8a – Setup

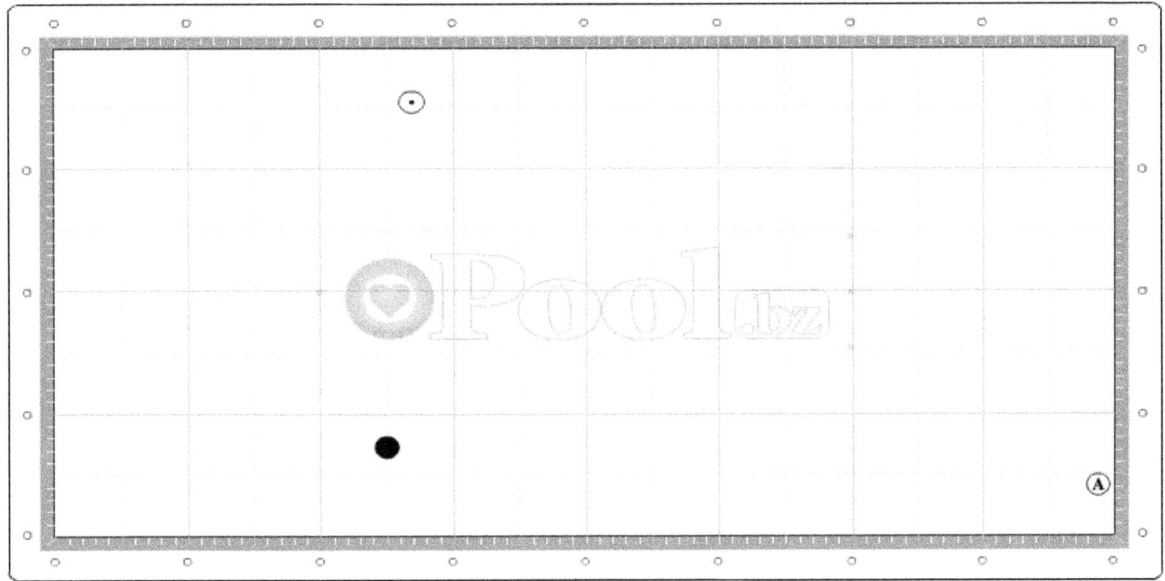

Notater og ideer:

Skudd mønster

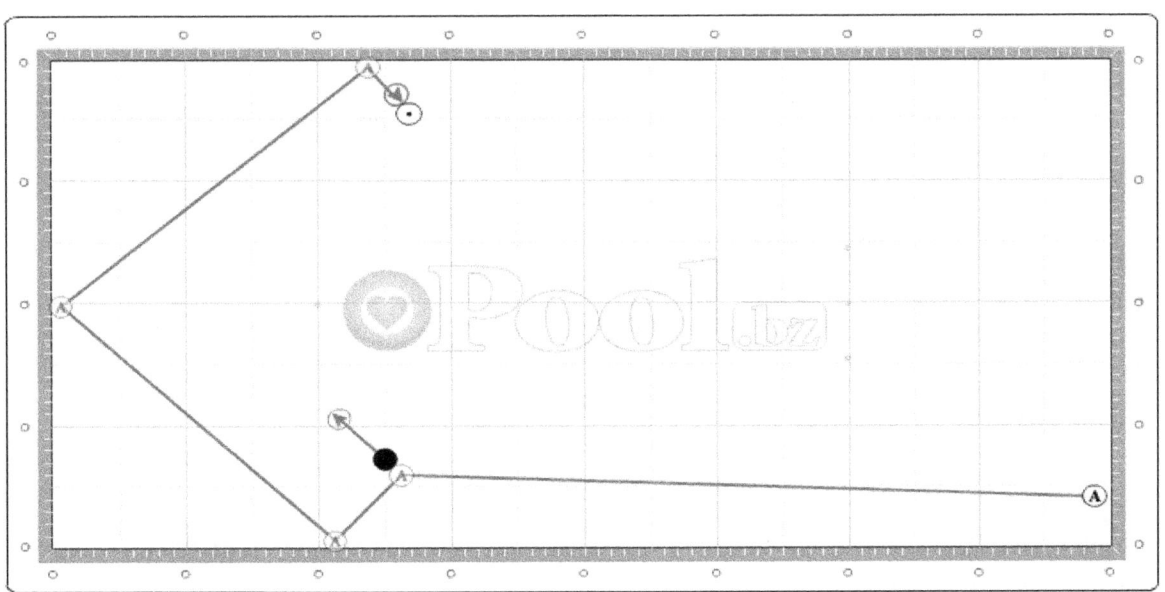

A:8b – Setup

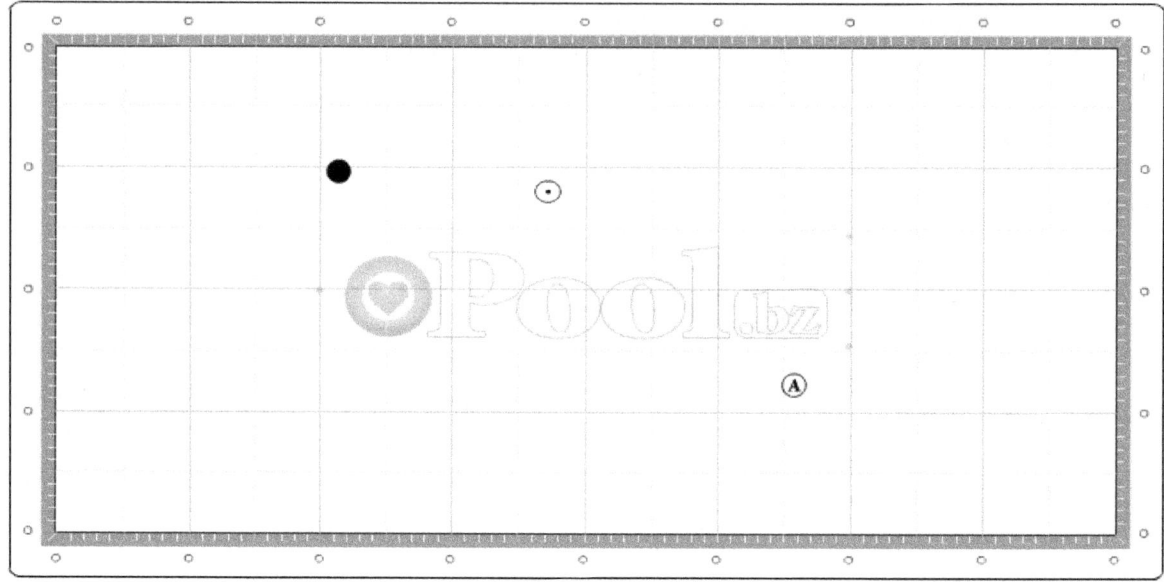

Notater og ideer:

Skudd mønster

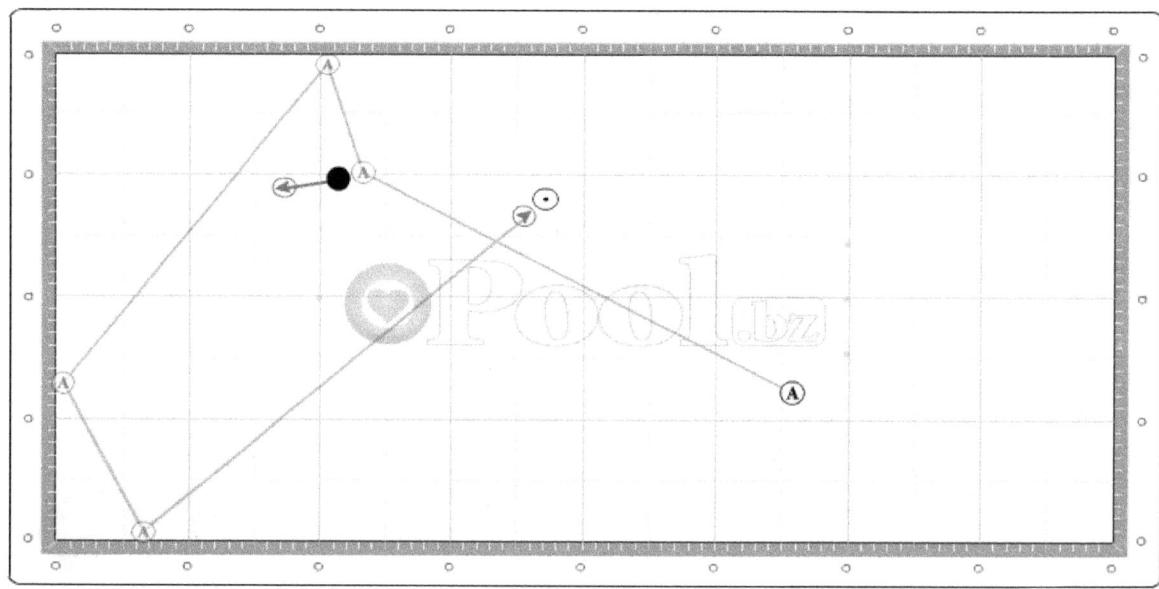

A:8c – Setup

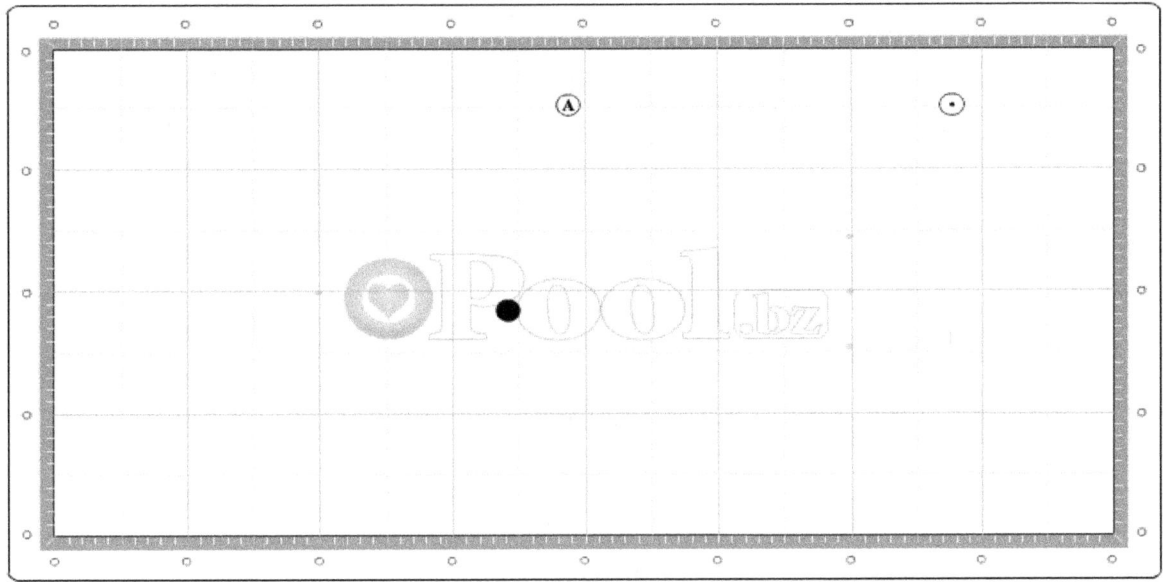

Notater og ideer:

Skudd mønster

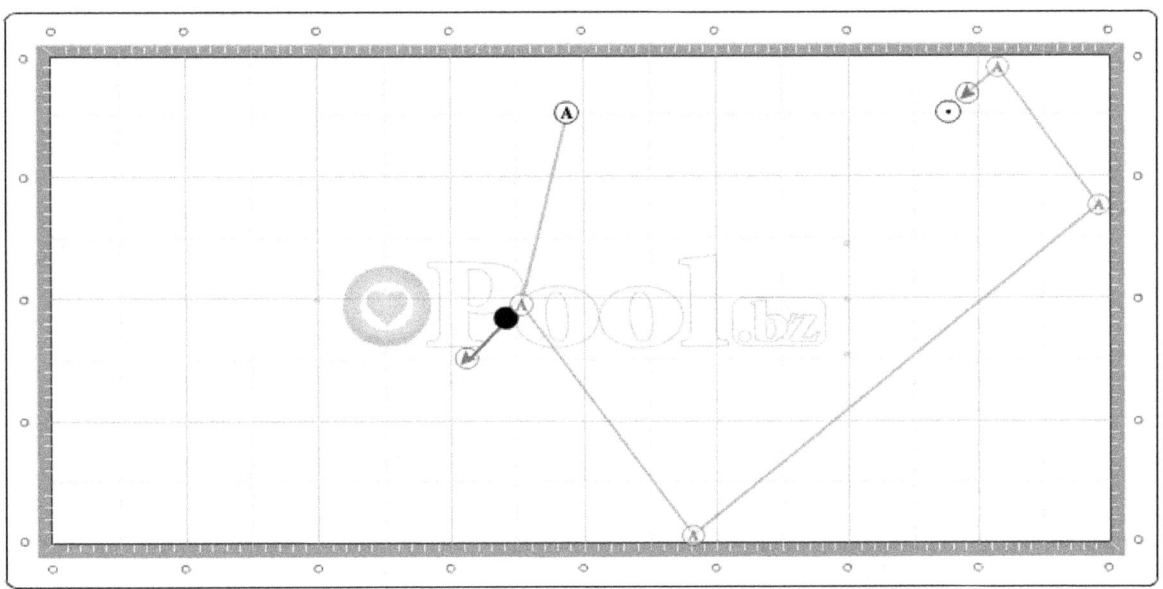

A:8d – Setup

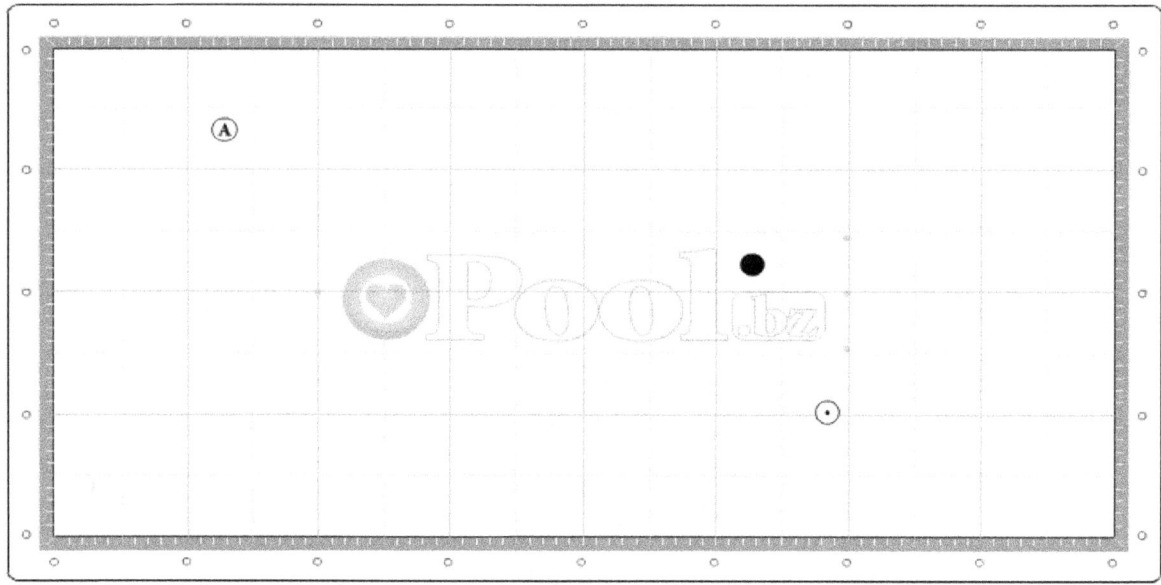

Notater og ideer:

Skudd mønster

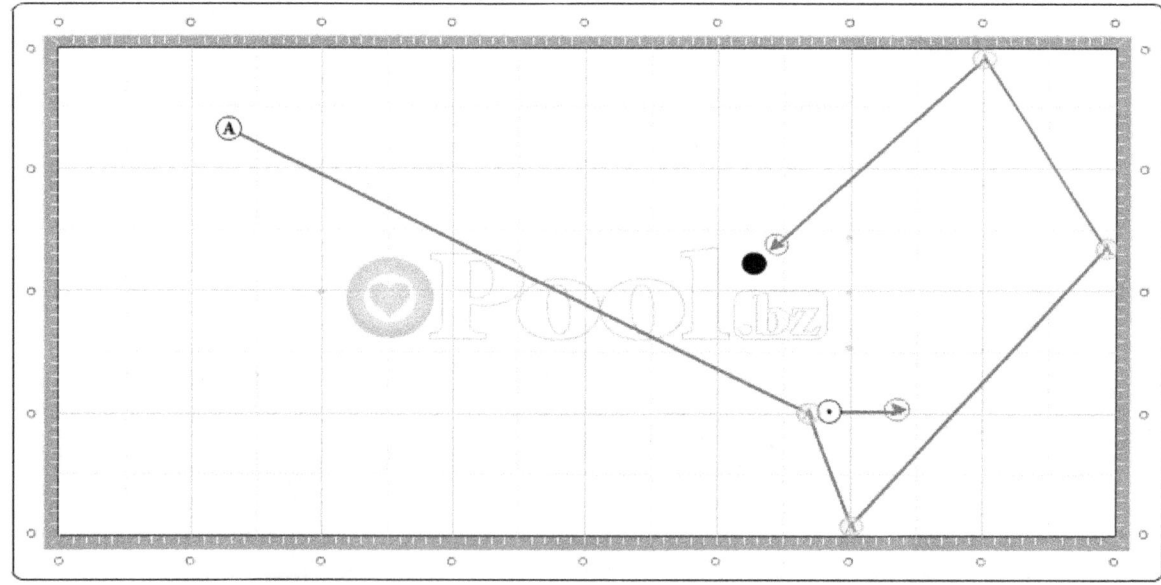

B: Inn og ut av et lite hjørne

Den (CB) kommer av den første (OB) inn i den lange p vant ute. Den kommer av den lange vant og inn i hjørnet for de neste to vant. Når (CB) kommer ut av hjørnet, kontakter den den andre (OB).

Ⓐ (CB) (biljardkule) - ⊙ (OB) (motstander billiardball) - ● (OB) (rød biljardball)

B: Gruppe 1

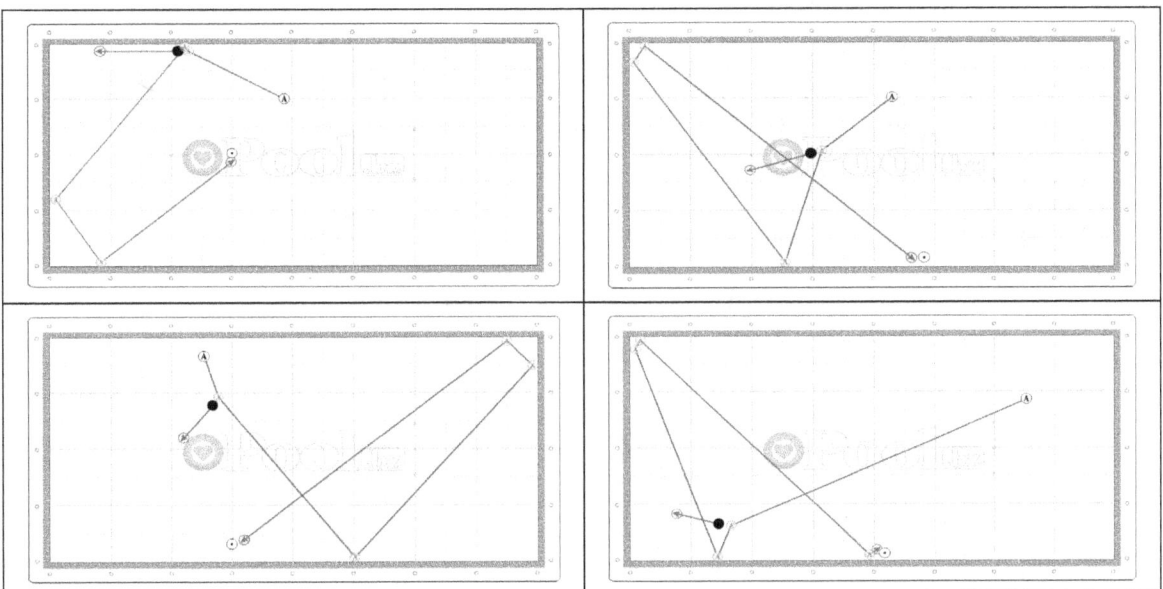

Analyse:

B:1a. _____

B:1b. _____

B:1c. _____

B:1d. _____

B:1a – Setup

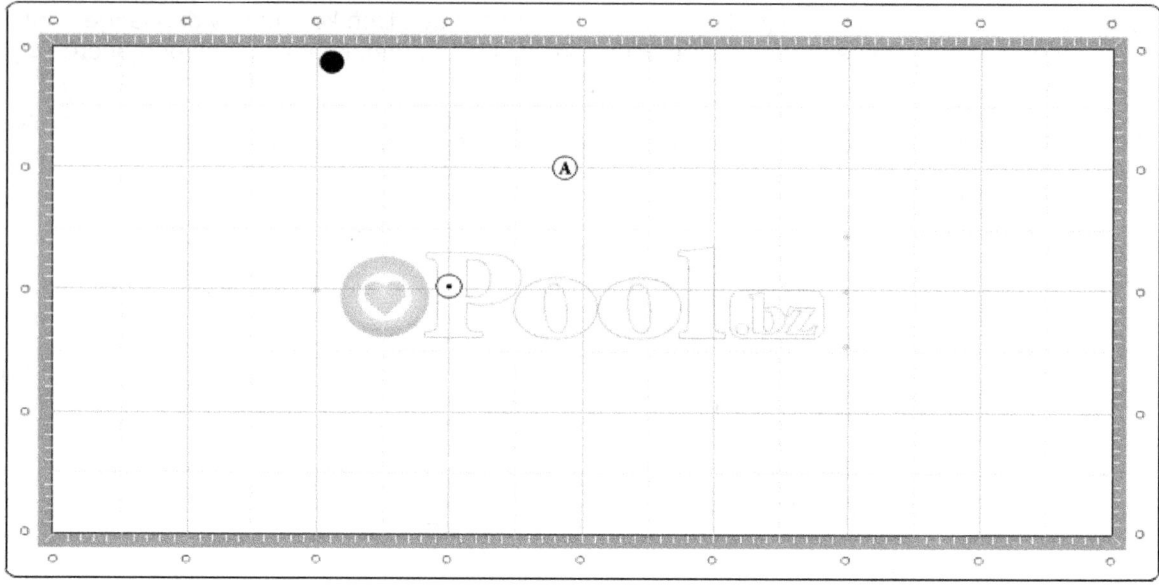

Notater og ideer:

Skudd mønster

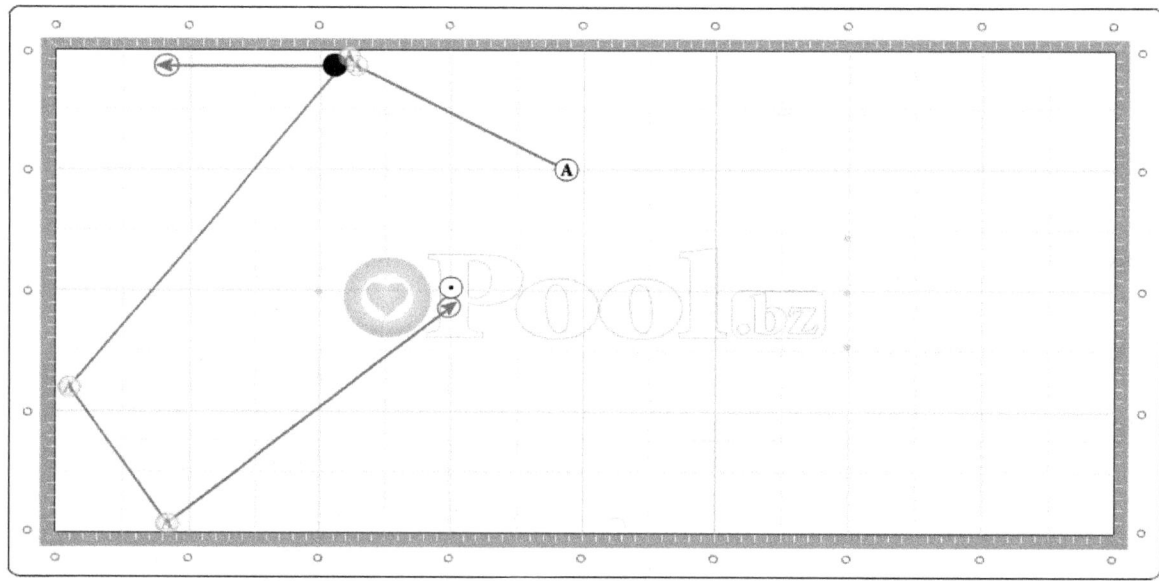

B:1b – Setup

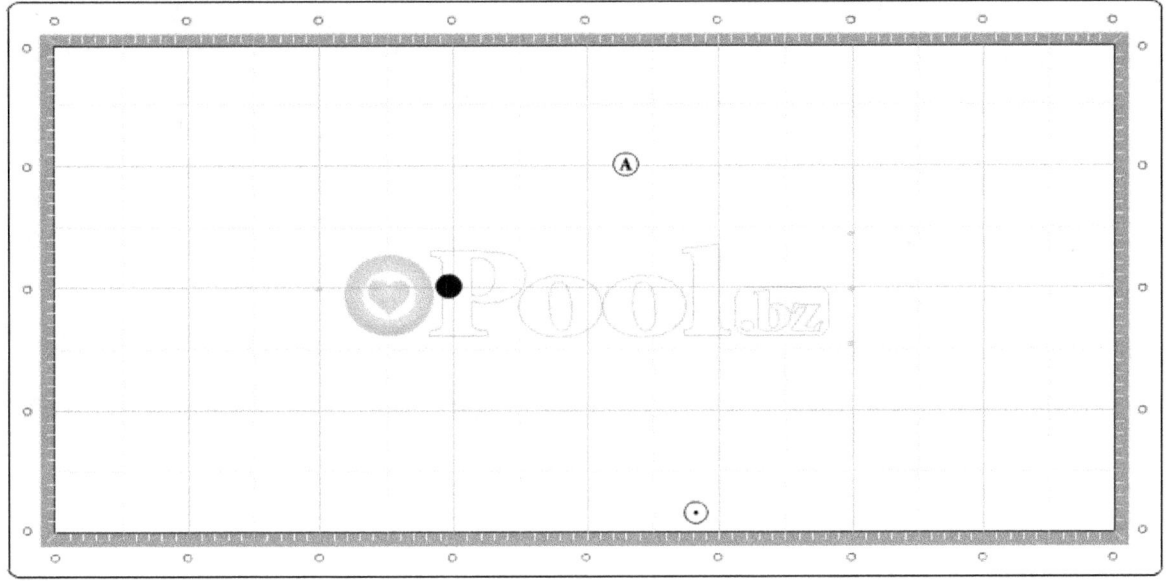

Notater og ideer:

Skudd mønster

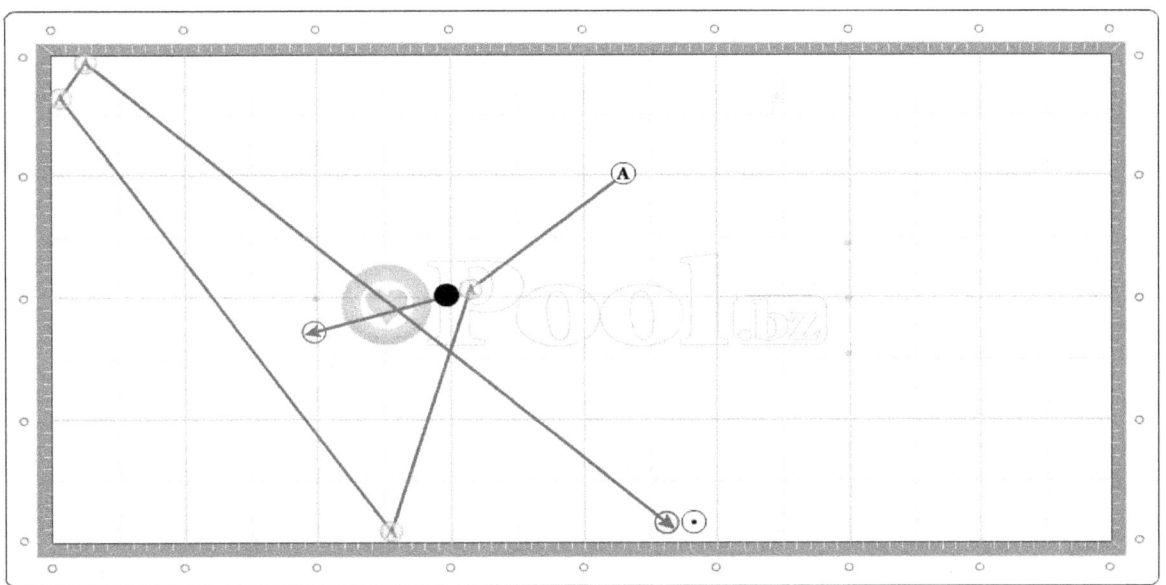

B:1c – Setup

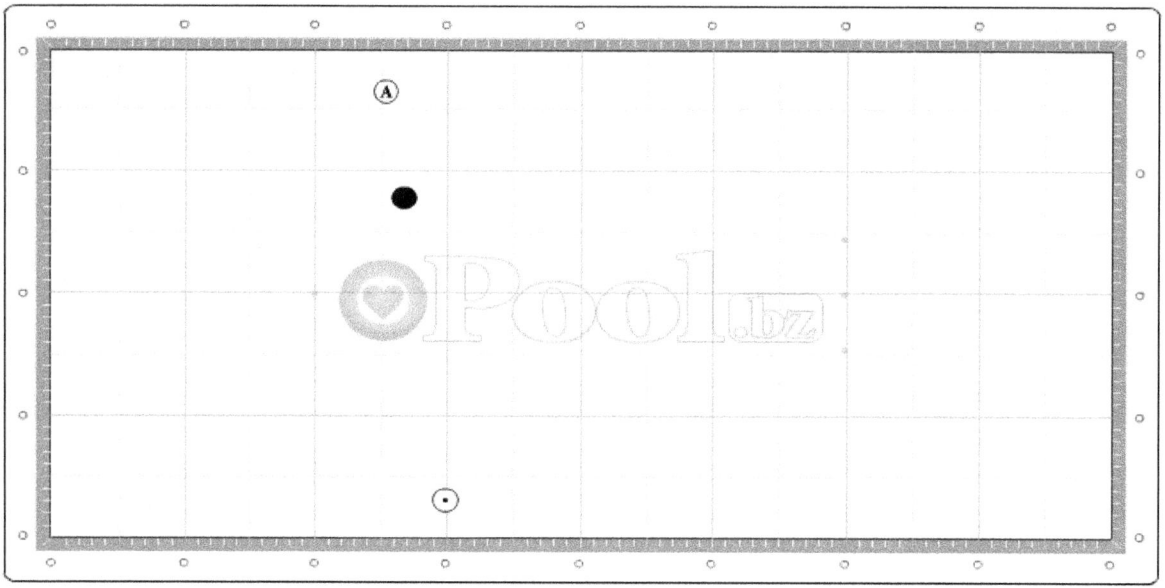

Notater og ideer:

Skudd mønster

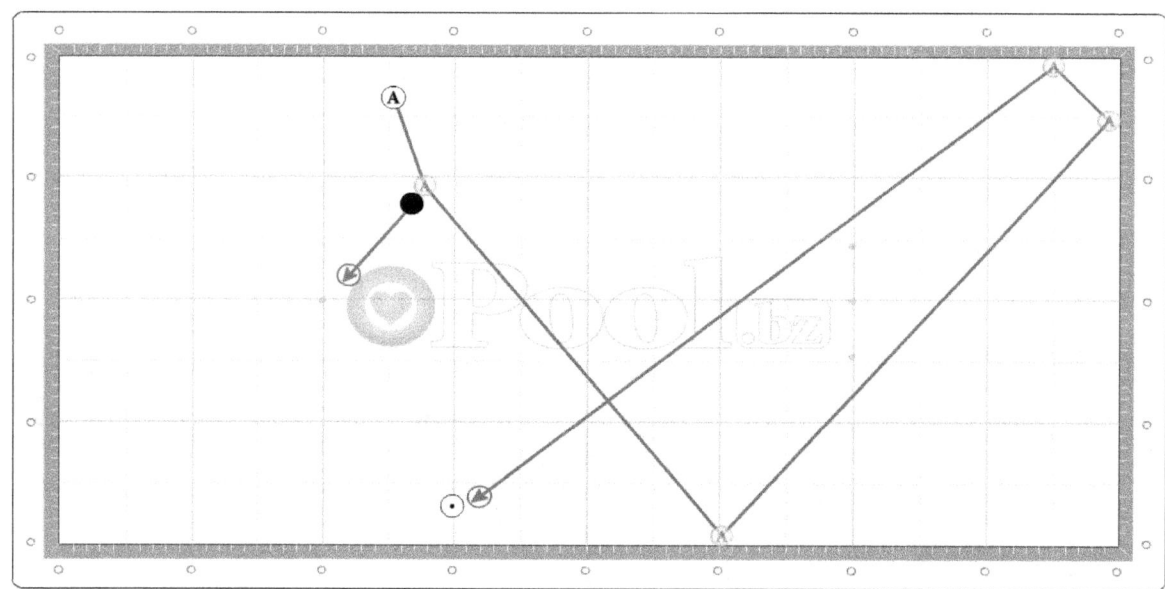

B:1d – Setup

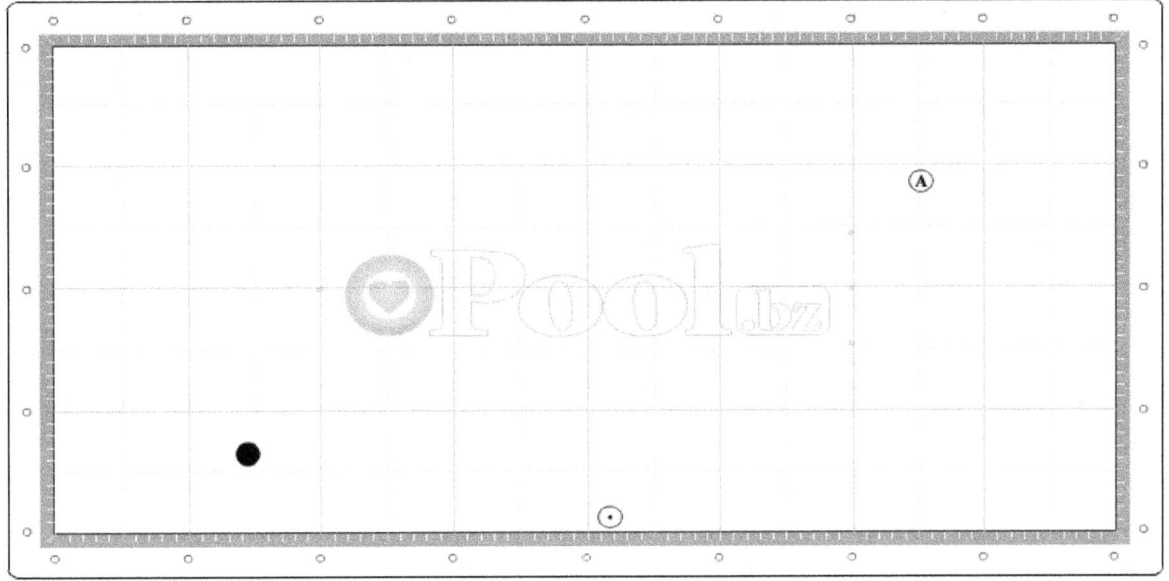

Notater og ideer:

Skudd mønster

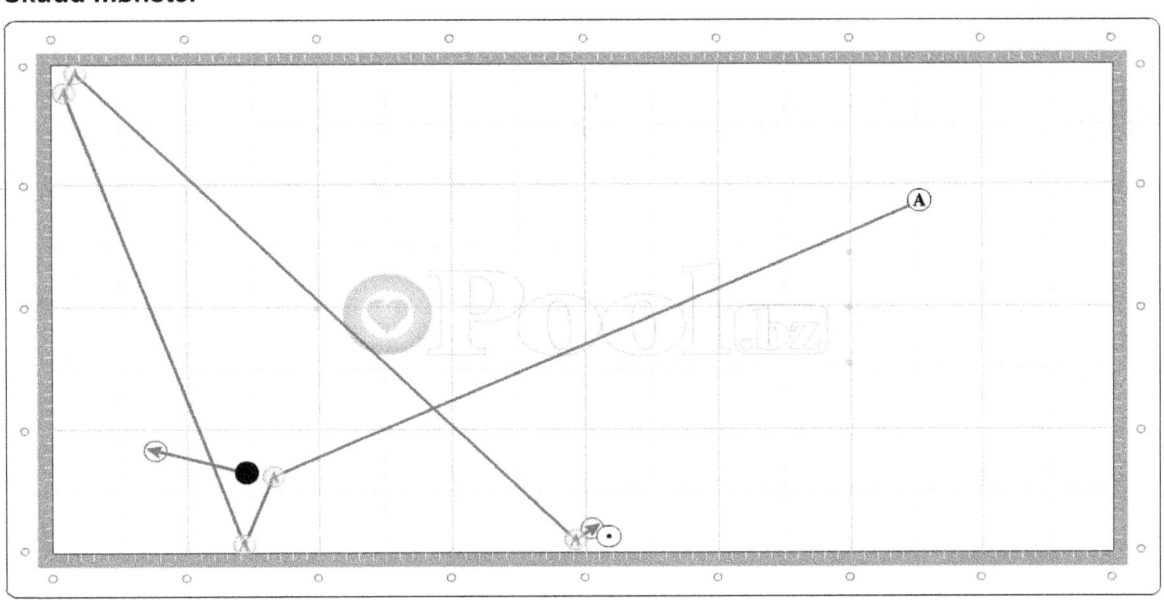

B: Gruppe 2

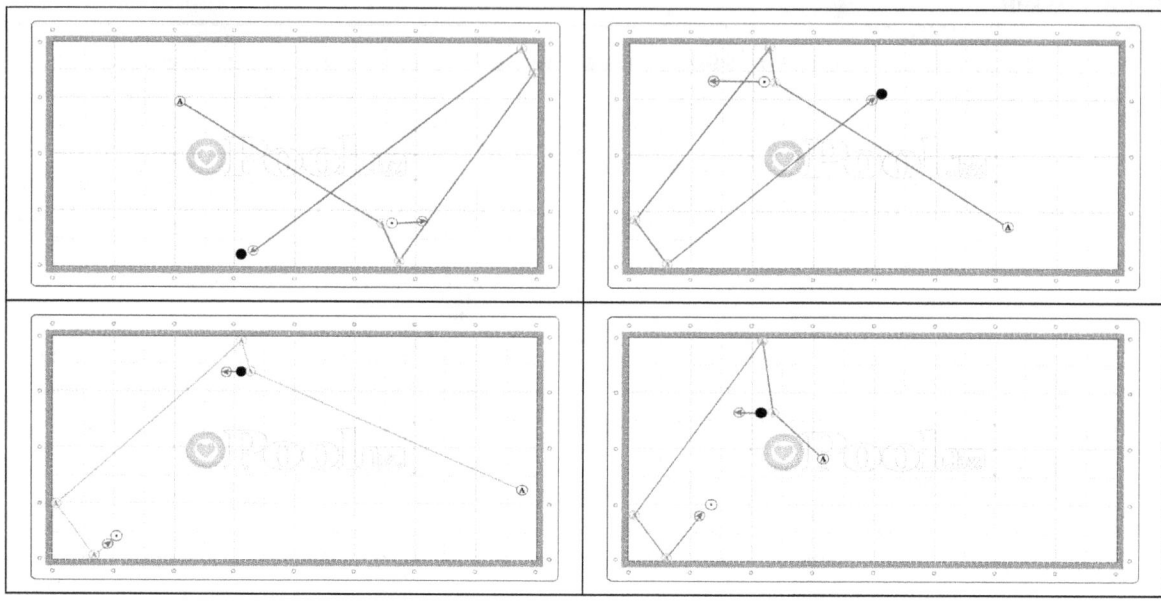

Analyse:

B:2a. _____

B:2b. _____

B:2c. _____

B:2d. _____

B:2a – Setup

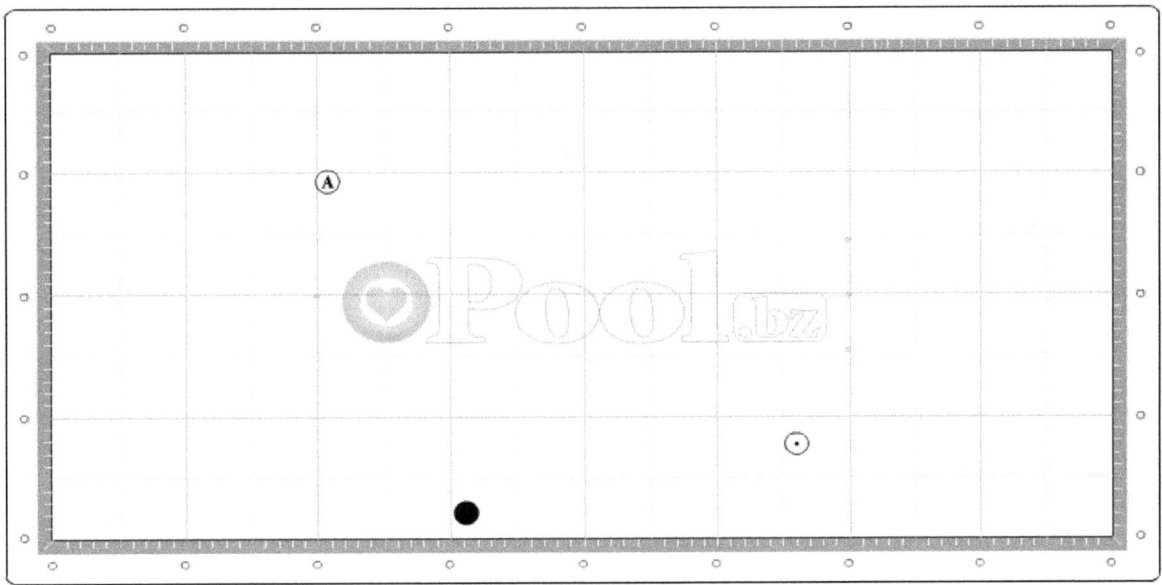

Notater og ideer:

Skudd mønster

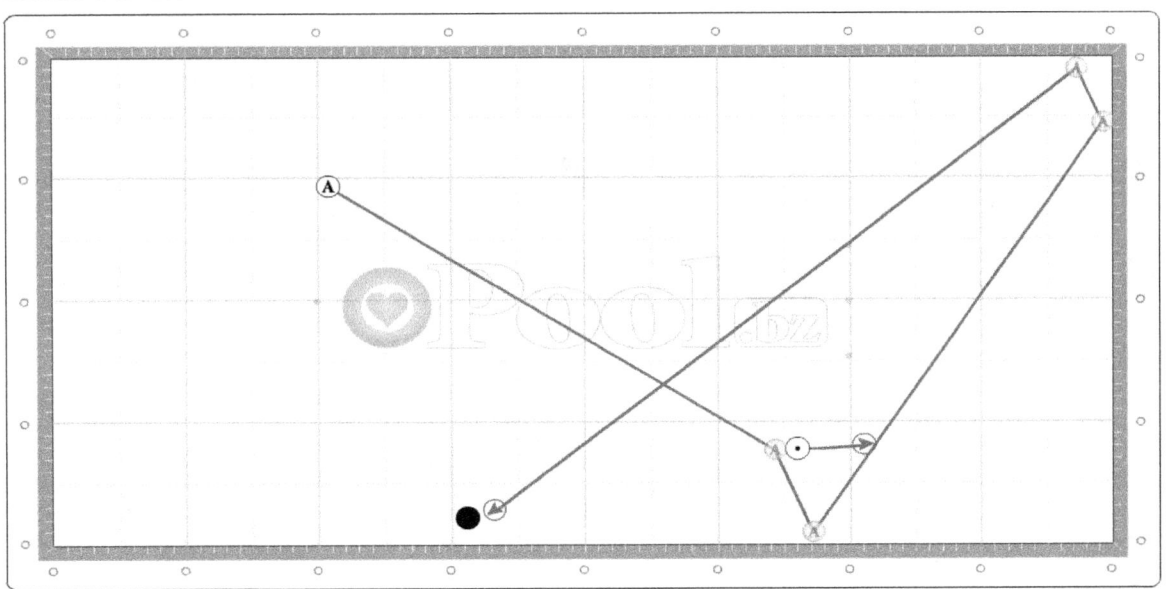

B:2b – Setup

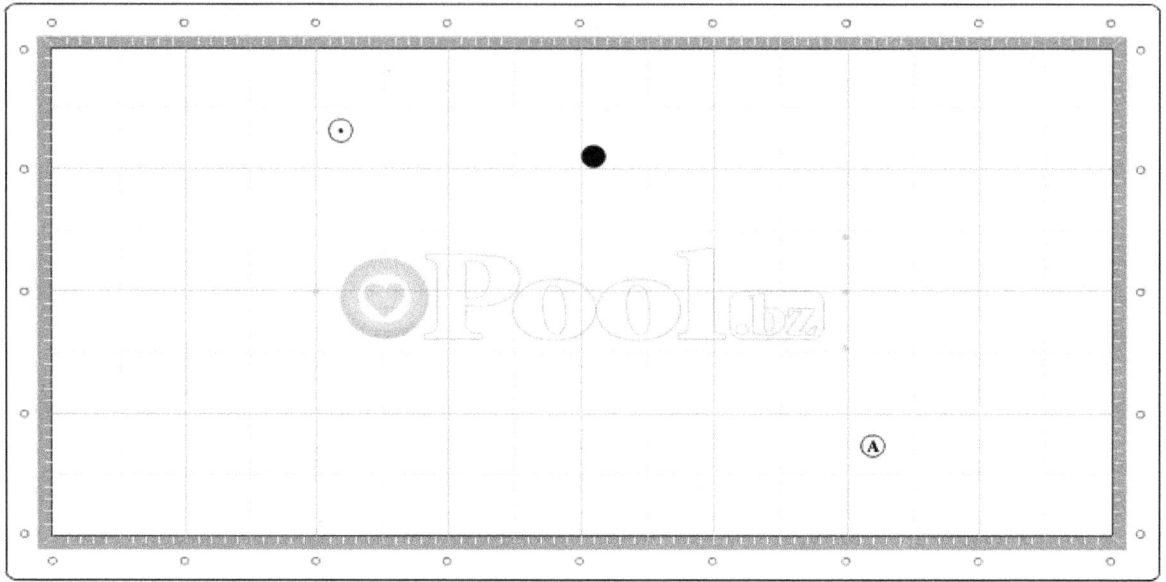

Notater og ideer:

Skudd mønster

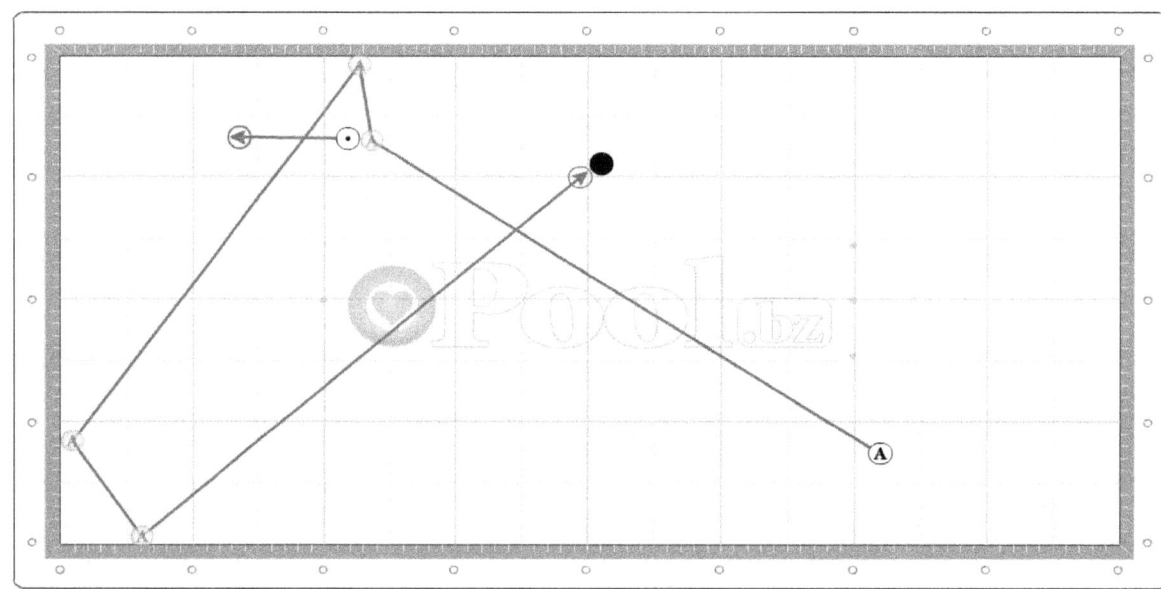

B:2c – Setup

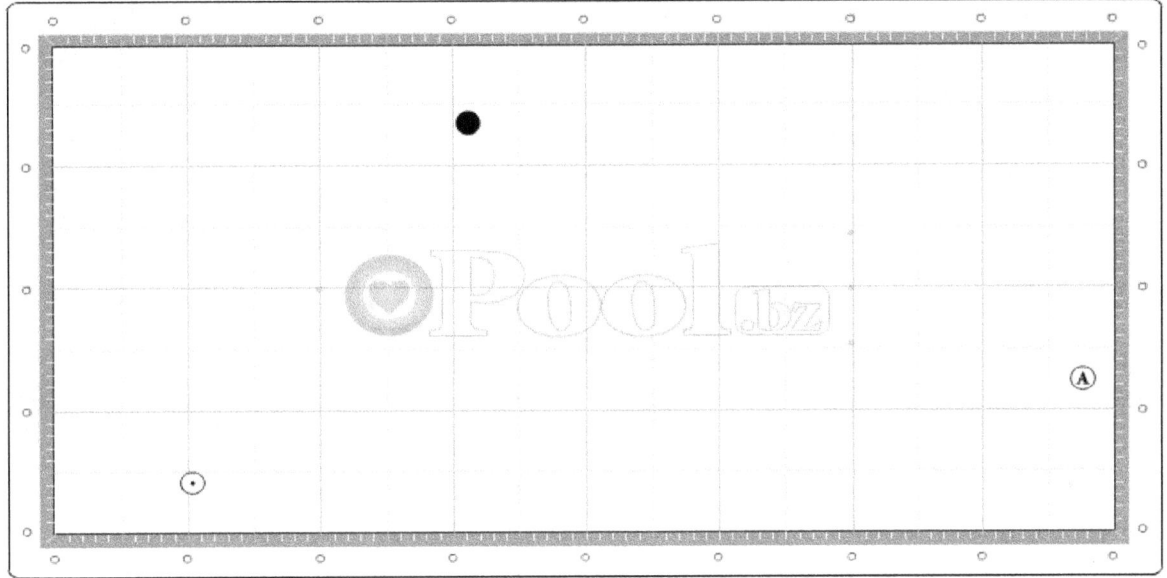

Notater og ideer:

Skudd mønster

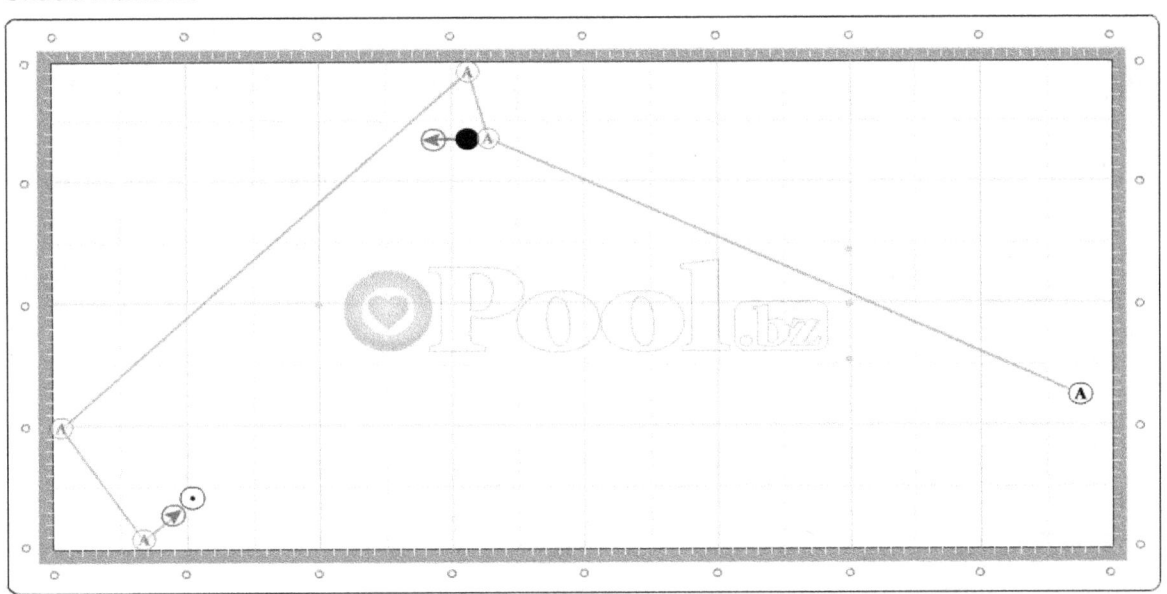

B:2d – Setup

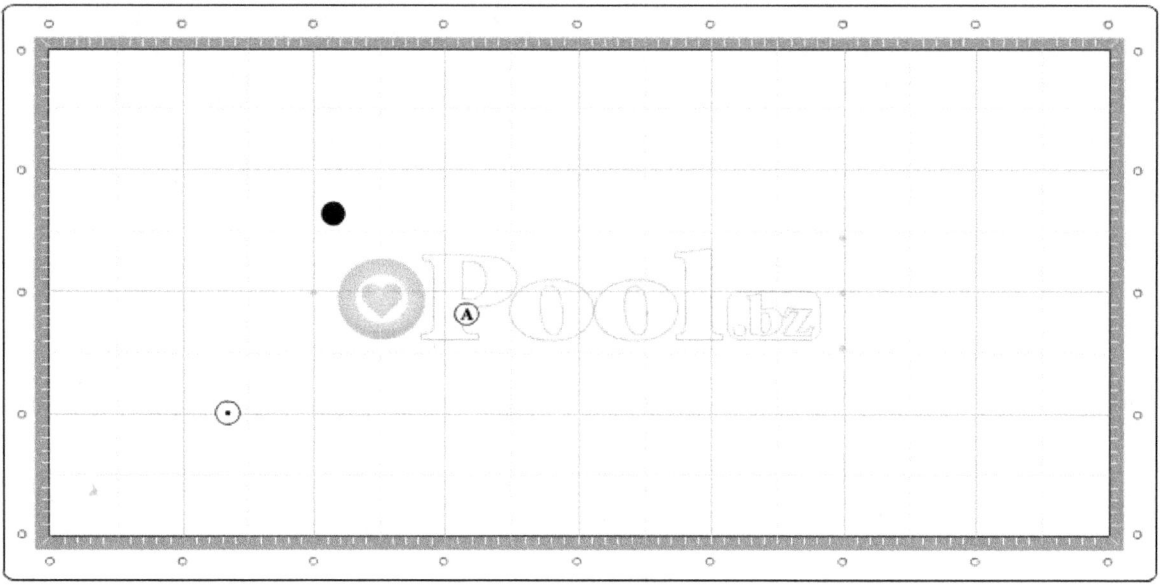

Notater og ideer:

Skudd mønster

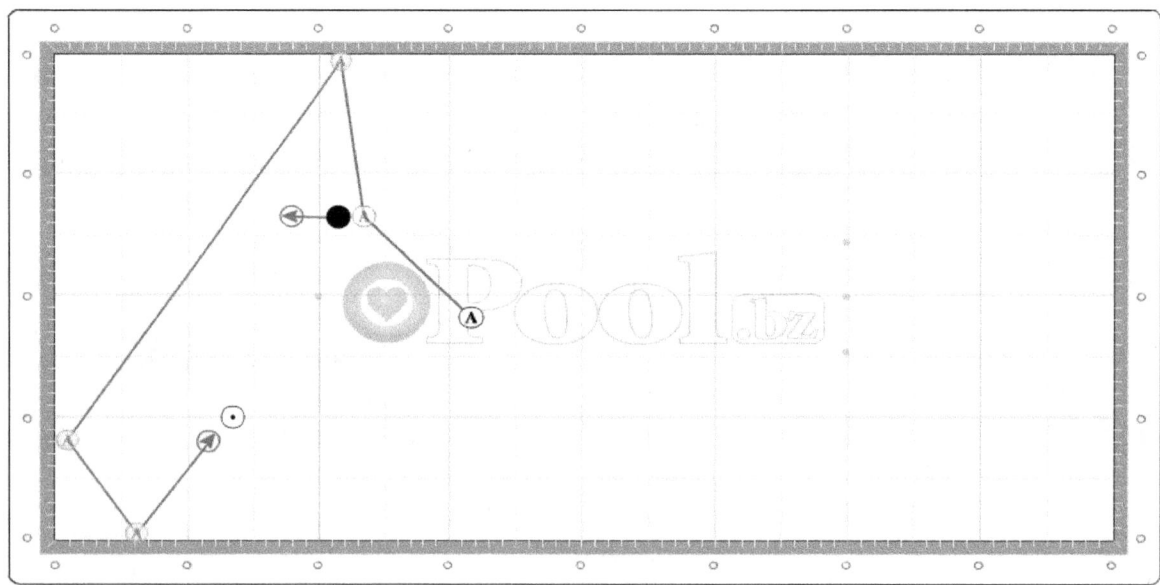

B: Gruppe 3

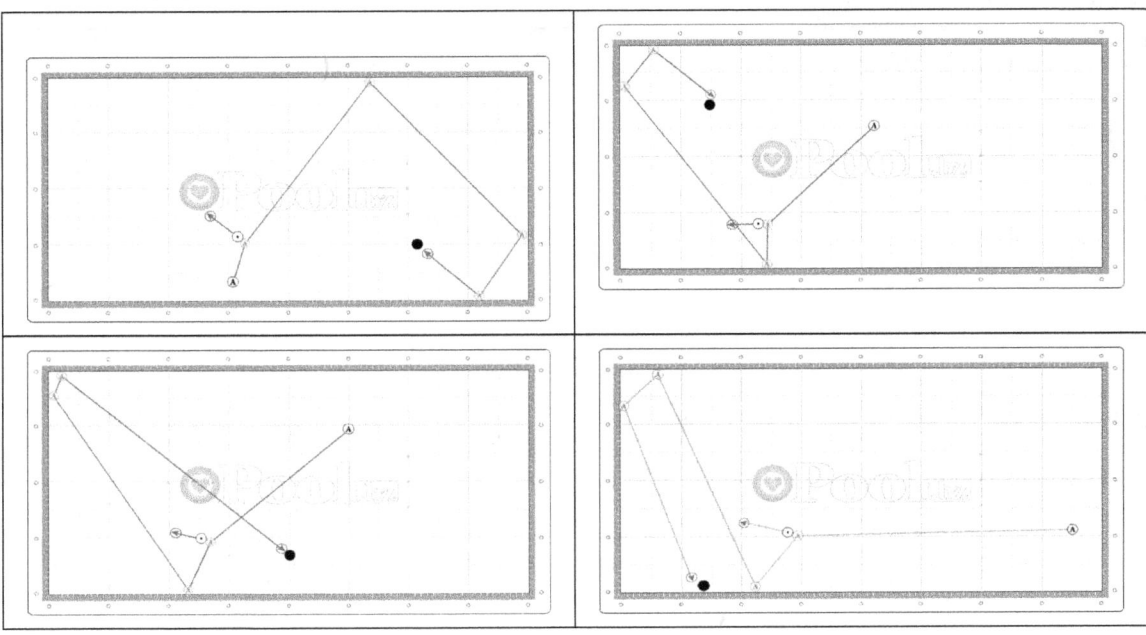

Analyse:

B:3a. _____

B:3b. _____

B:3c. _____

B:3d. _____

B:3a – Setup

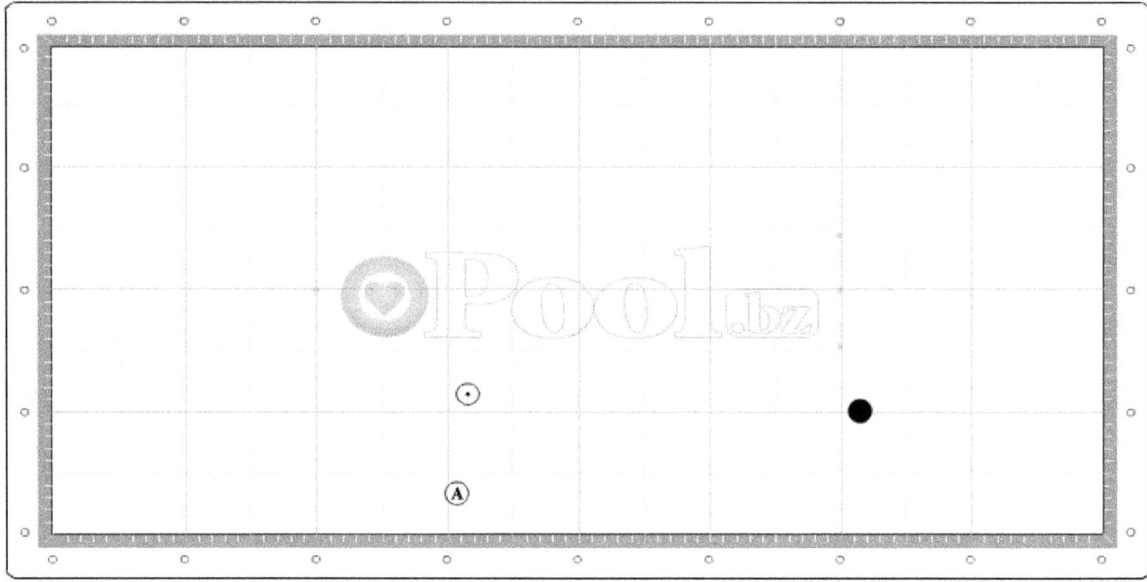

Notater og ideer:

Skudd mønster

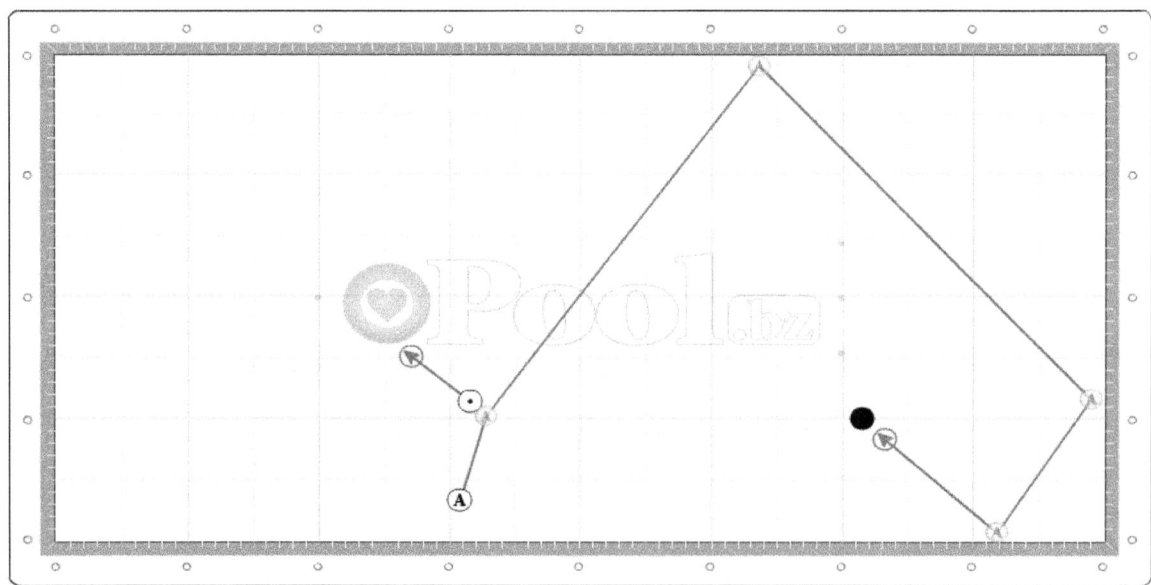

B:3b – Setup

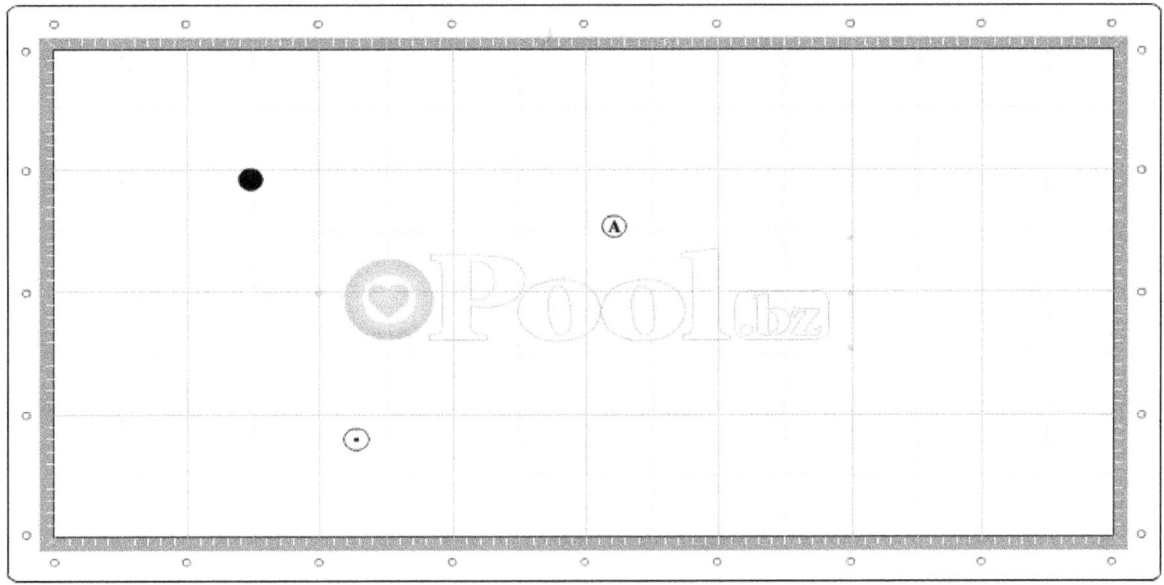

Notater og ideer:

Skudd mønster

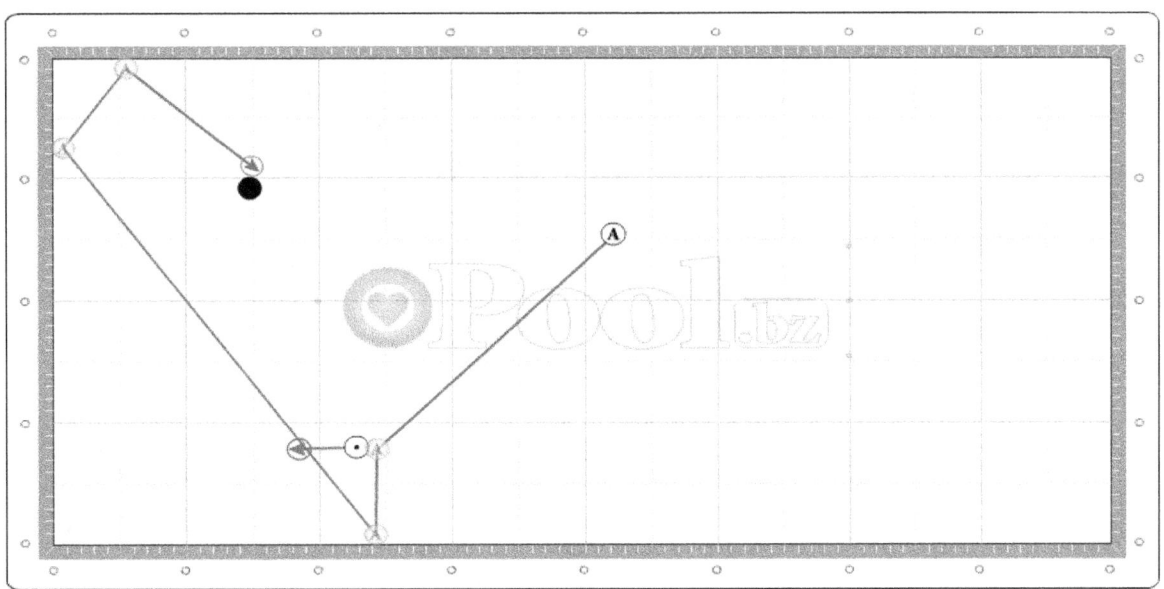

B:3c – Setup

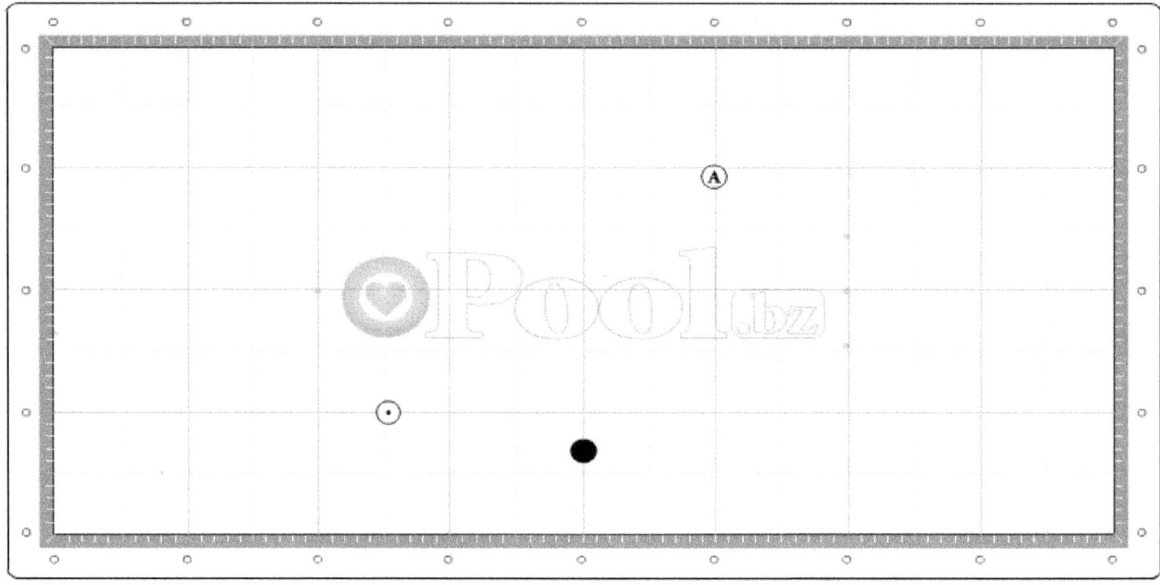

Notater og ideer:

Skudd mønster

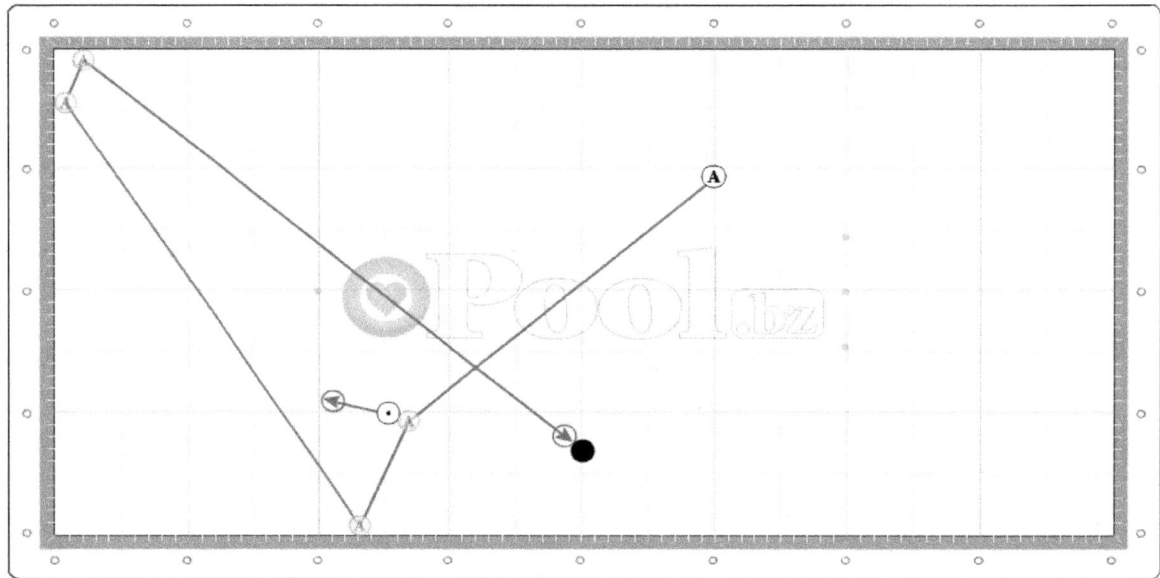

B:3d – Setup

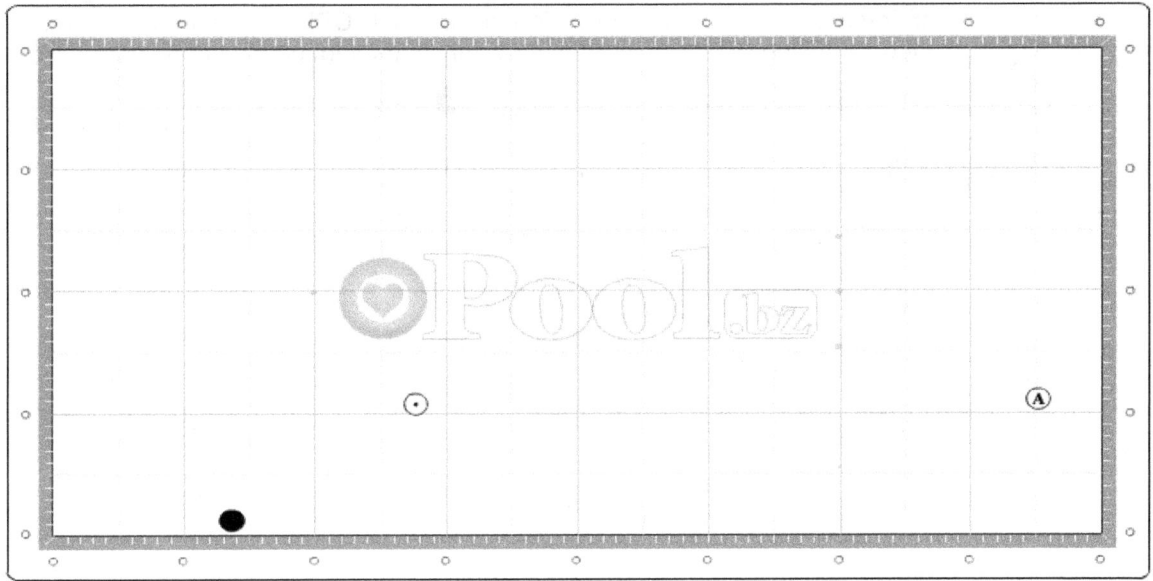

Notater og ideer:

Skudd mønster

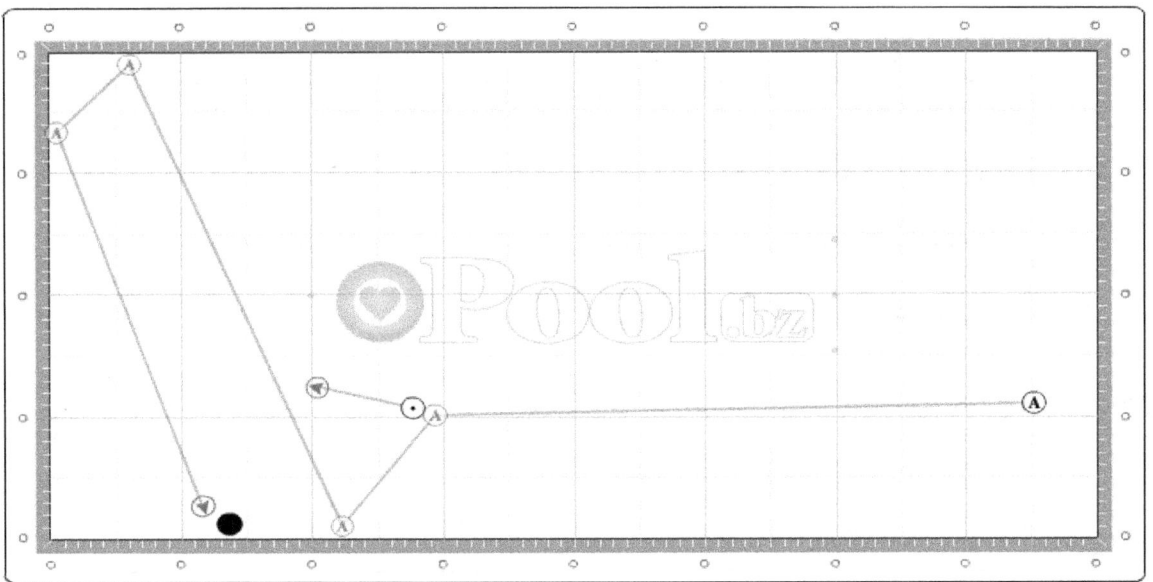

C: Inn i et lite hjørne

(CB) kommer av den første (OB) i hjørnet for de to første vant. Når (CB) kommer ut av hjørnet, går den til motsatt lang vant. Den (CB) kommer da ut av den lange vant og inn i den andre (OB).

Ⓐ (CB) (biljardkule) - ⊙ (OB) (motstander billiardball) - ● (OB) (rød biljardball)

C: Gruppe 1

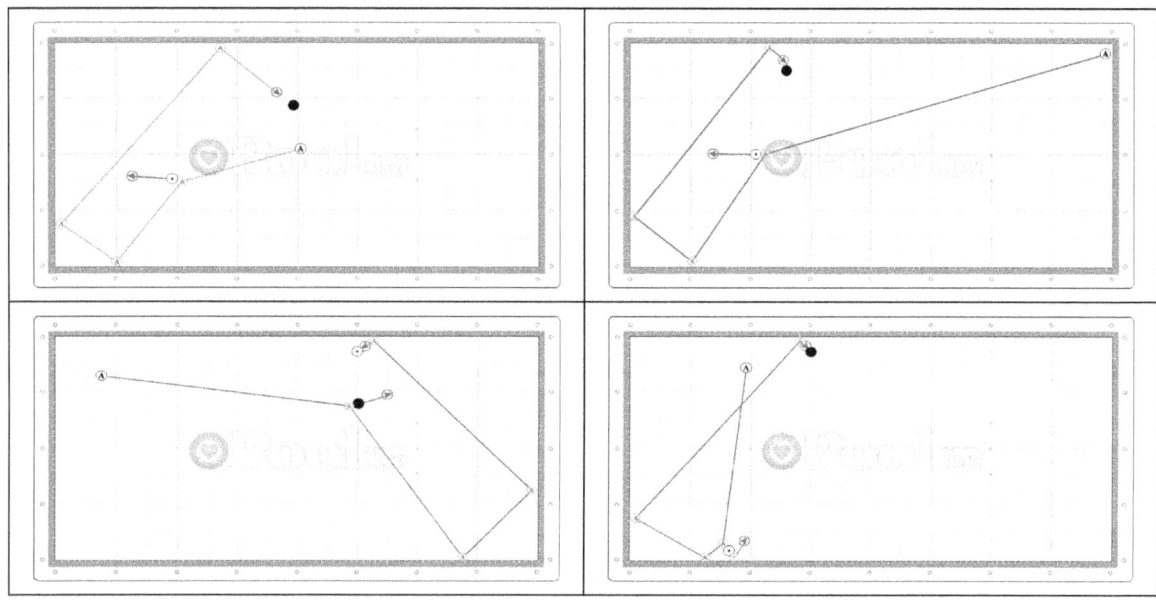

Analyse:

C:1a. _____

C:1b. _____

C:1c. _____

C:1d. _____

C:1a – Setup

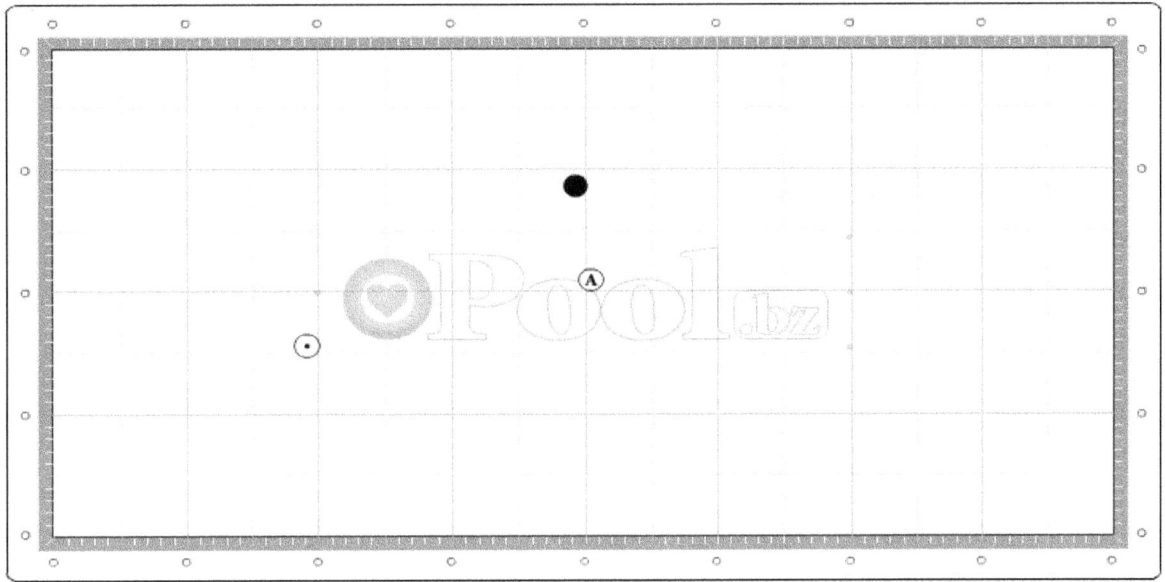

Notater og ideer:

Skudd mønster

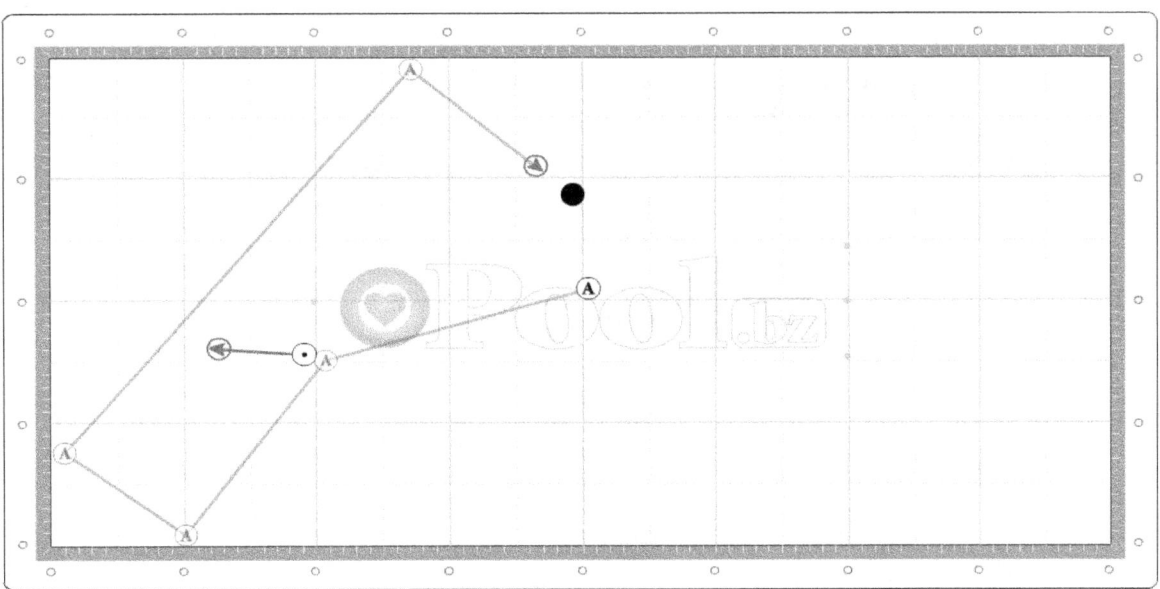

C:1b – Setup

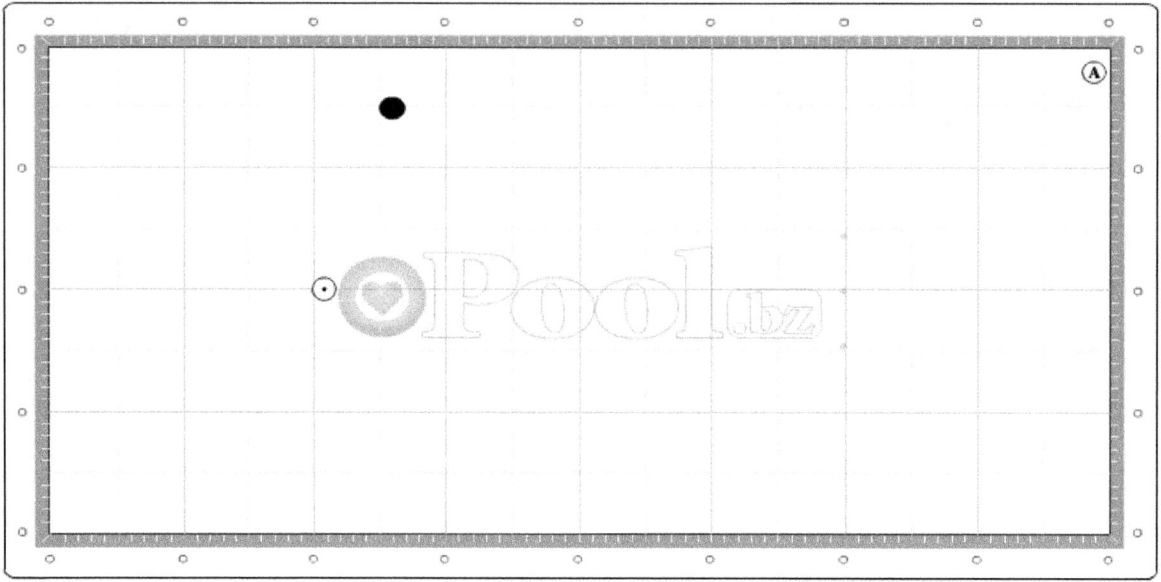

Notater og ideer:

Skudd mønster

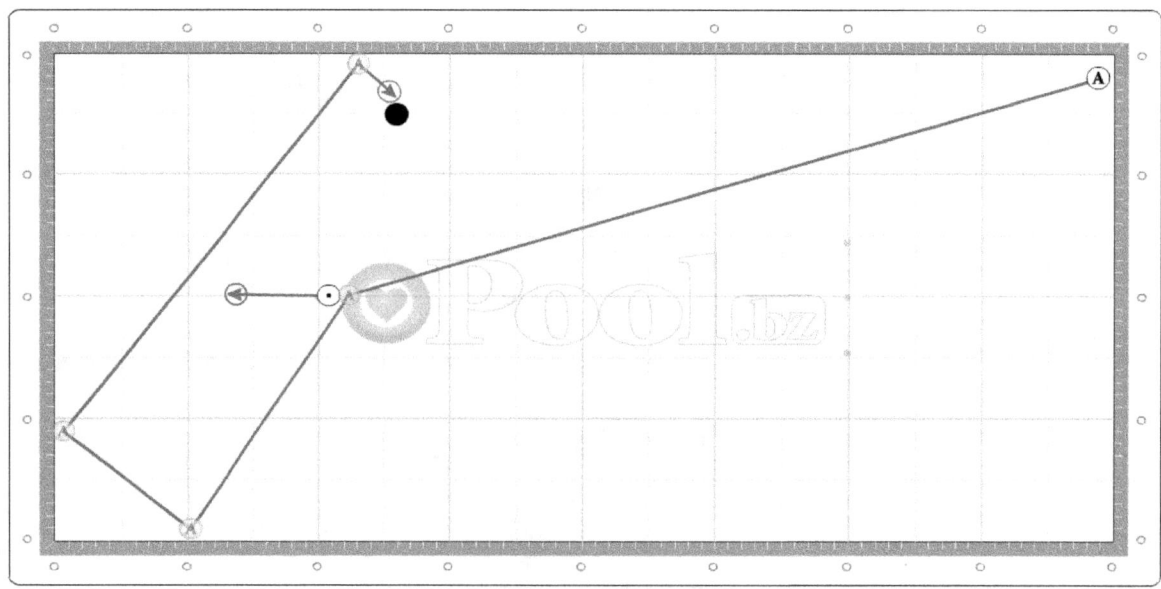

C:1c – Setup

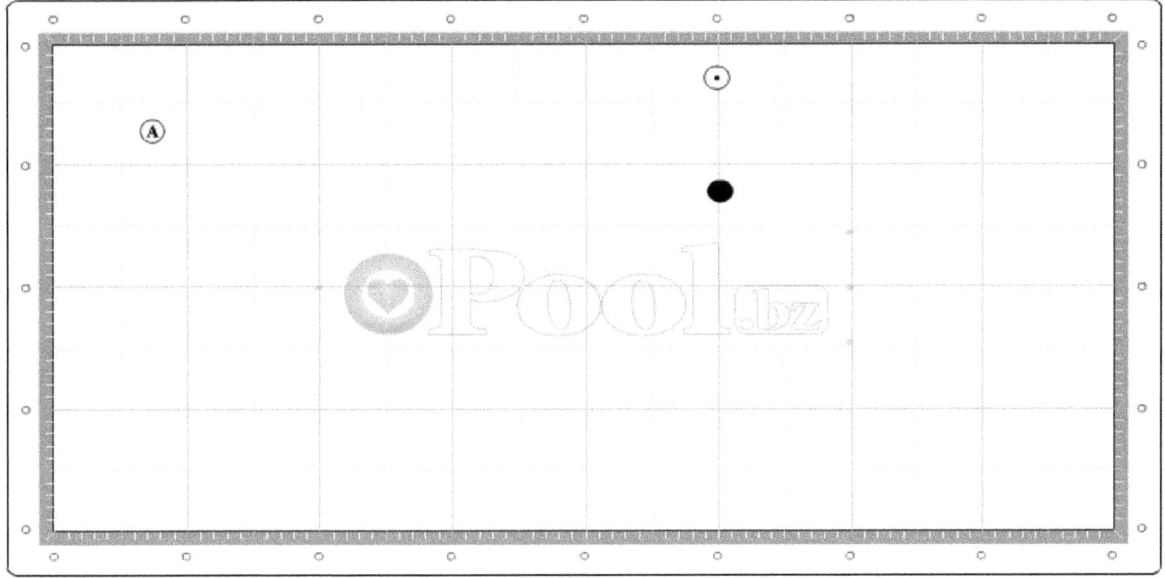

Notater og ideer:

Skudd mønster

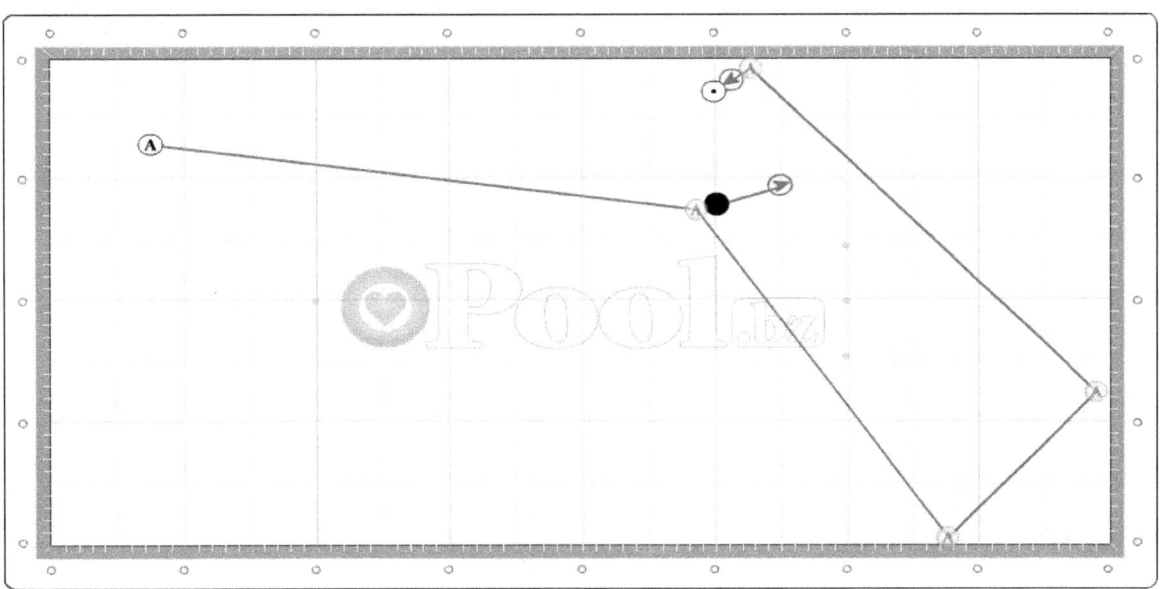

C:1d – Setup

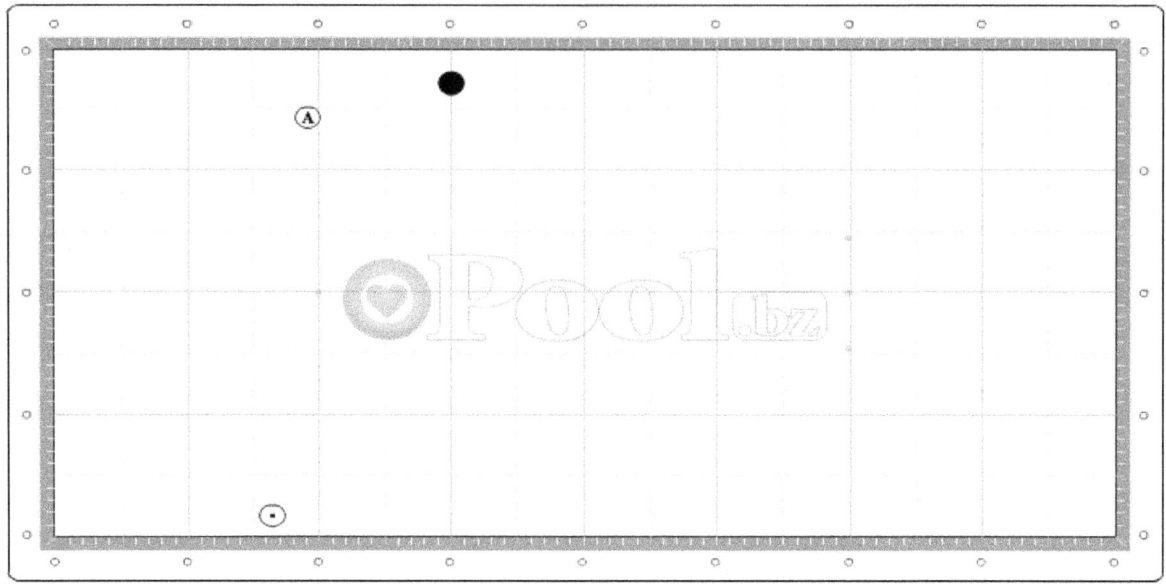

Notater og ideer:

Skudd mønster

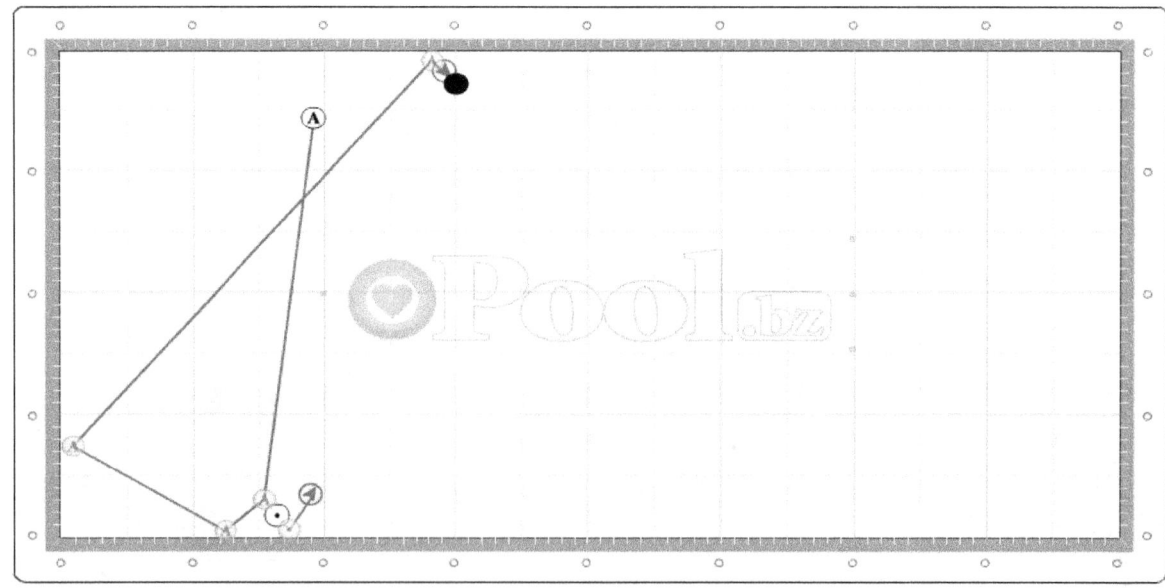

C: Gruppe 2

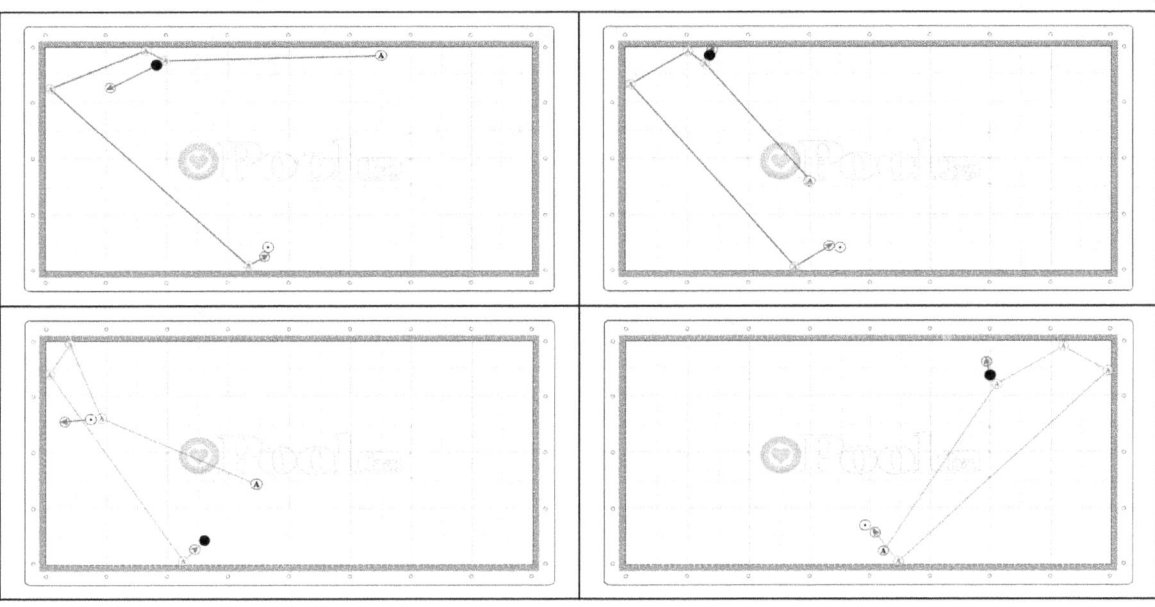

Analyse:

C:2a. _____

C:2b. _____

C:2c. _____

C:2d. _____

C:2a – Setup

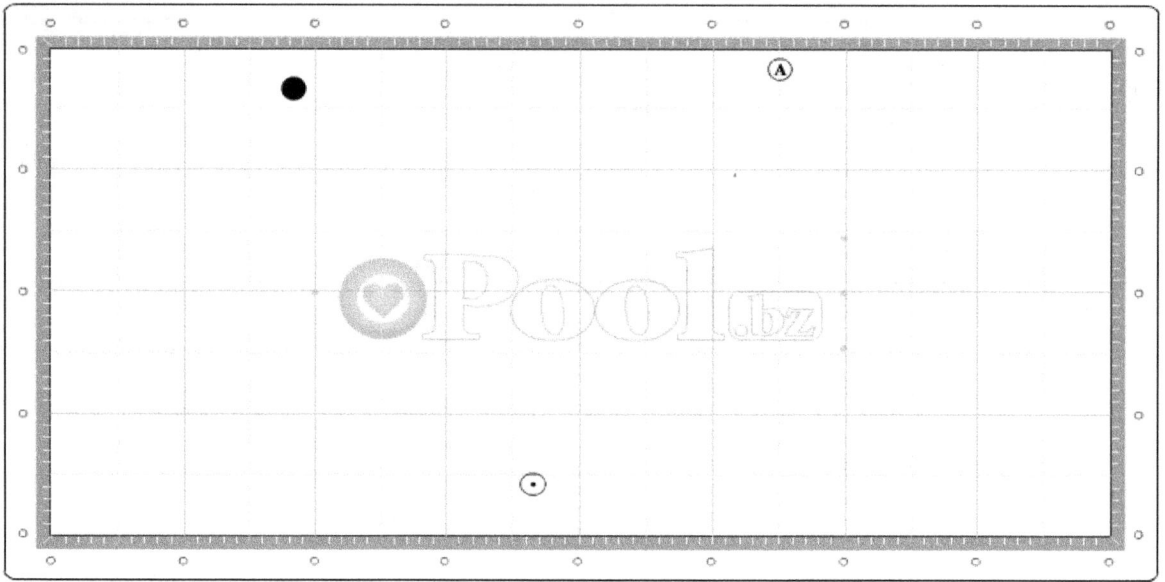

Notater og ideer:

Skudd mønster

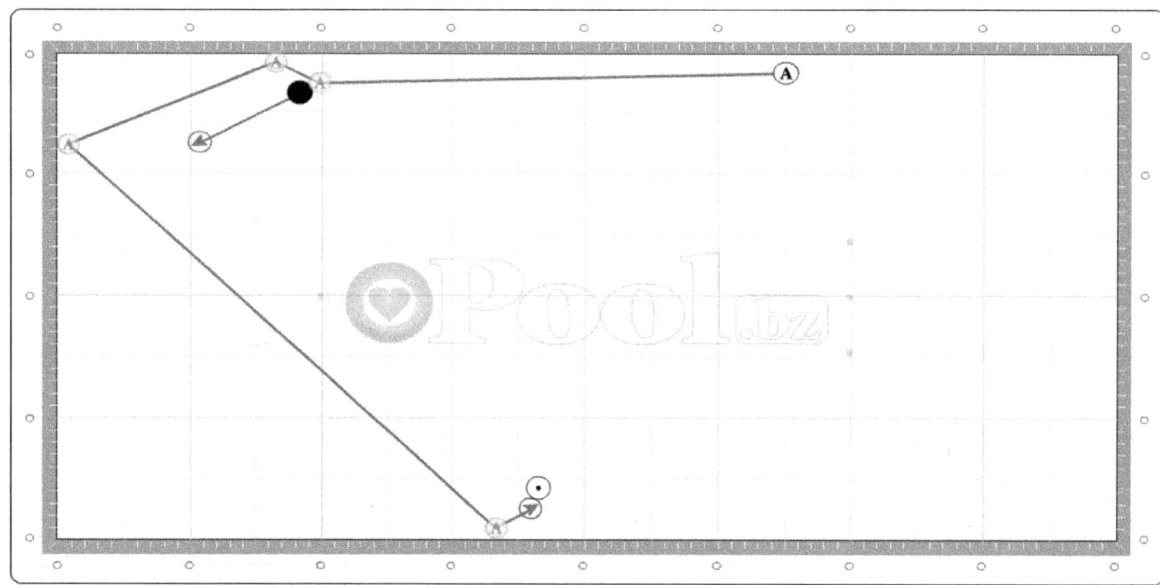

C:2b – Setup

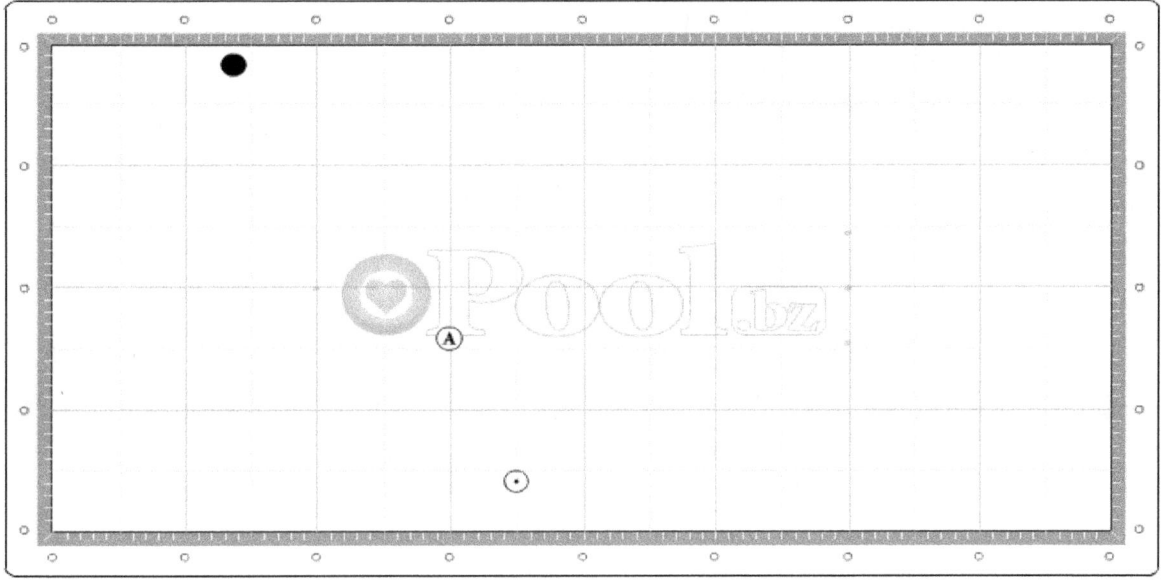

Notater og ideer:

Skudd mønster

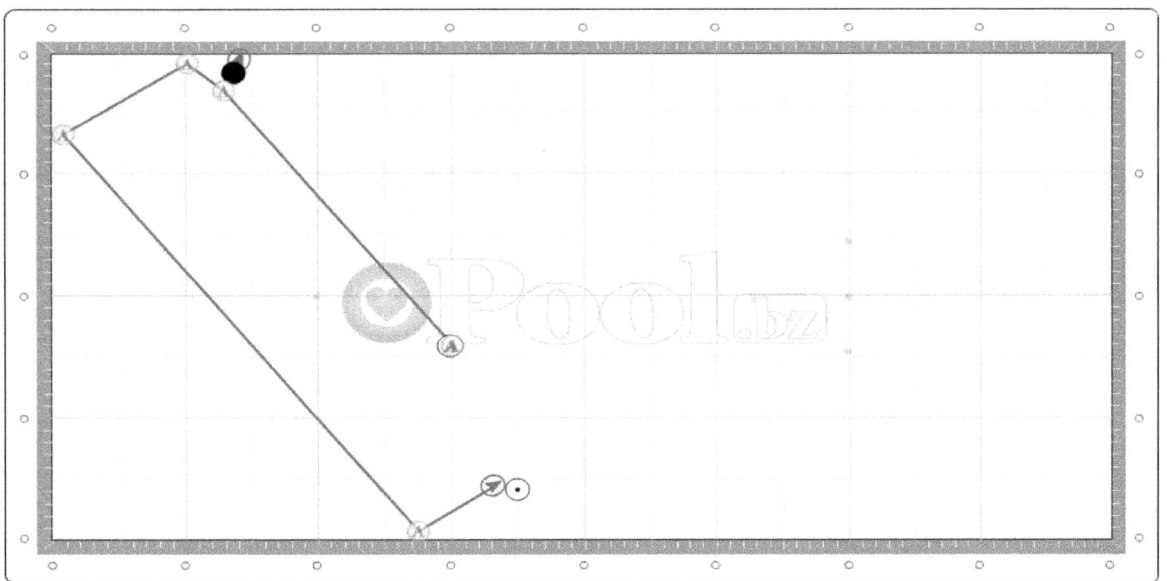

C:2c – Setup

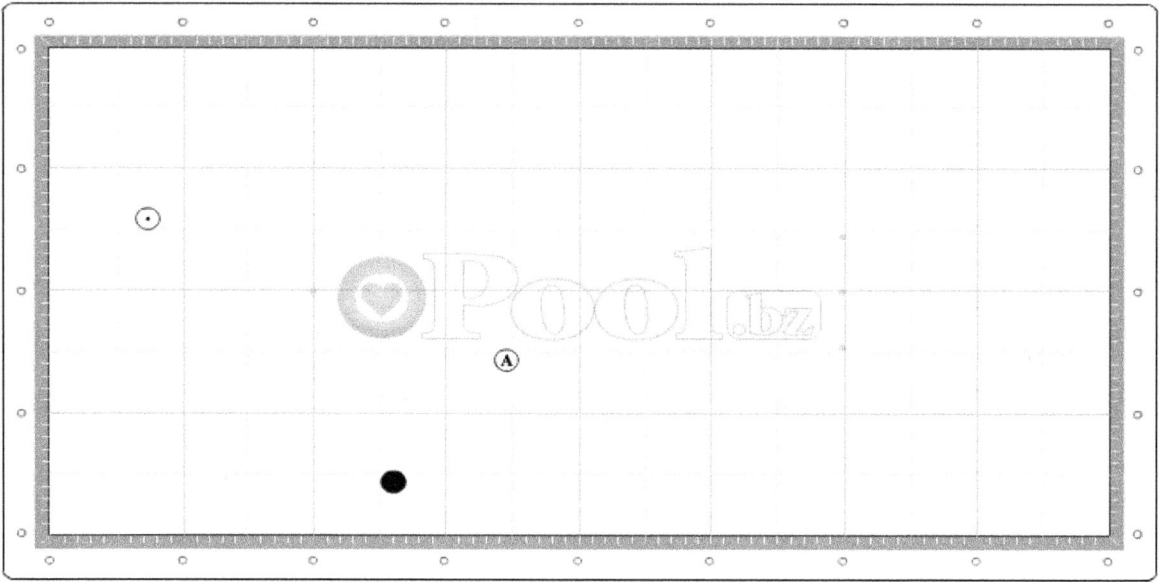

Notater og ideer:

Skudd mønster

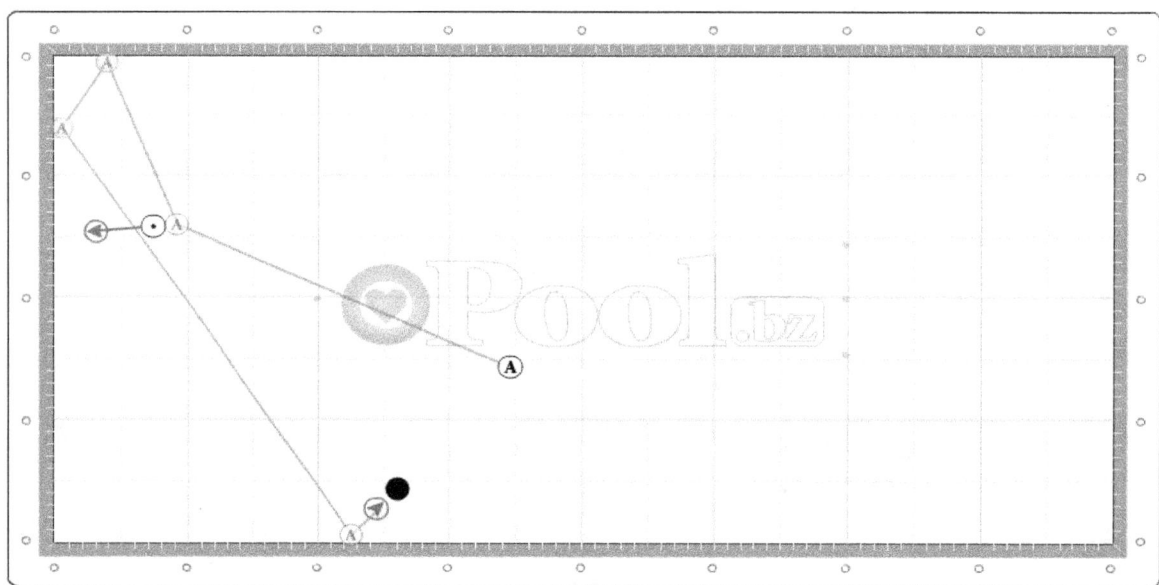

C:2d – Setup

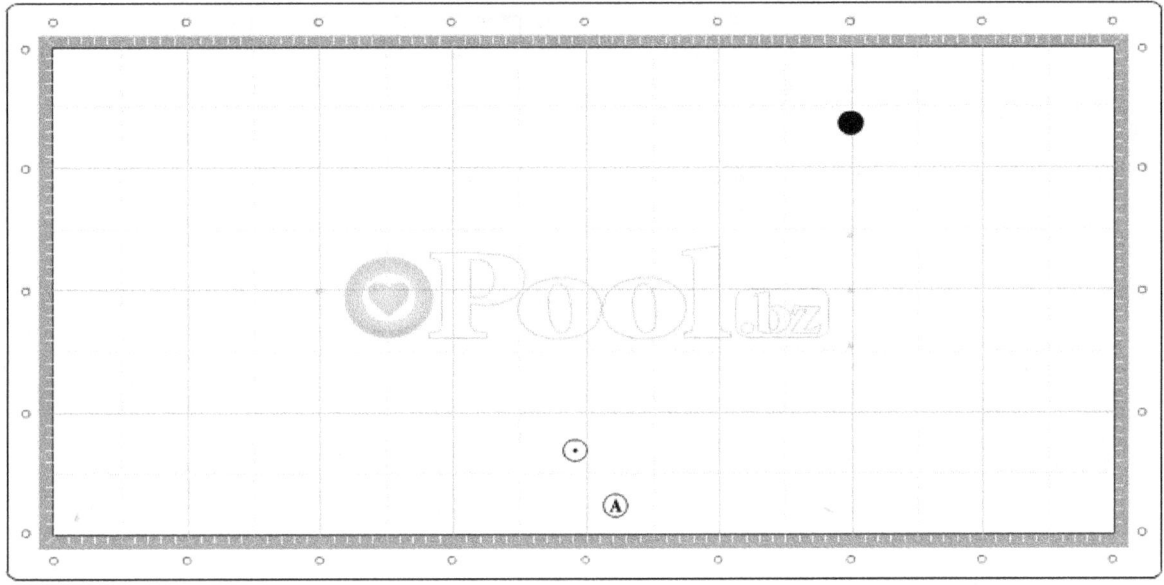

Notater og ideer:

Skudd mønster

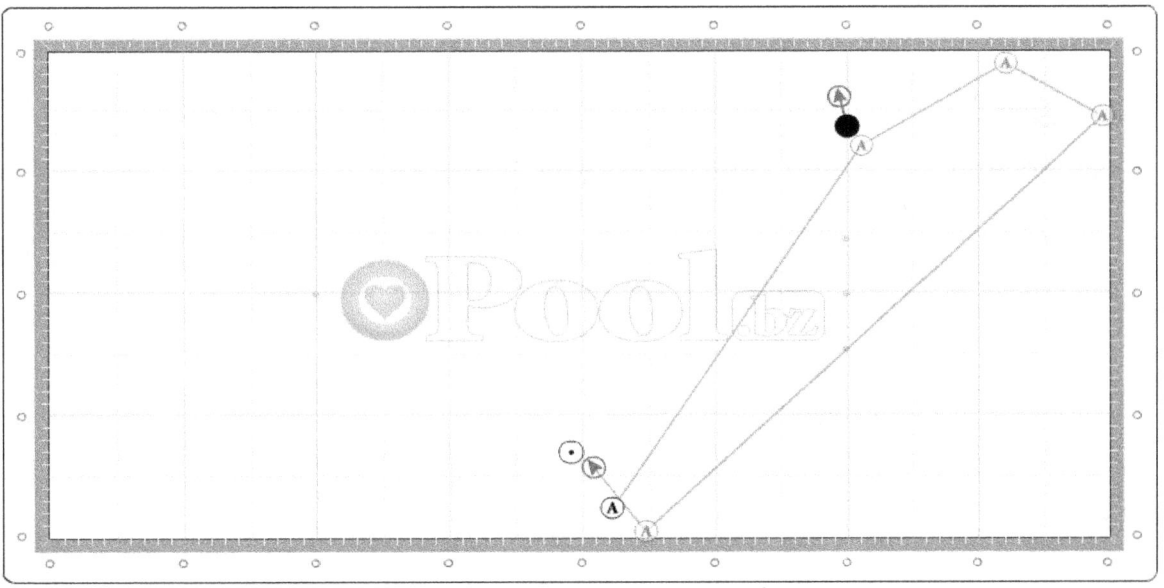

D: Innsiden bakover

(CB) kommer av den første (OB) mot den første vant, med sidespinn og reversering.

Ⓐ (CB) (biljardkule) - ⊙ (OB) (motstander billiardball) - ● (OB) (rød biljardball)

D: Gruppe 1

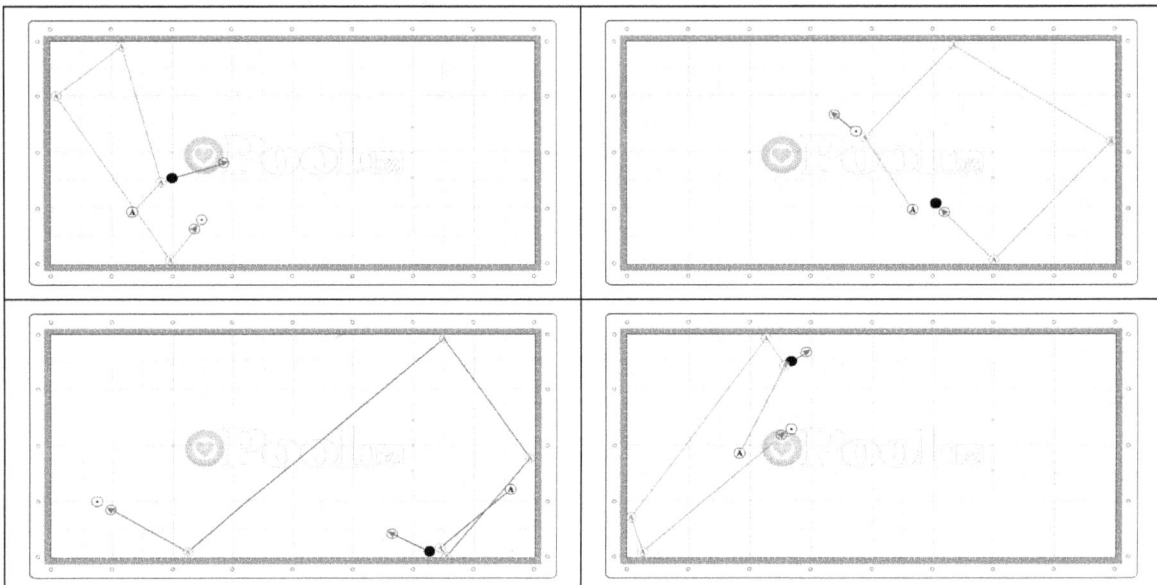

Analyse:

D:1a. _____

D:1b. _____

D:1c. _____

D:1d. _____

D:1a – Setup

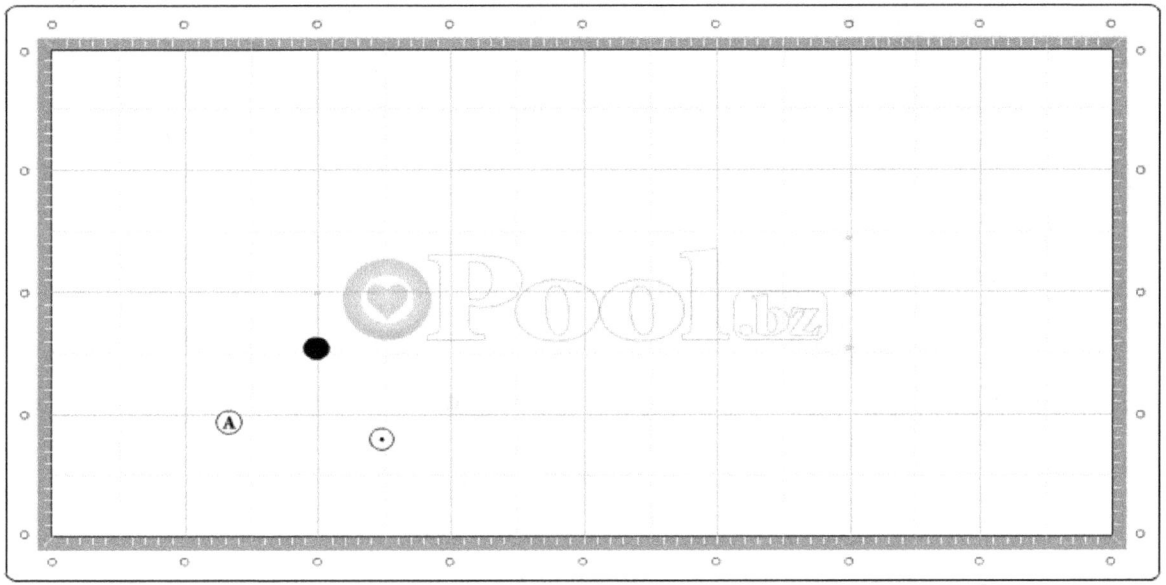

Notater og ideer:

Skudd mønster

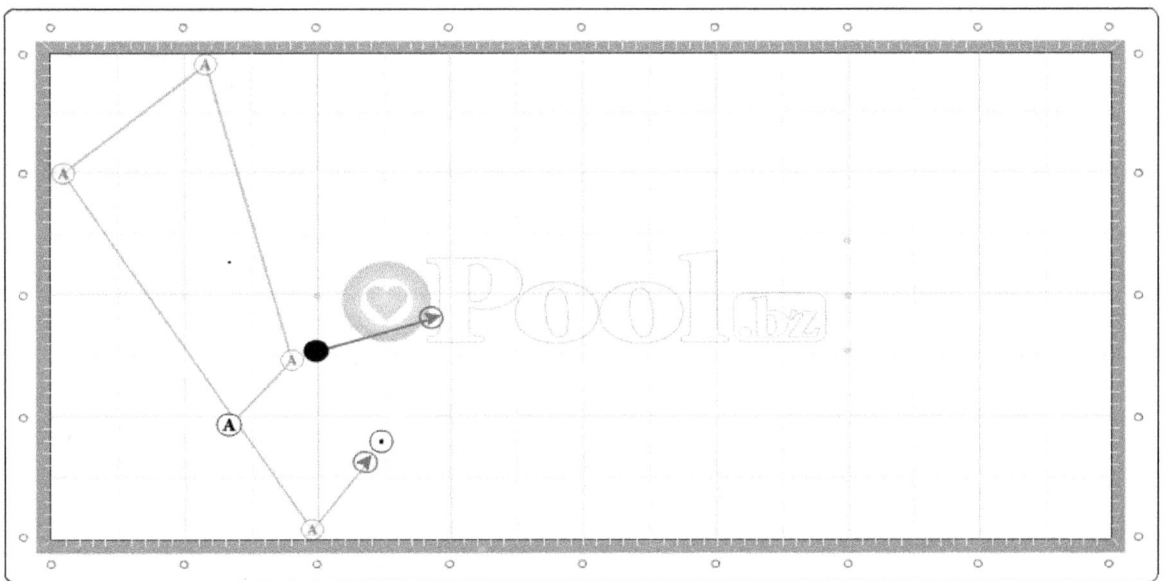

D:1b – Setup

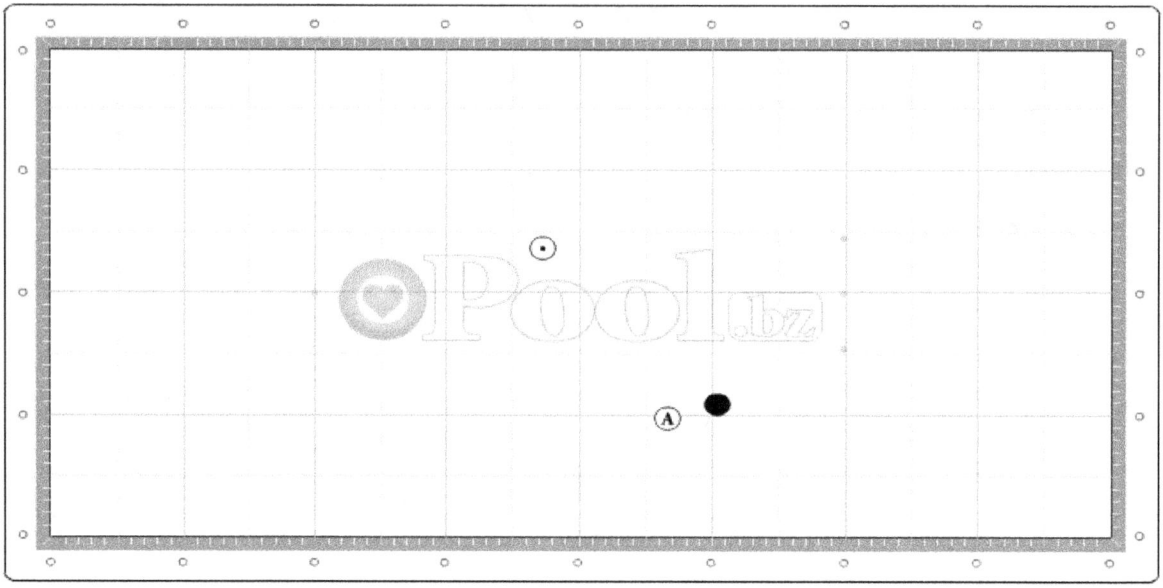

Notater og ideer:

Skudd mønster

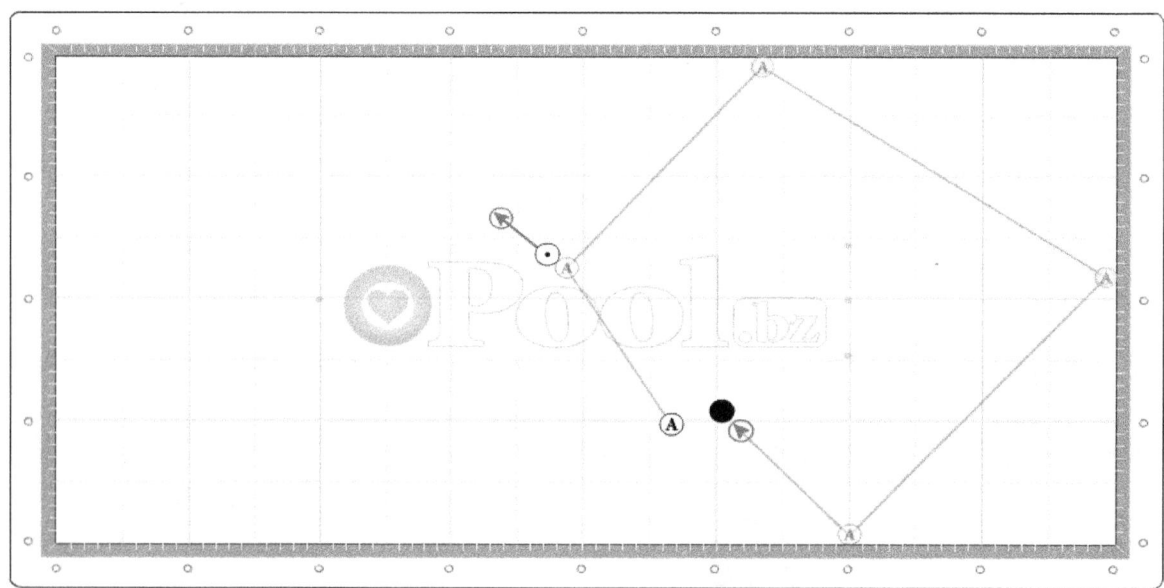

D:1c – Setup

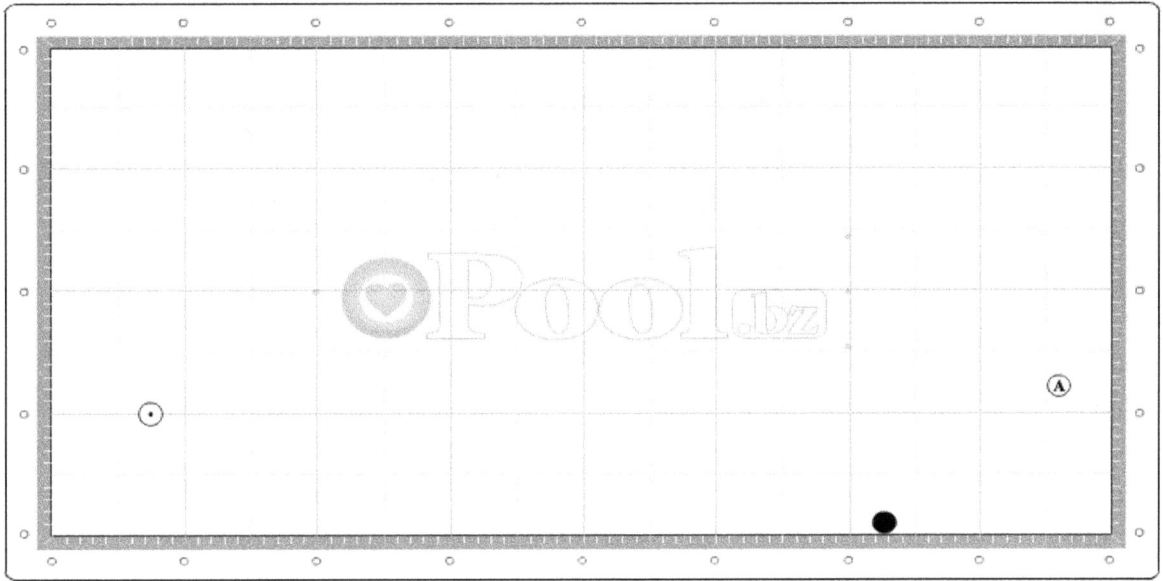

Notater og ideer:

Skudd mønster

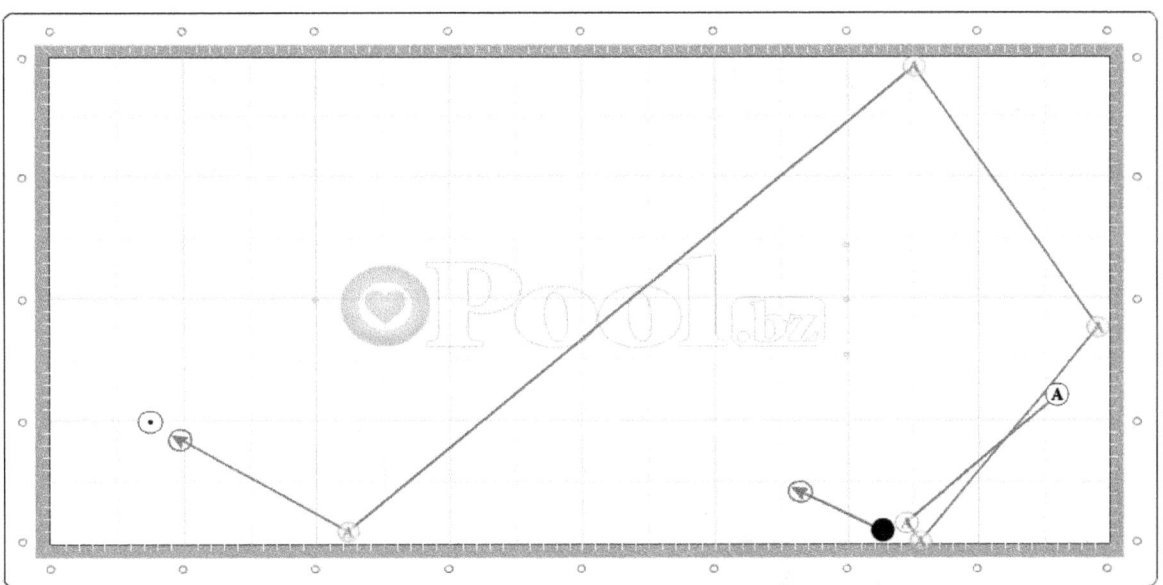

D:1d – Setup

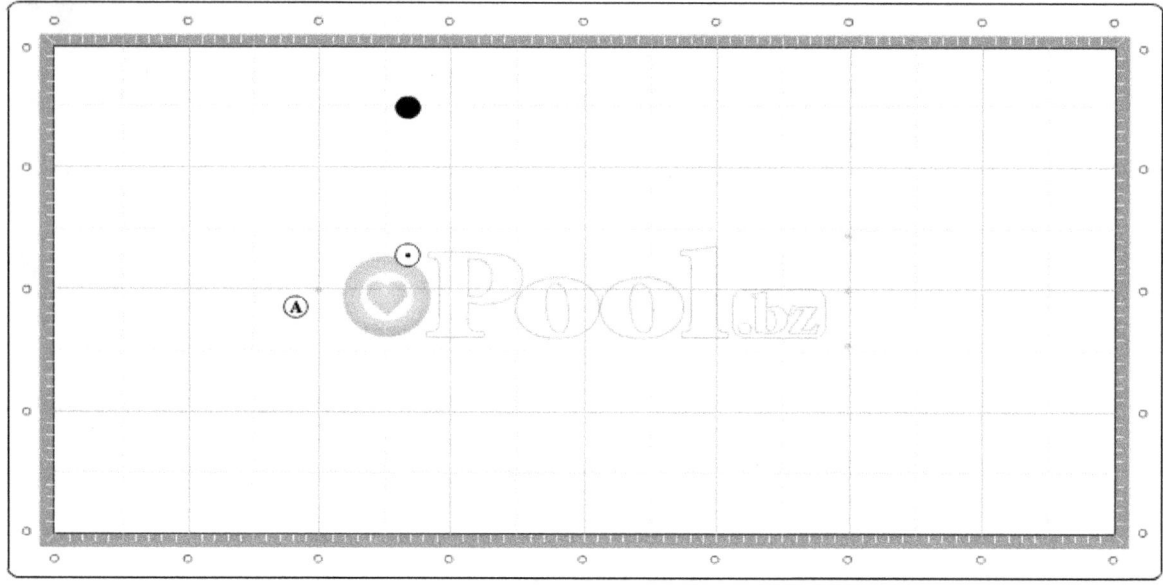

Notater og ideer:

Skudd mønster

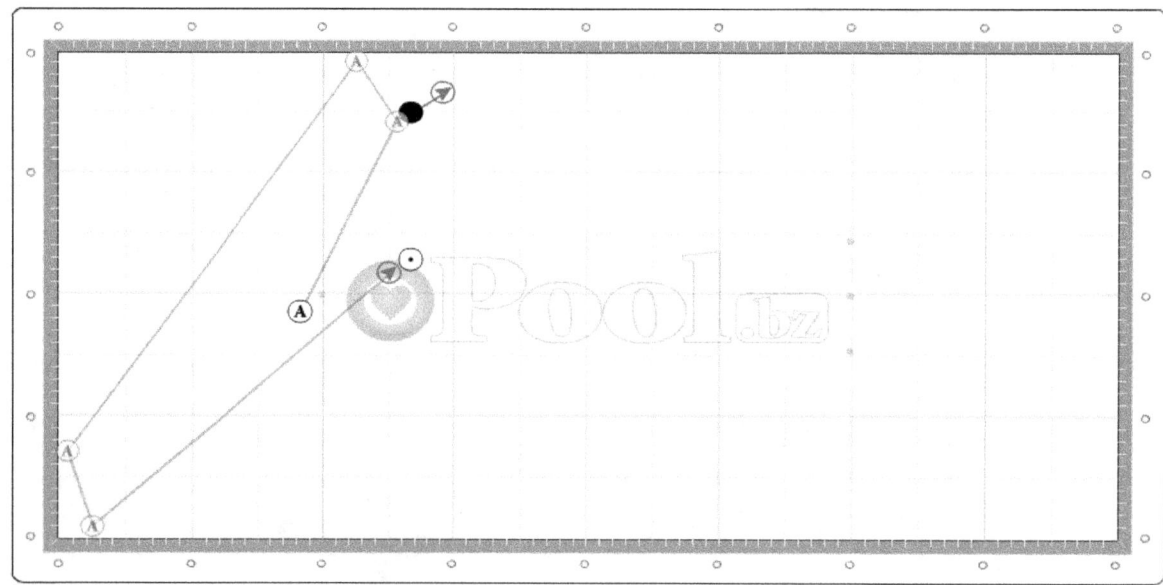

D: Gruppe 2

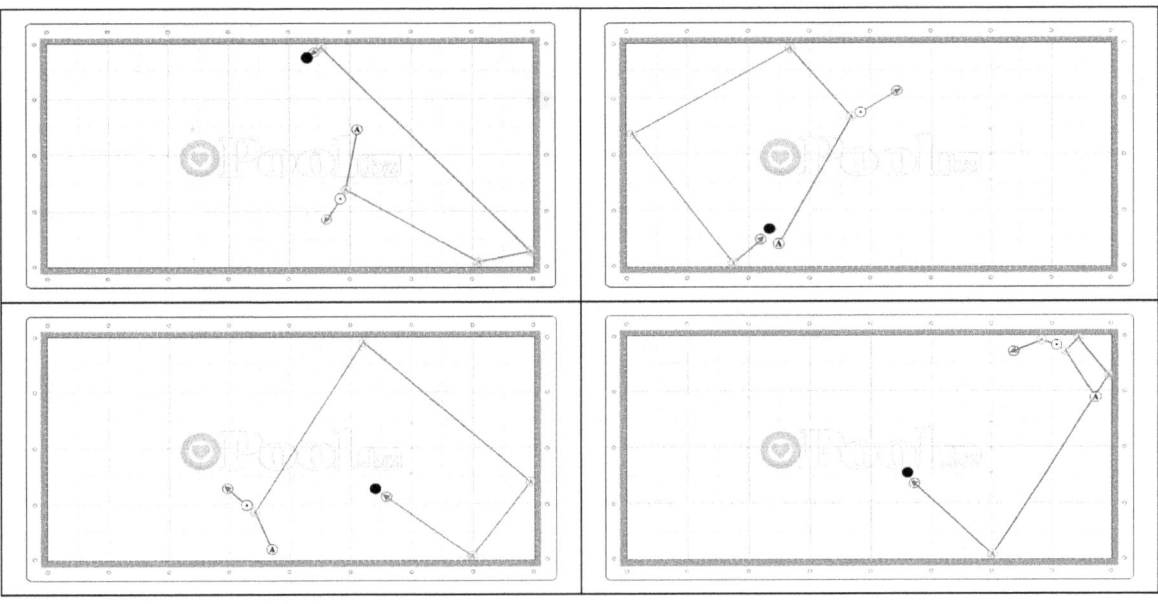

Analyse:

D:2a. _____

D:2b. _____

D:2c. _____

D:2d. _____

D:2a – Setup

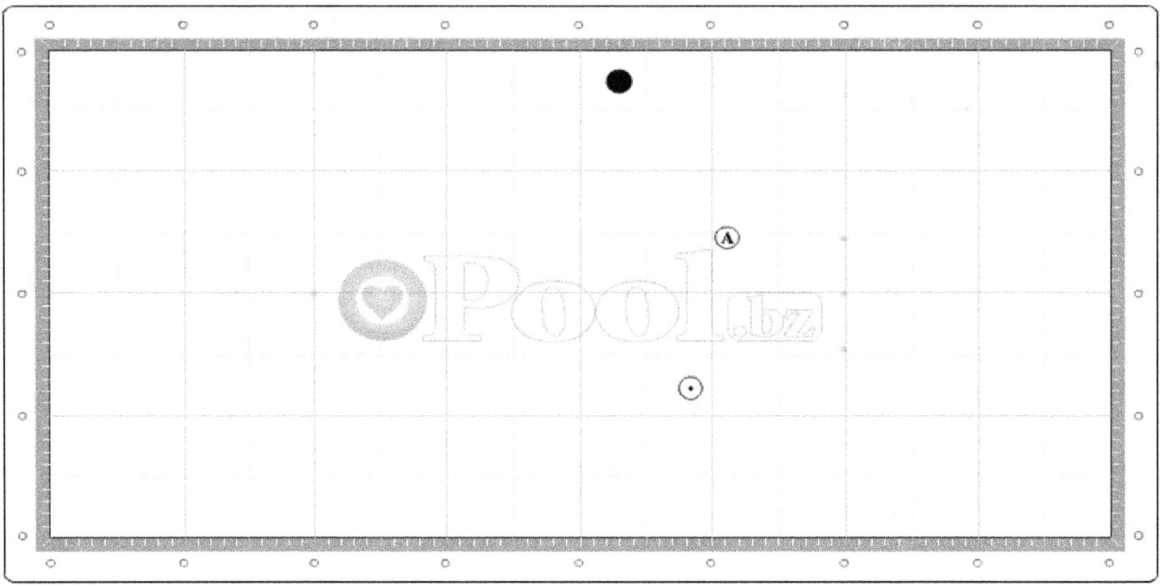

Notater og ideer:

Skudd mønster

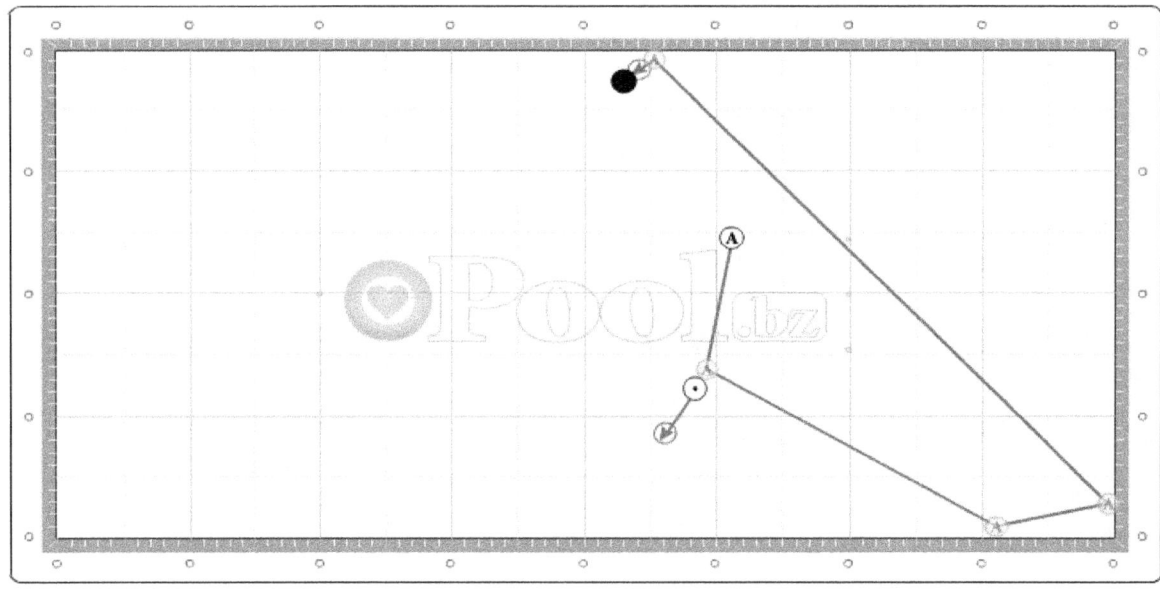

D:2b – Setup

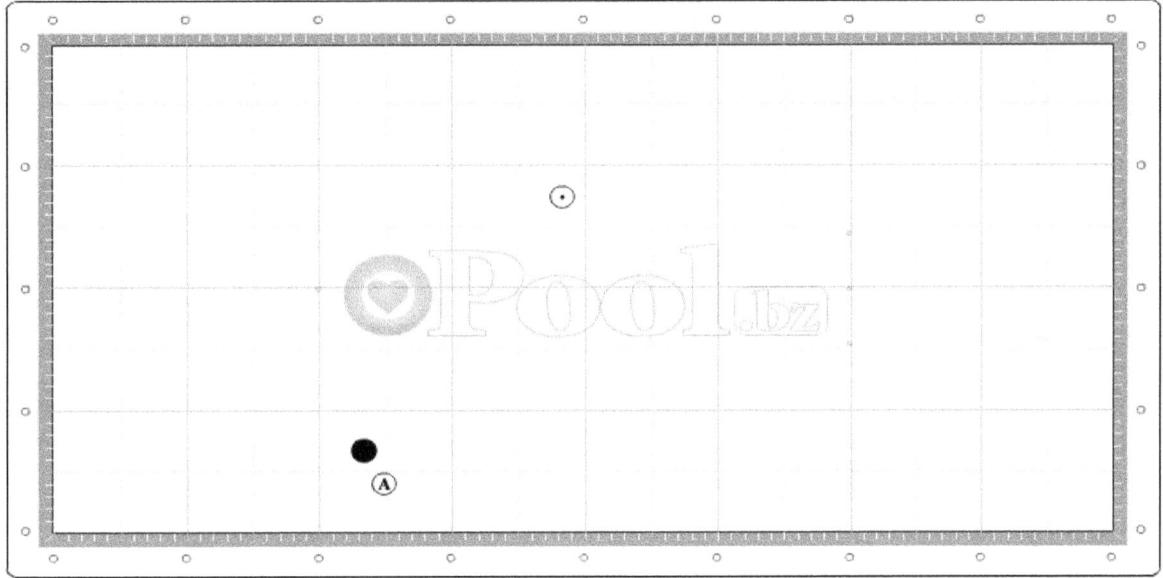

Notater og ideer:

Skudd mønster

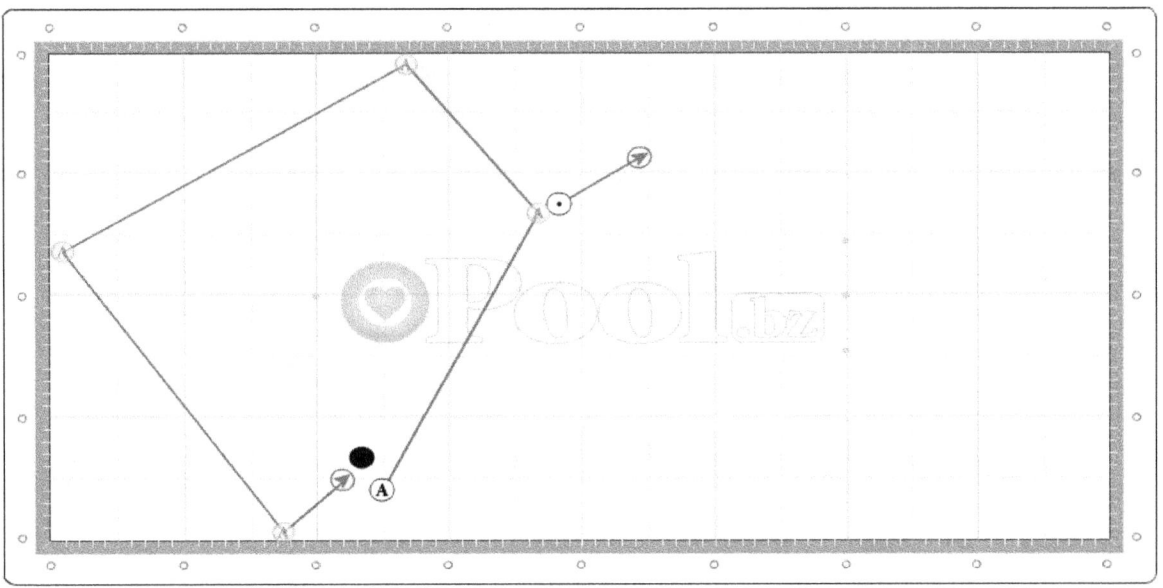

D:2c – Setup

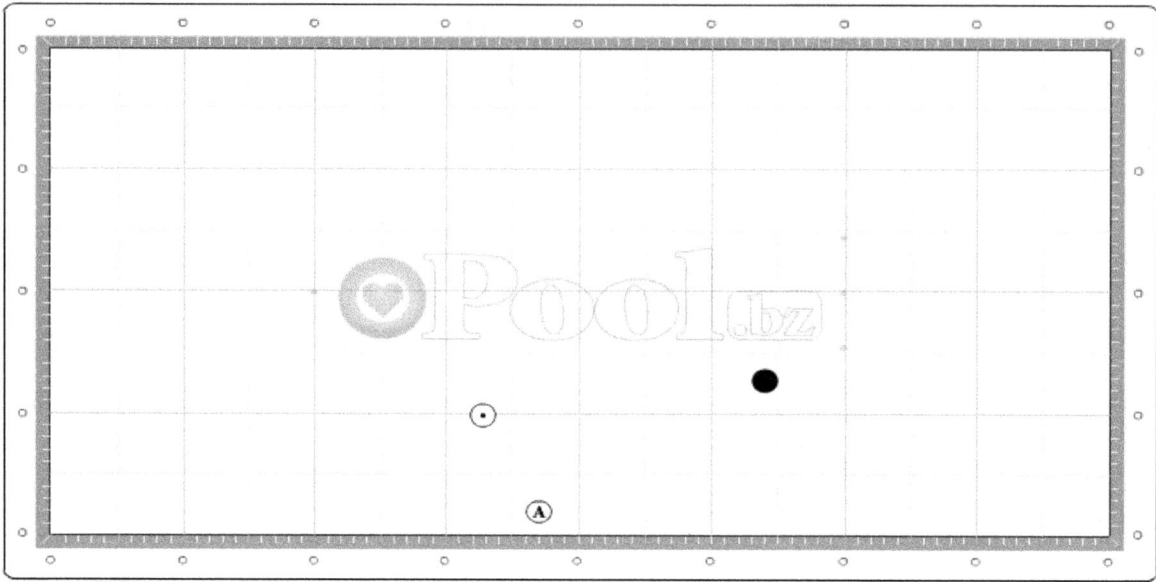

Notater og ideer:

Skudd mønster

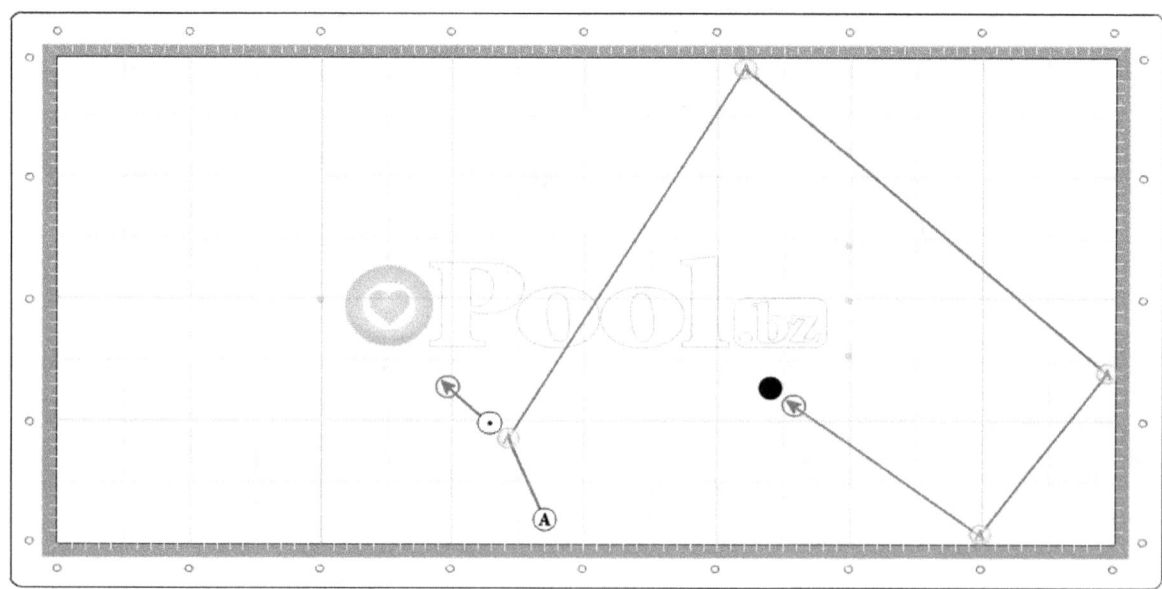

D:2d – Setup

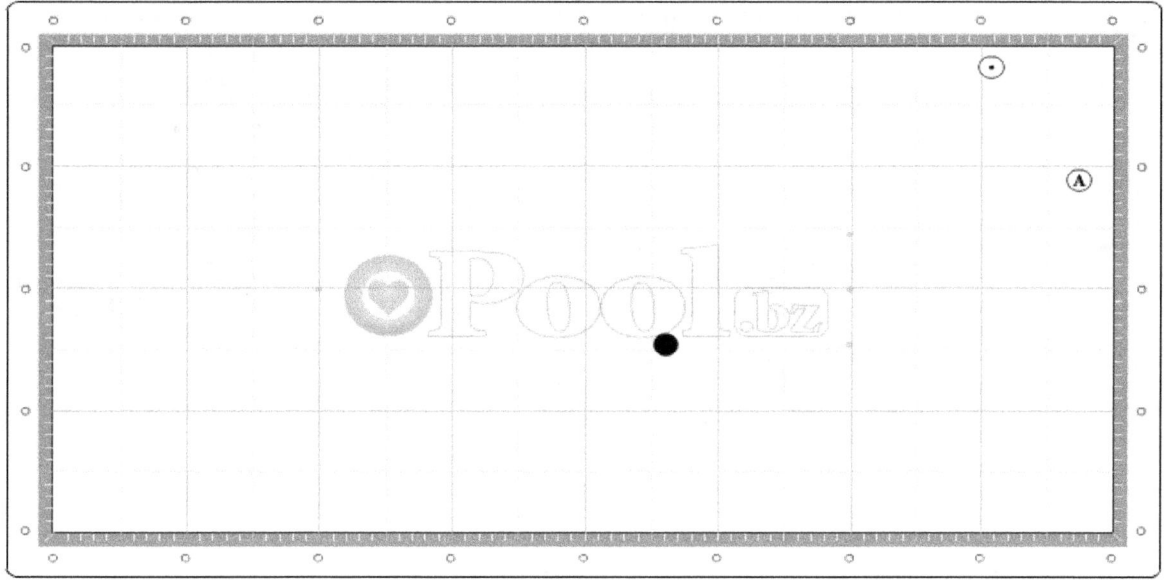

Notater og ideer:

Skudd mønster

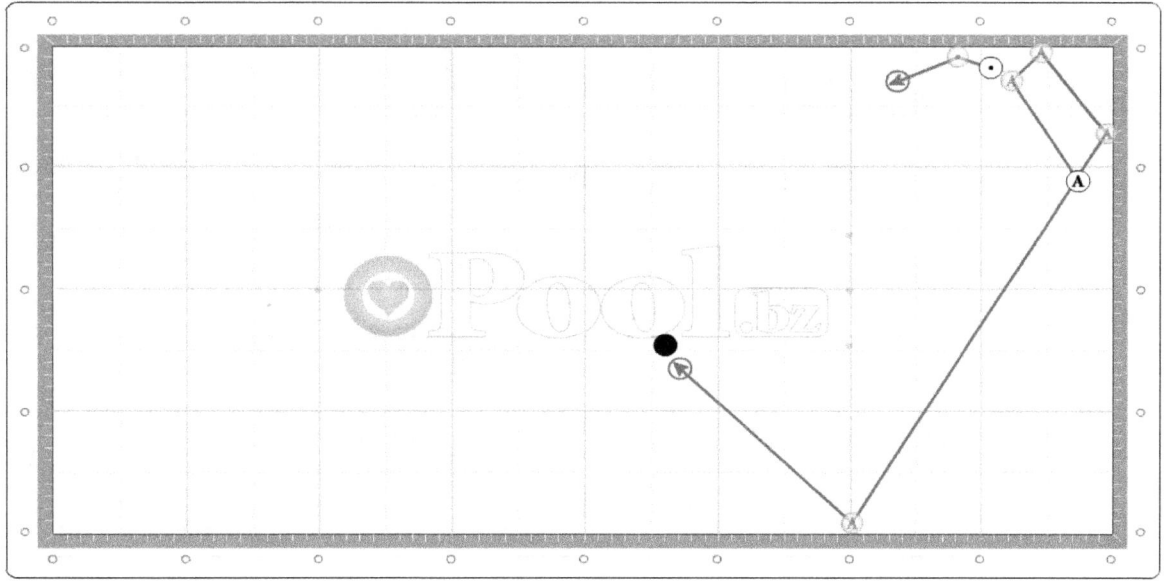

D: Gruppe 3

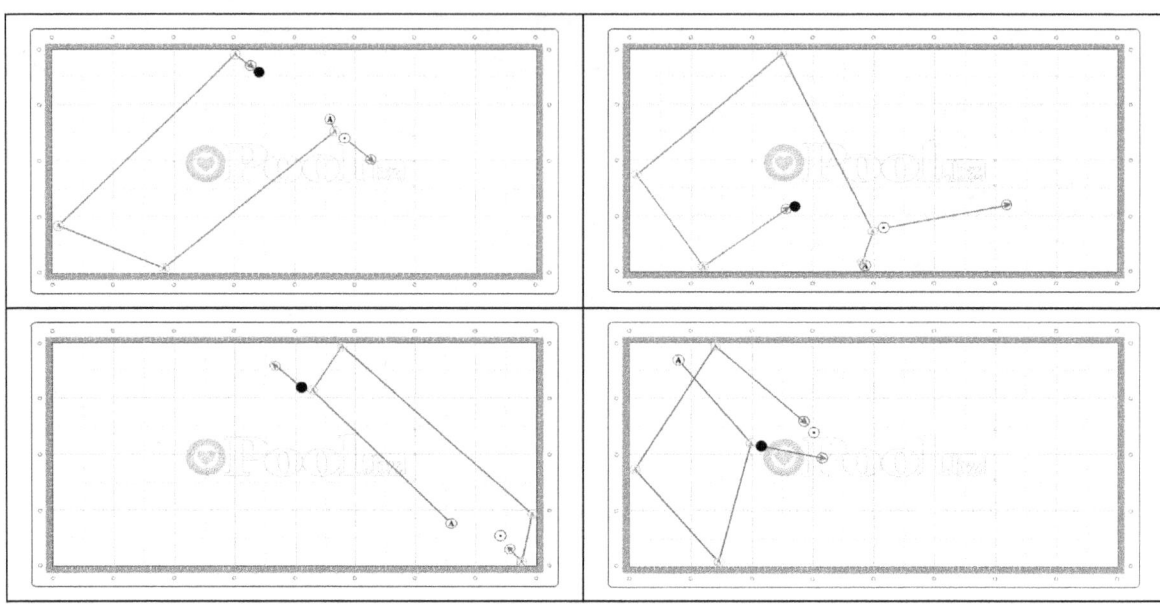

Analyse:

D:3a. _____

D:3b. _____

D:3c. _____

D:3d. _____

D:3a – Setup

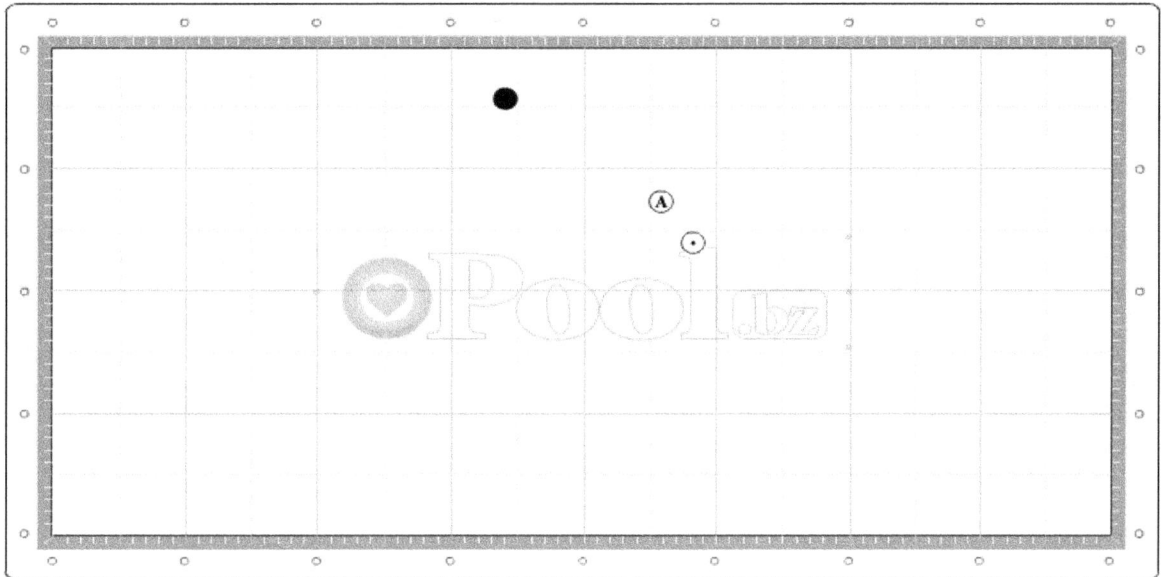

Notater og ideer:

Skudd mønster

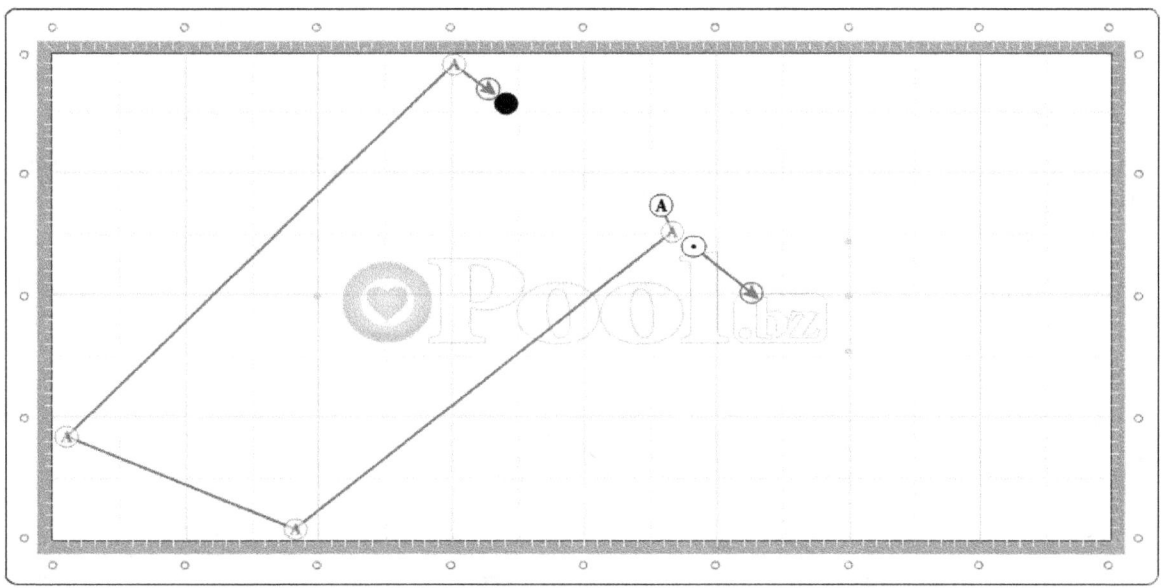

D:3b – Setup

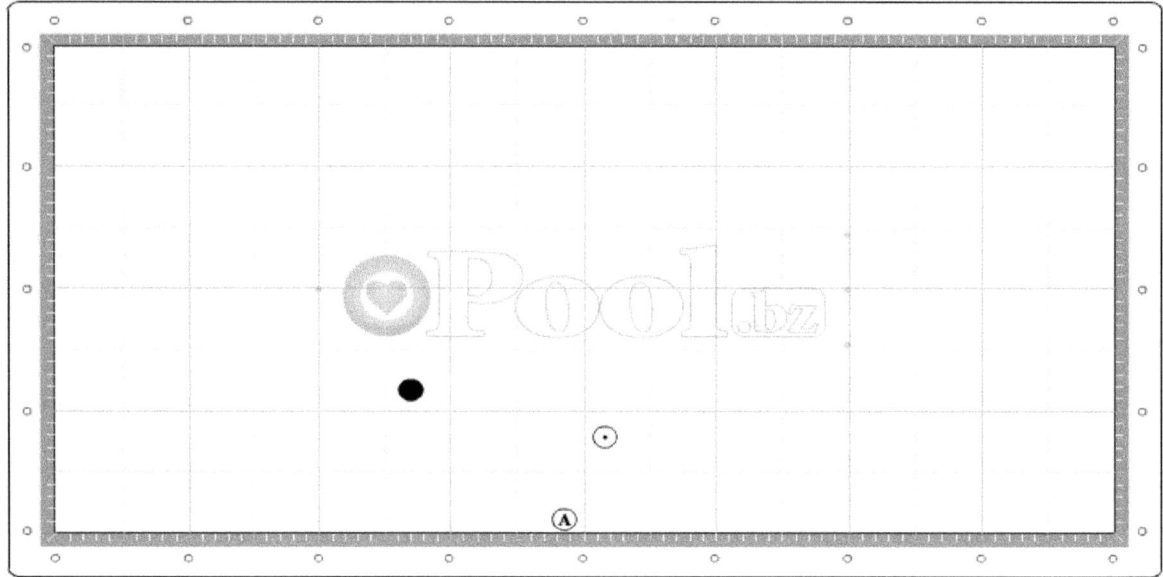

Notater og ideer:

Skudd mønster

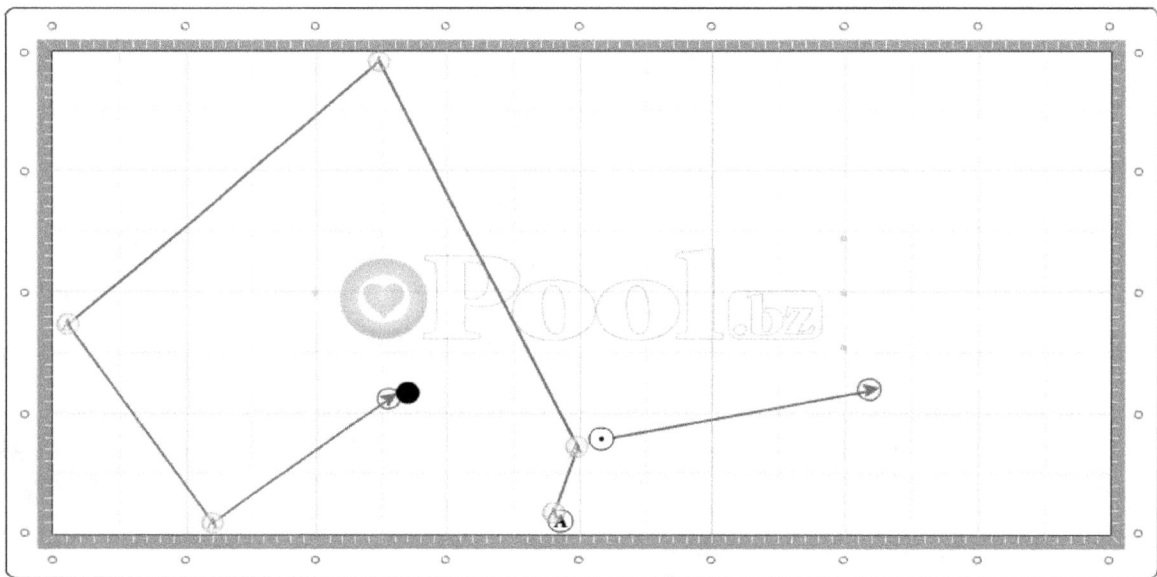

D:3c – Setup

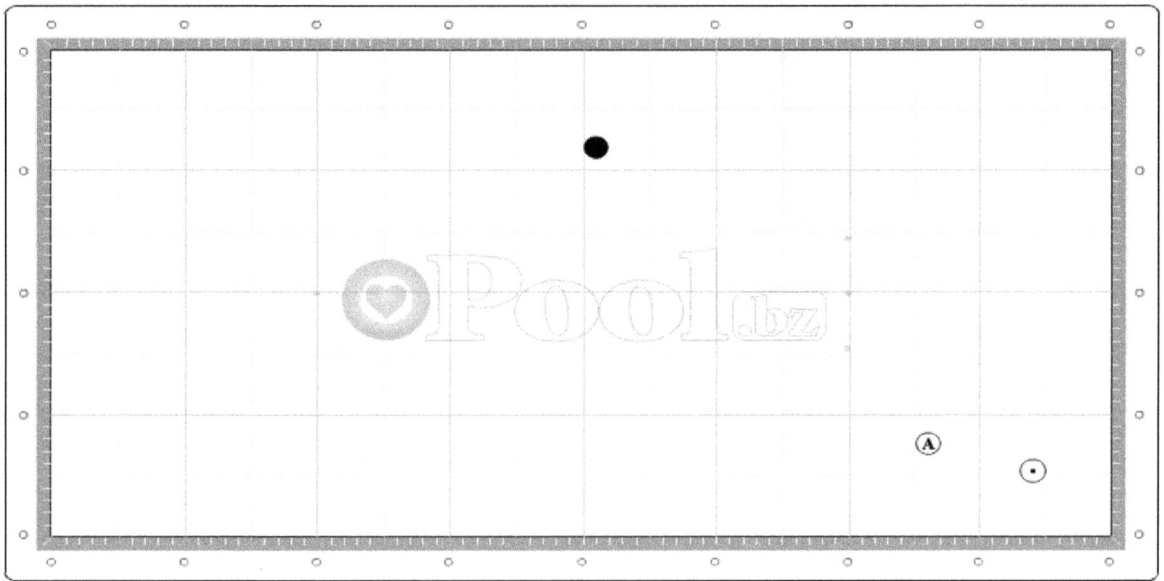

Notater og ideer:

Skudd mønster

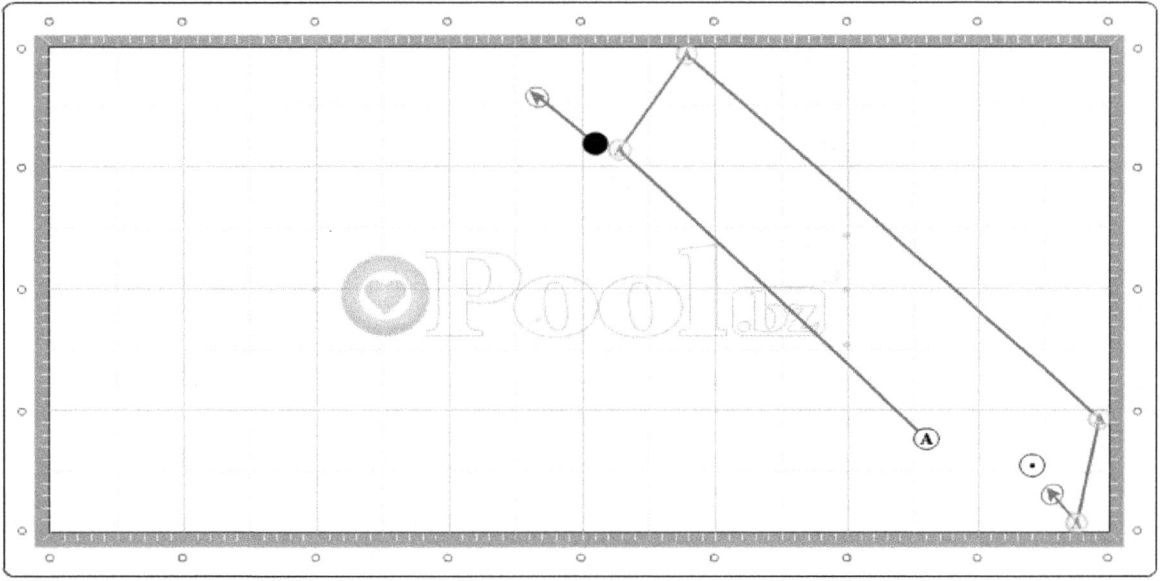

D:3d – Setup

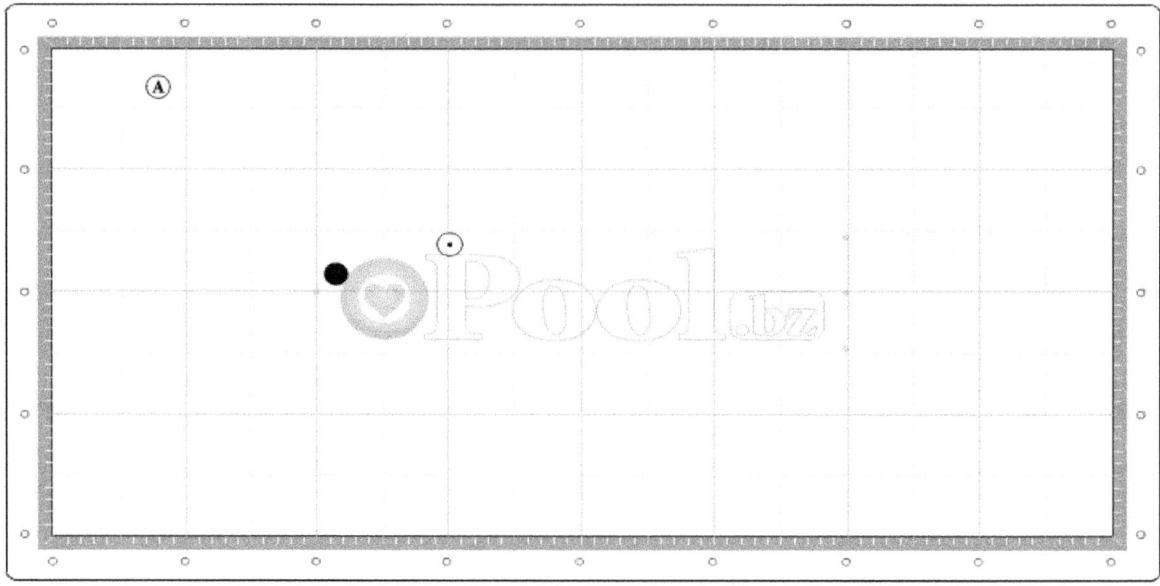

Notater og ideer:

Skudd mønster

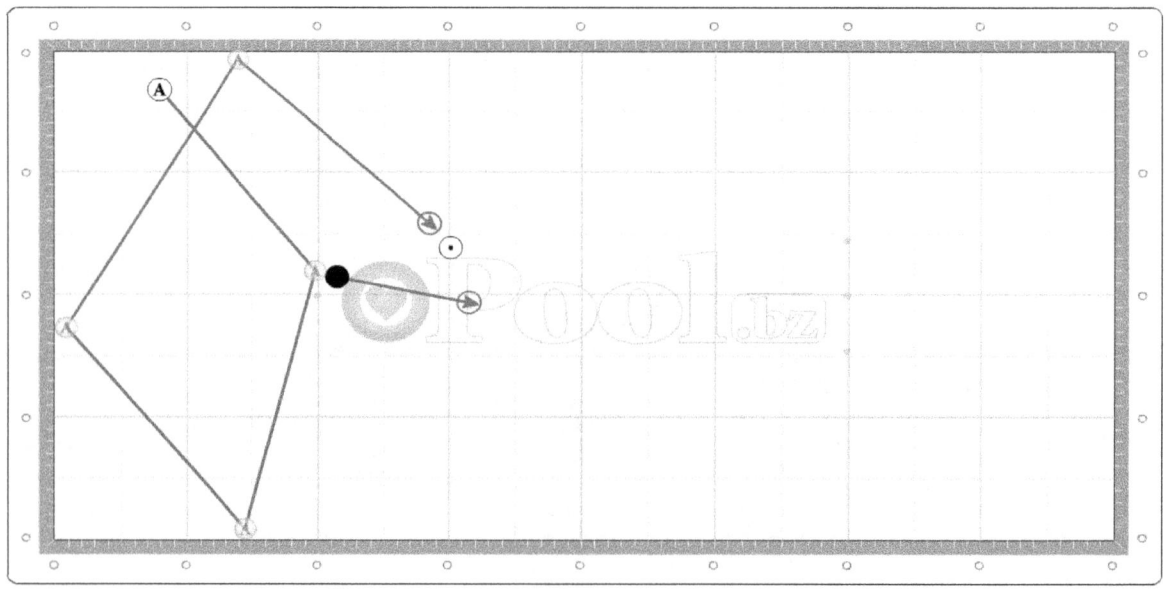

D: Gruppe 4

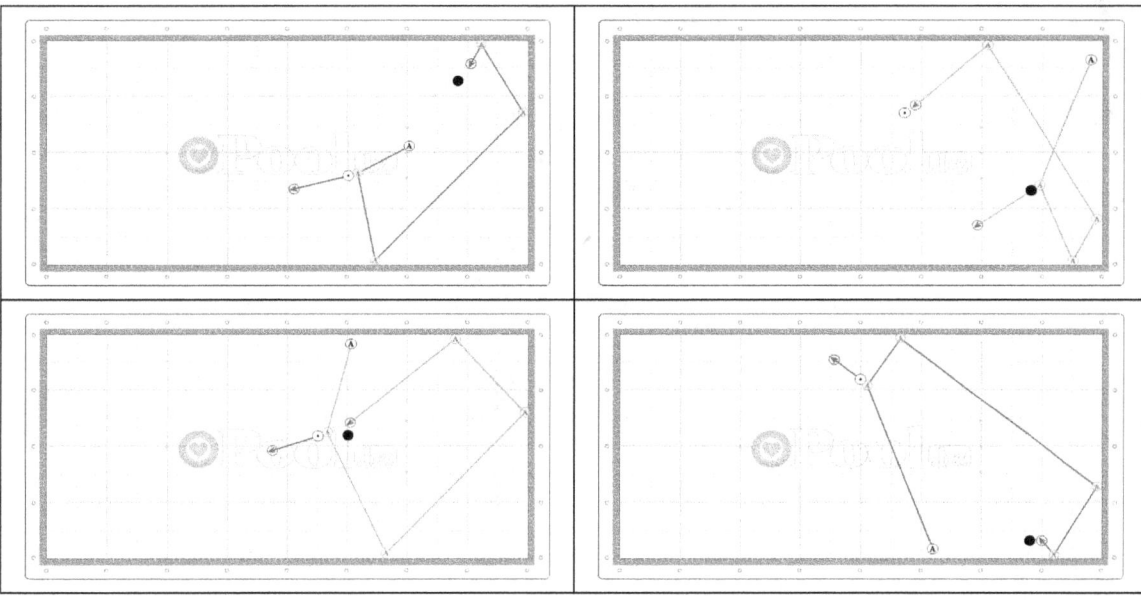

Analyse:

D:4a. _____

D:4b. _____

D:4c. _____

D:4d. _____

Tre vant carambole: Halv bord sirkel mønstre

D:4a – Setup

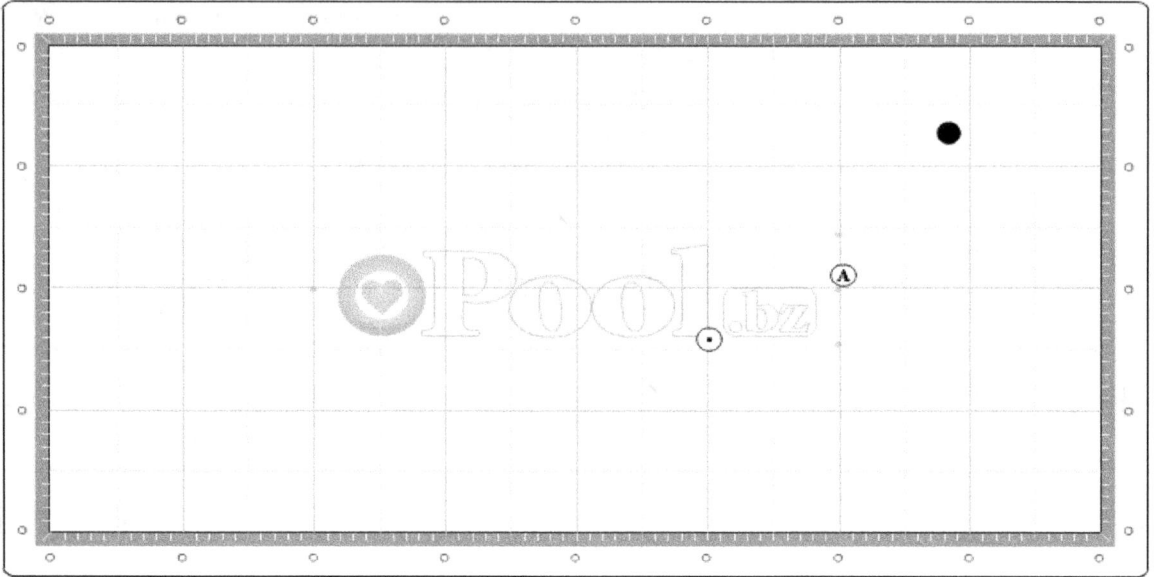

Notater og ideer:

Skudd mønster

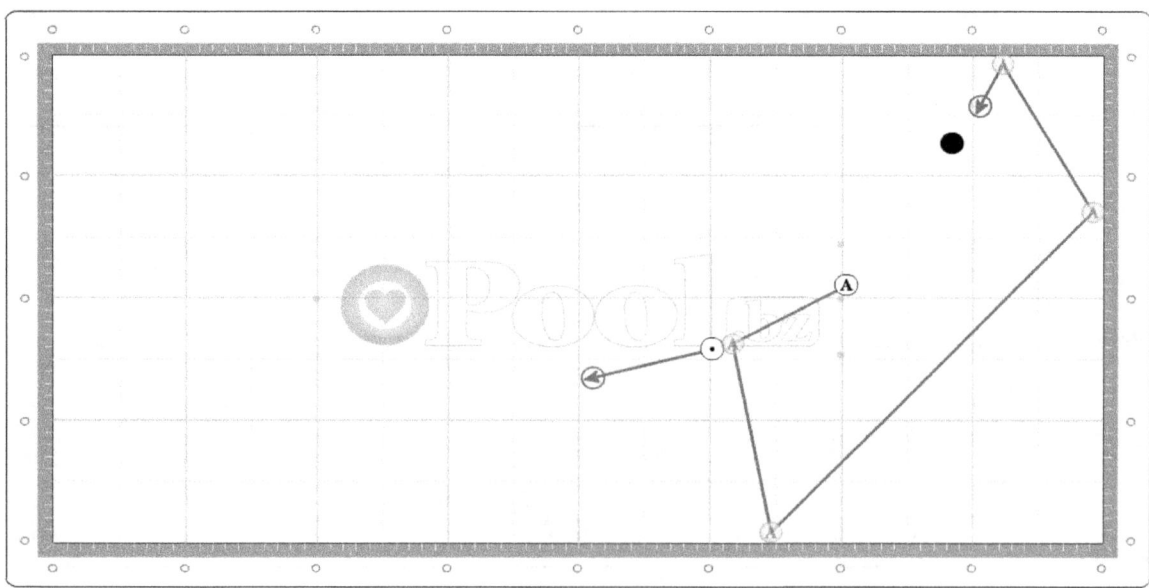

D:4b – Setup

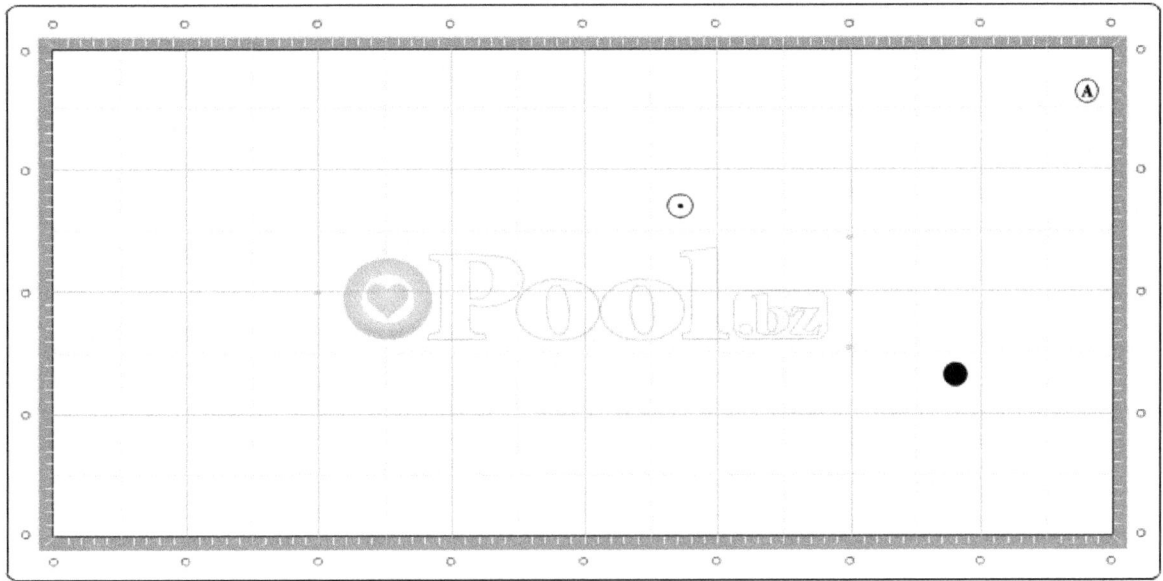

Notater og ideer:

Skudd mønster

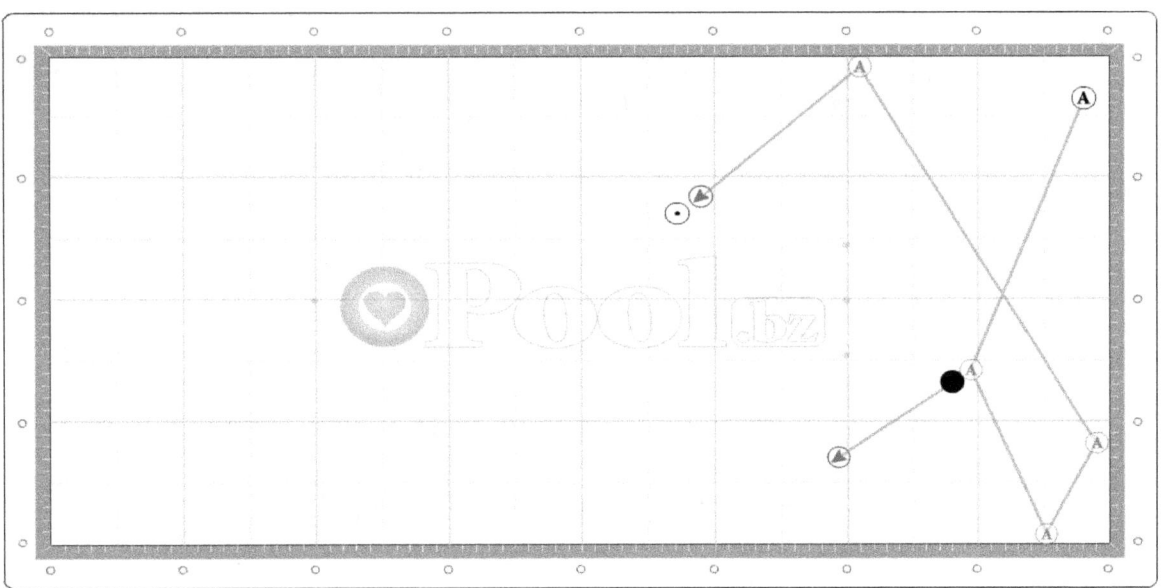

D:4c – Setup

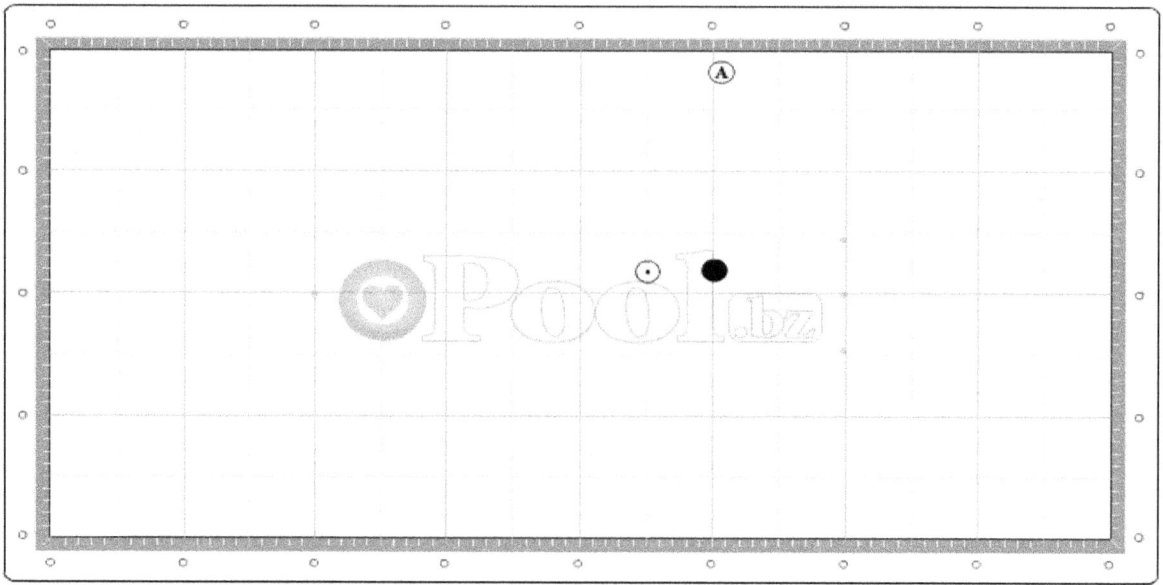

Notater og ideer:

Skudd mønster

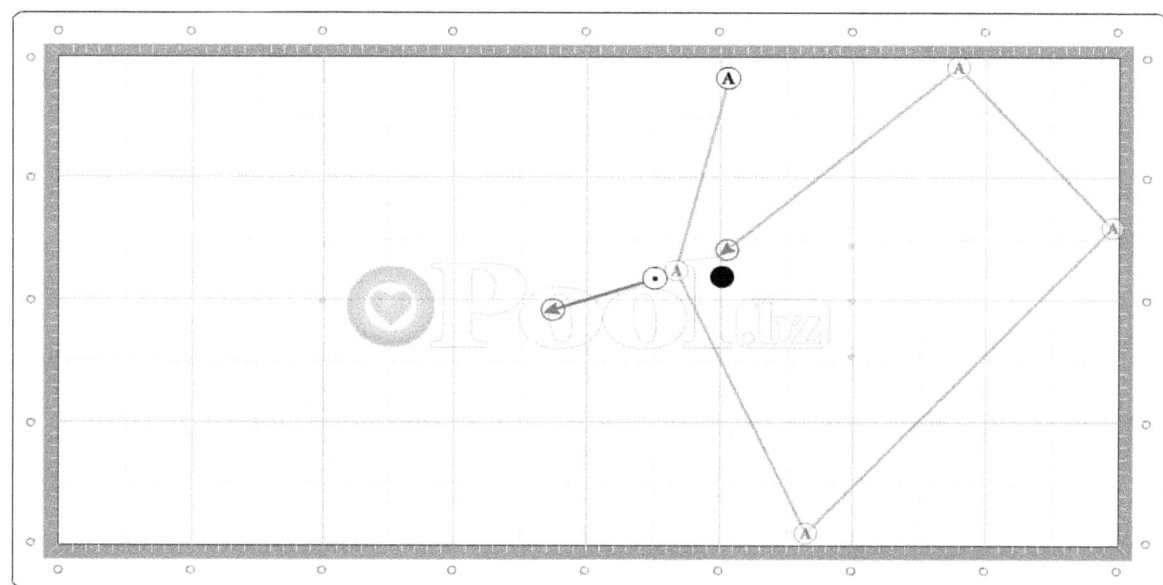

D:4d – Setup

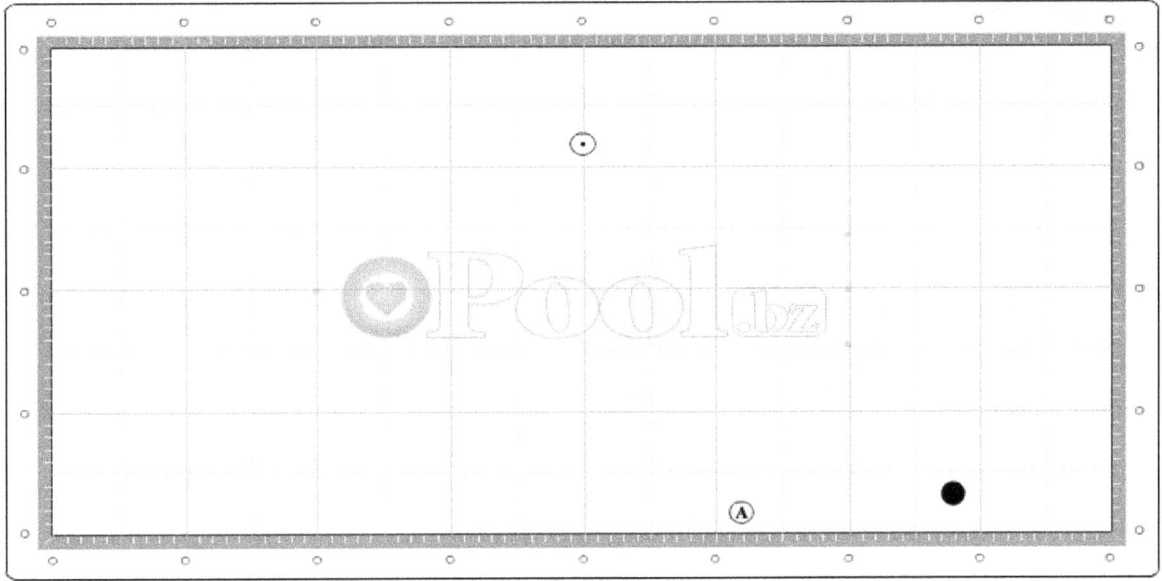

Notater og ideer:

Skudd mønster

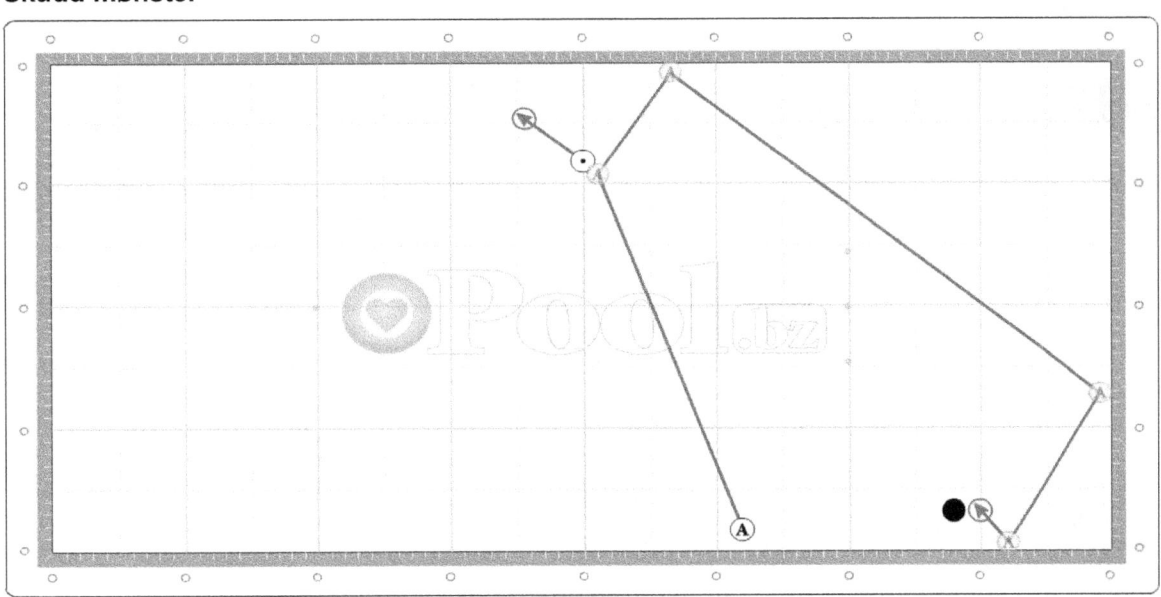

D: Gruppe 5

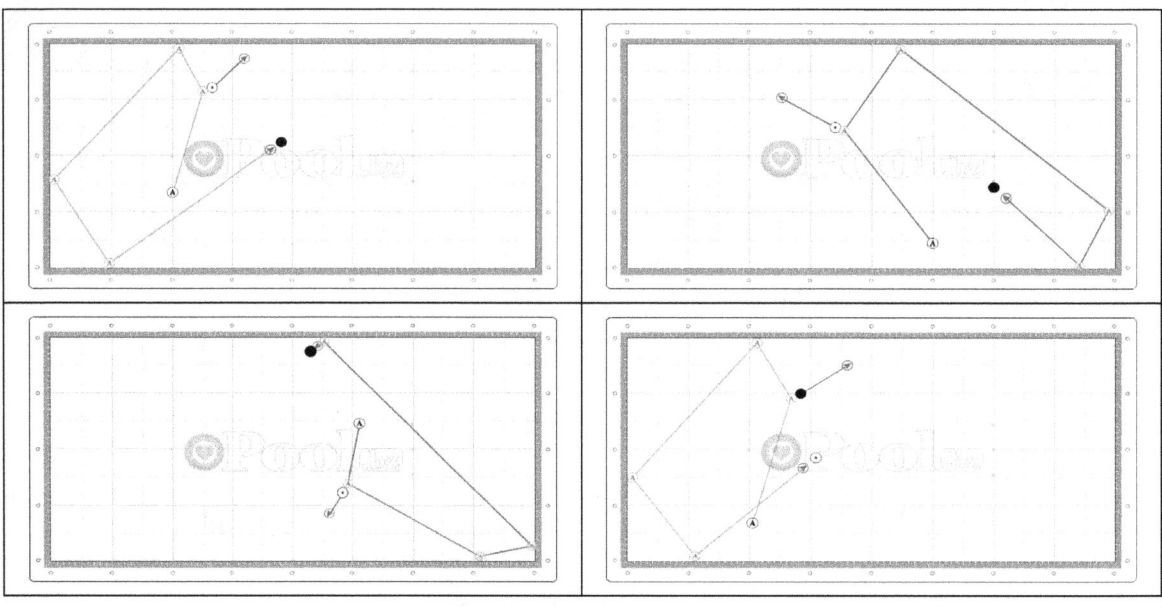

Analyse:

D:5a. _____

D:5b. _____

D:5c. _____

D:5d. _____

D:5a – Setup

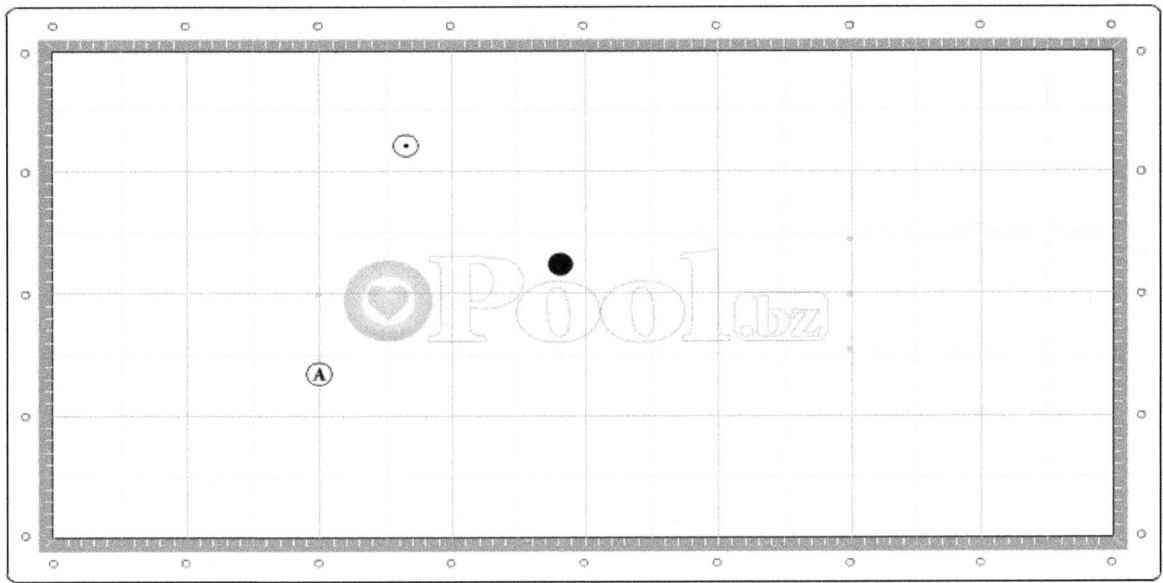

Notater og ideer:

Skudd mønster

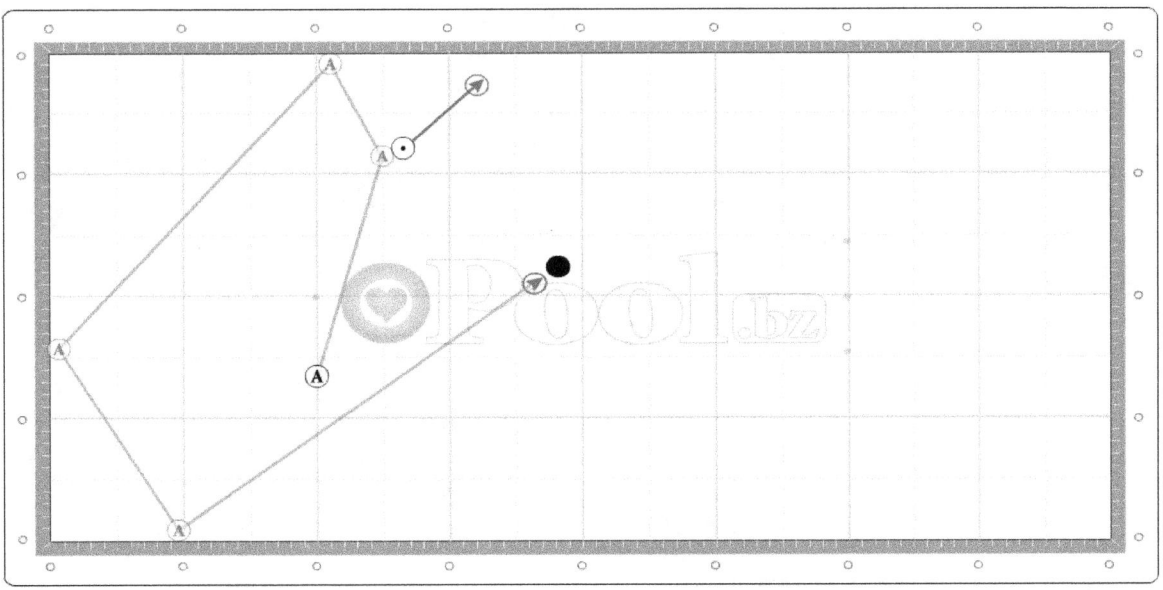

D:5b – Setup

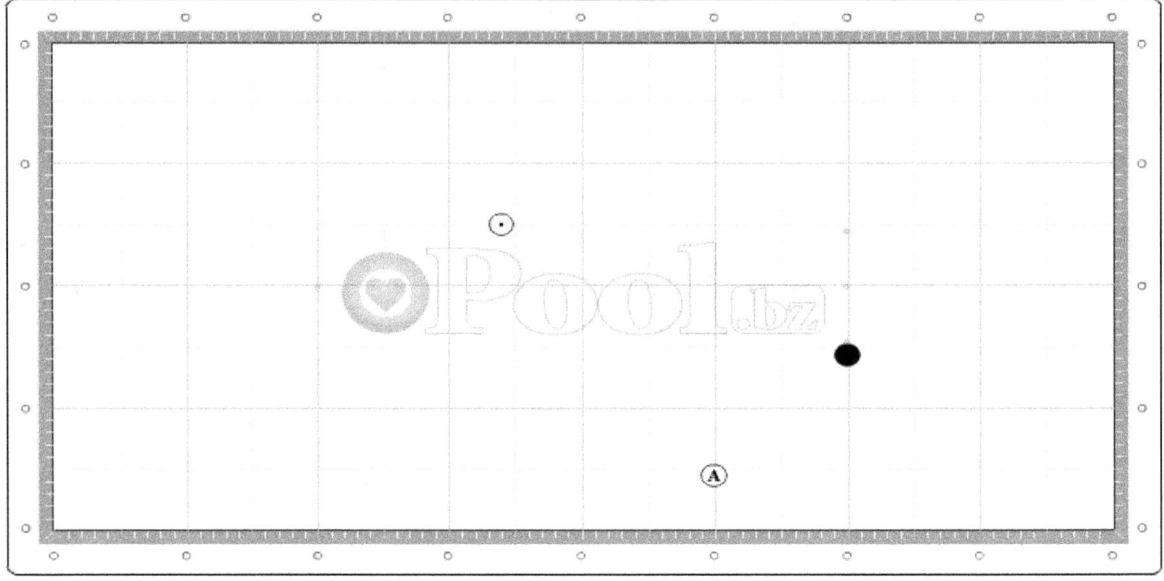

Notater og ideer:

Skudd mønster

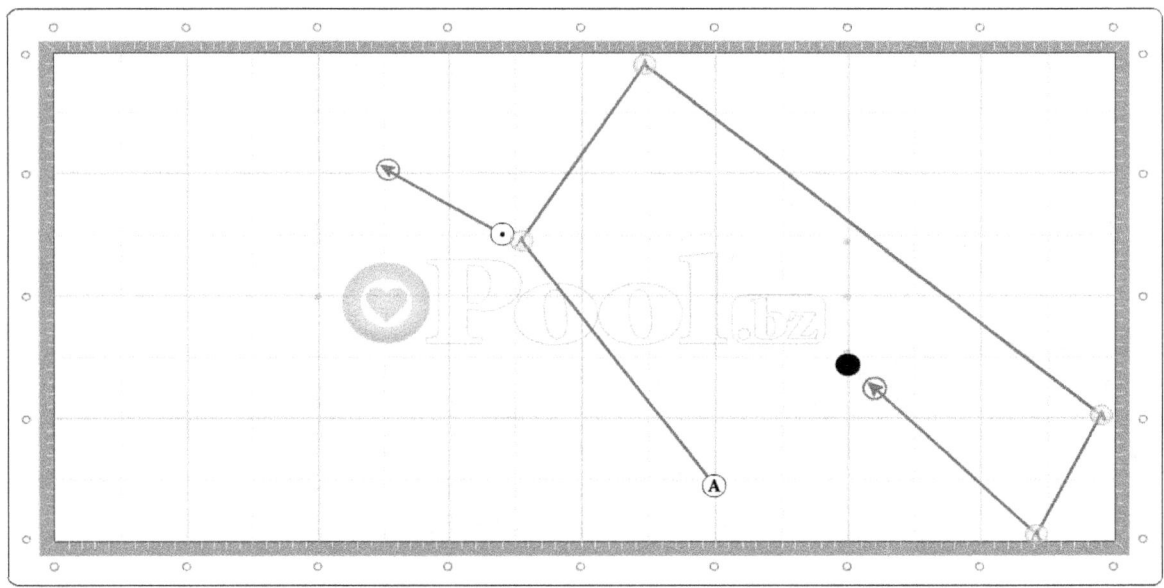

D:5c – Setup

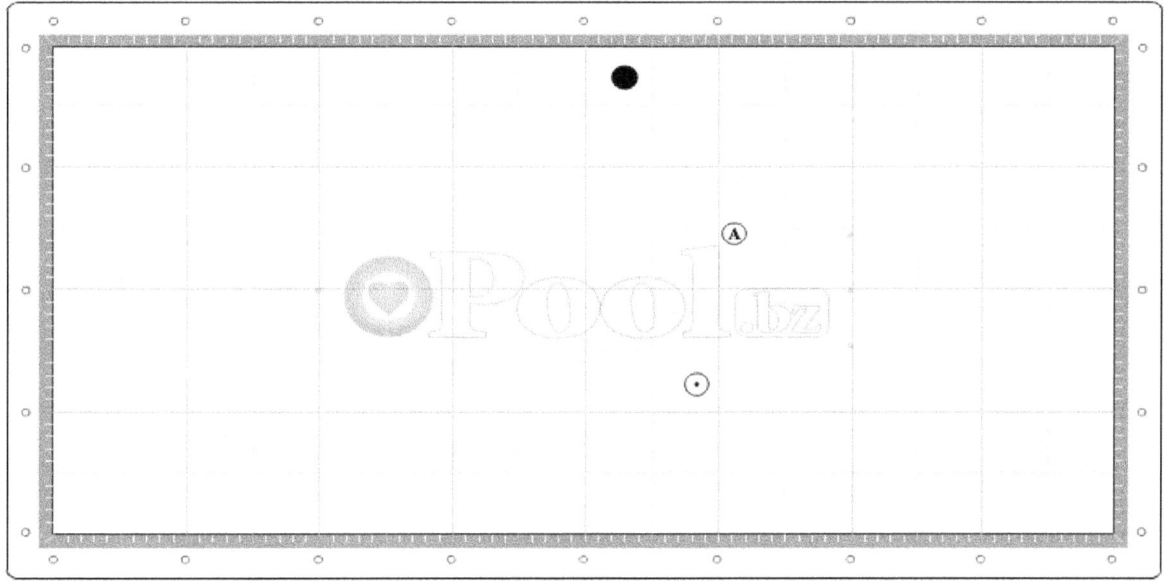

Notater og ideer:

Skudd mønster

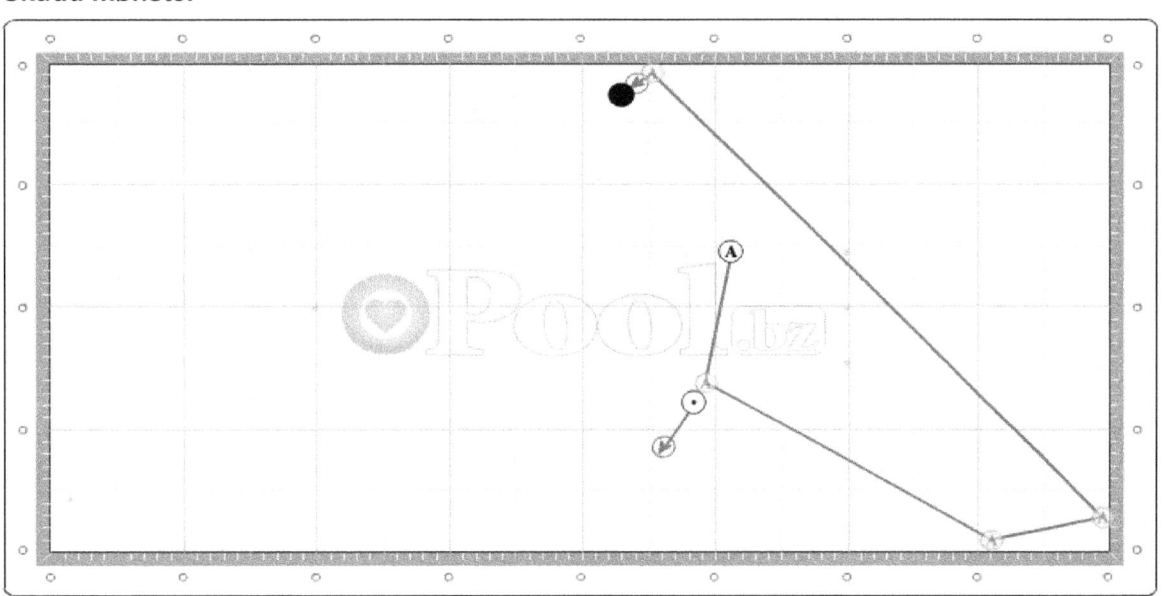

D:5d – Setup

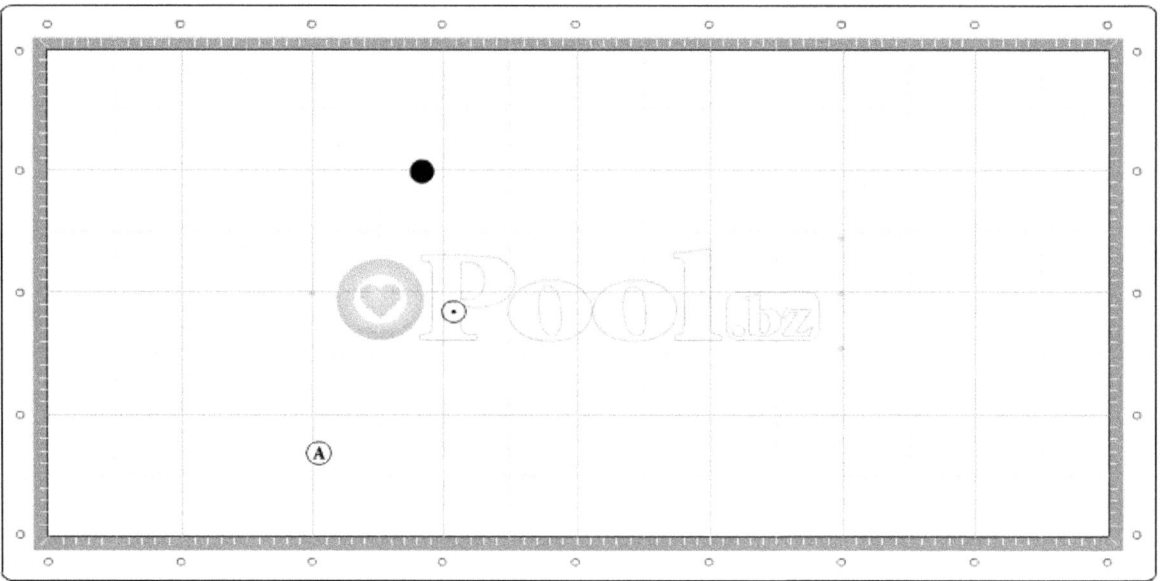

Notater og ideer:

Skudd mønster

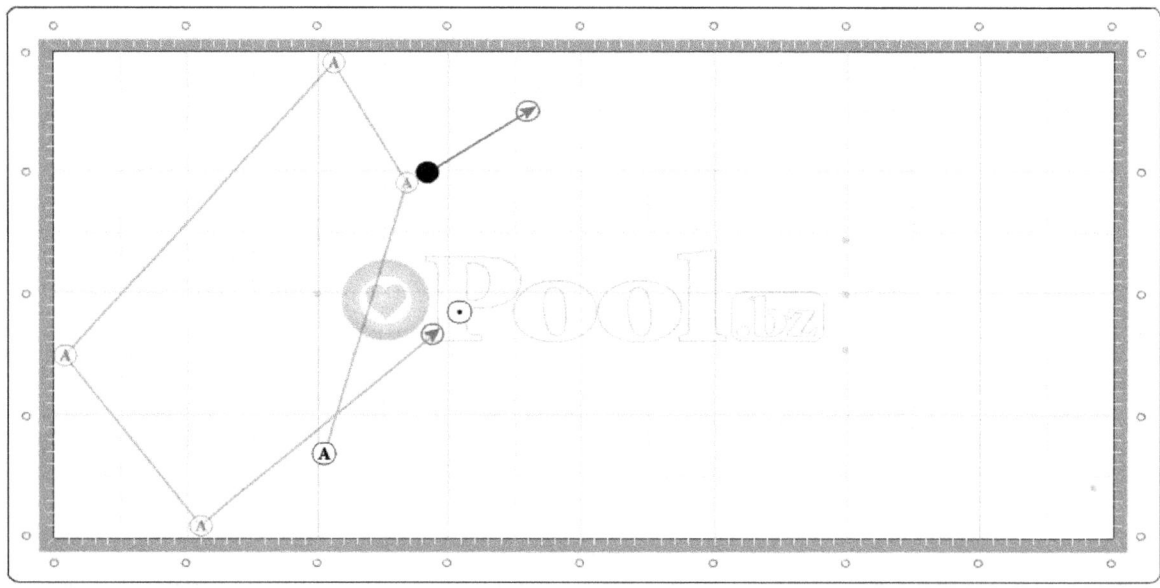

D: Gruppe 6

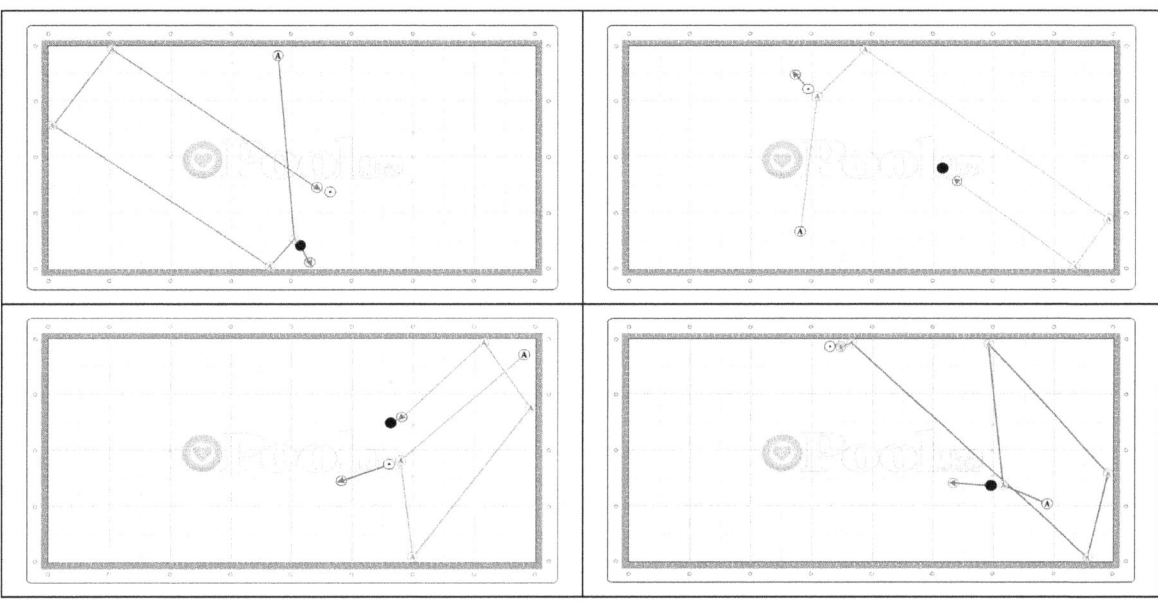

Analyse:

D:6a. _____

D:6b. _____

D:6c. _____

D:6d. _____

D:6a – Setup

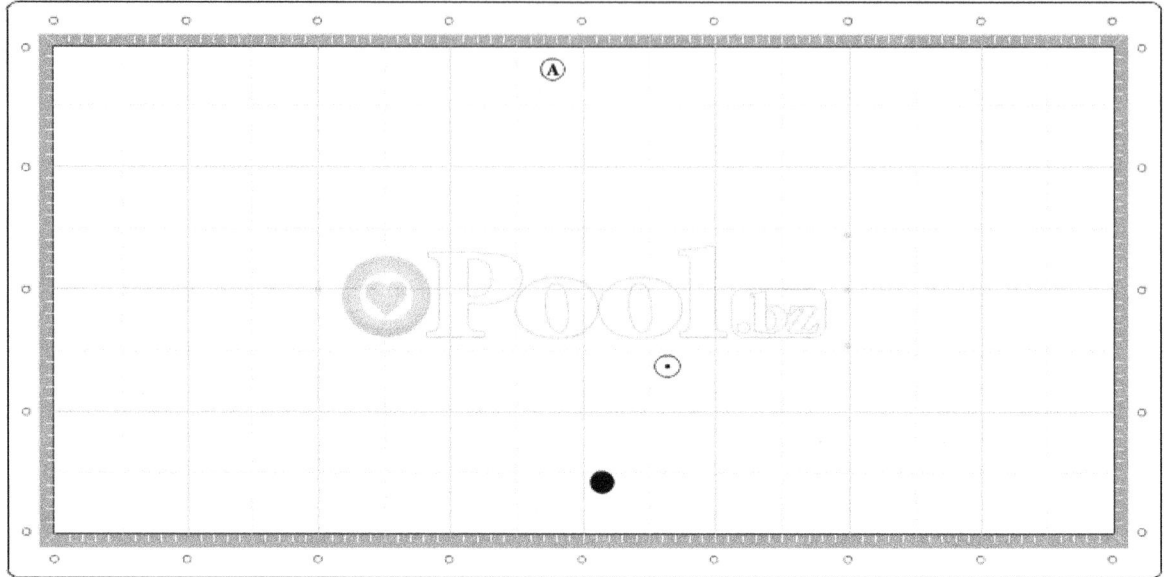

Notater og ideer:

Skudd mønster

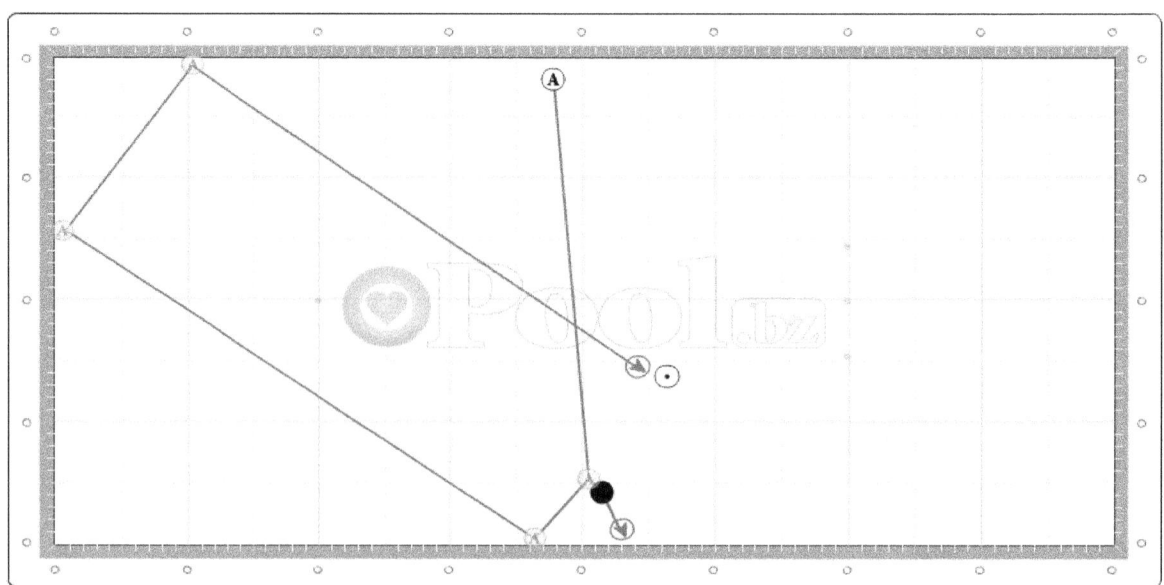

D:6b – Setup

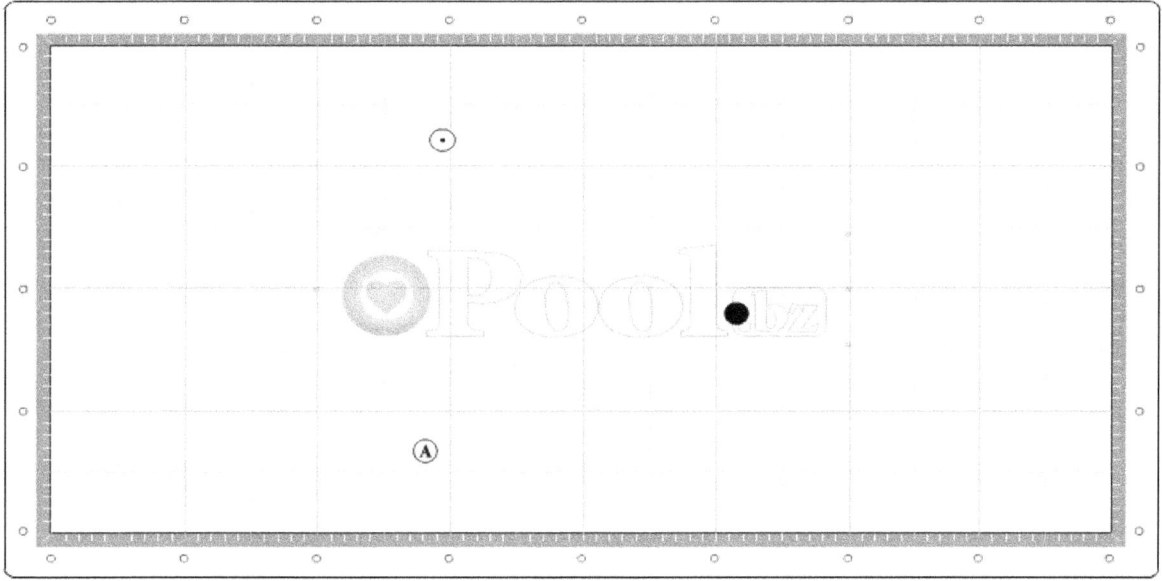

Notater og ideer:

Skudd mønster

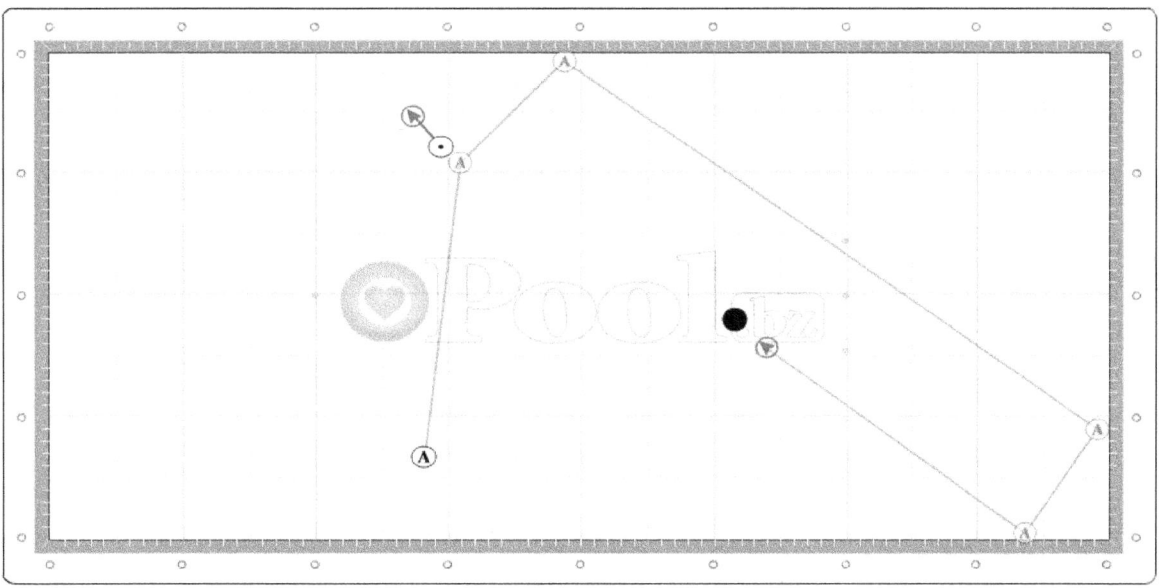

D:6c – Setup

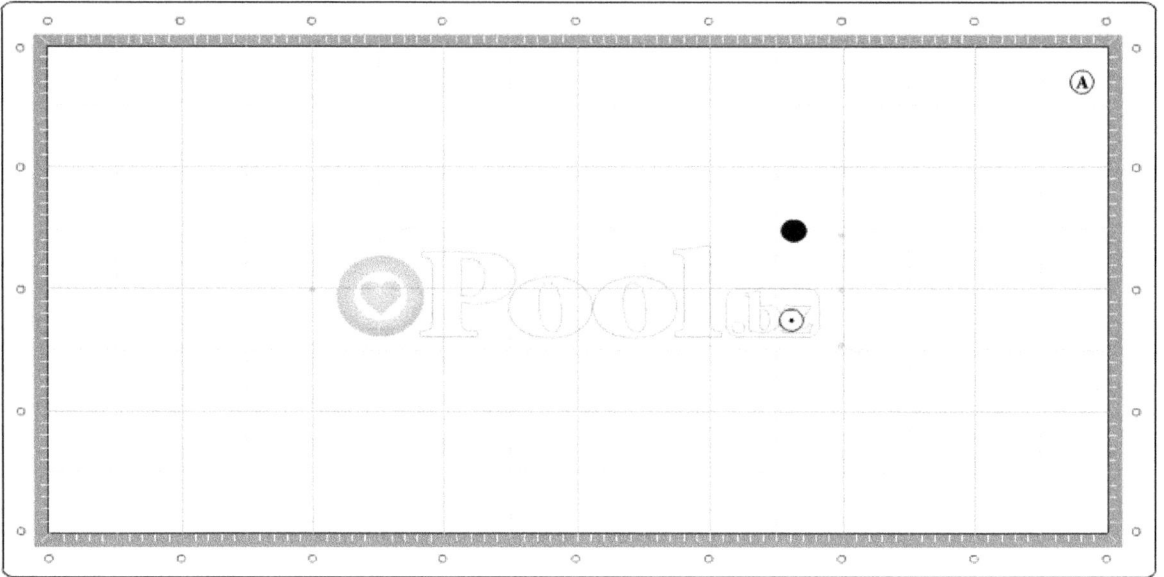

Notater og ideer:

Skudd mønster

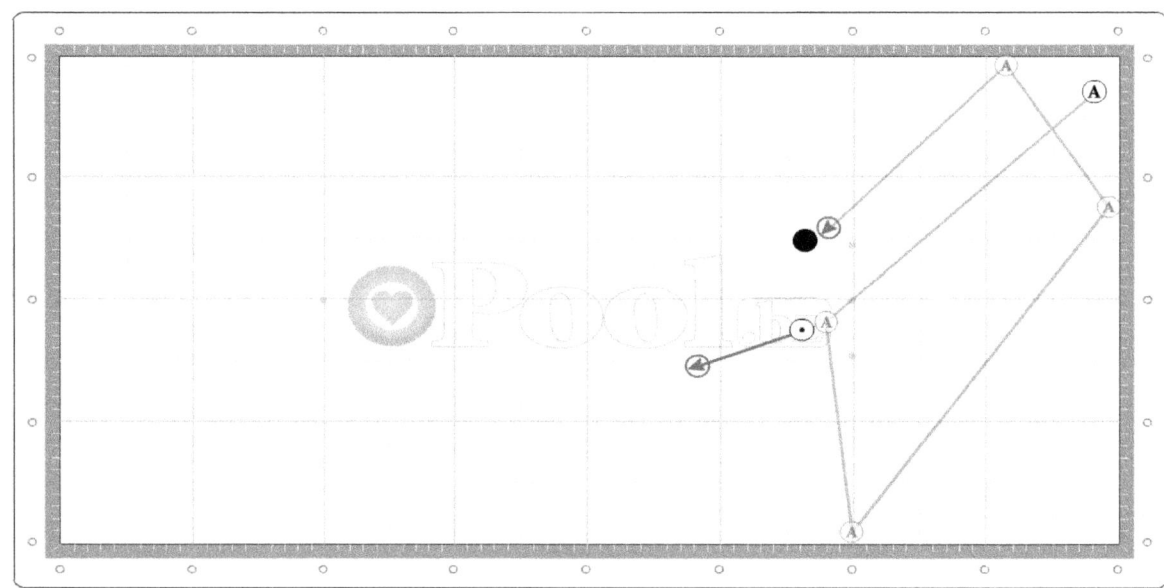

D:6d – Setup

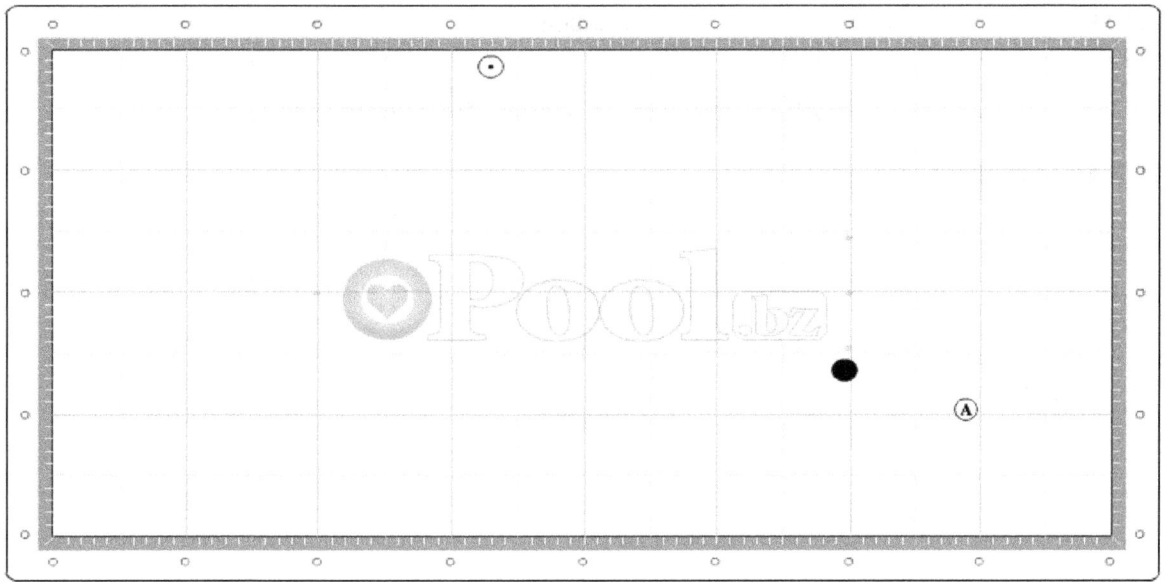

Notater og ideer:

Skudd mønster

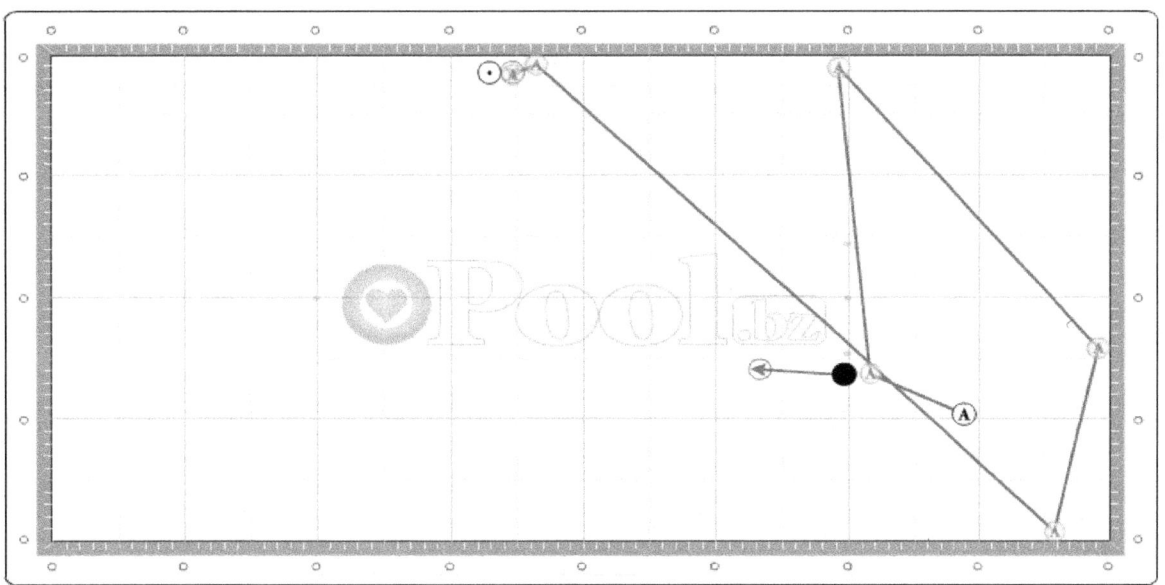

E: Utvidet ben

(CB) kommer av den første (OB) og følger halvtabelsirkelmønsteret. Den tredje delen av mønsteret ligger utenfor halvbordsområdet.

Ⓐ (CB) (biljardkule) - ⊙ (OB) (motstander billiardball) - ● (OB) (rød biljardball)

E: Gruppe 1

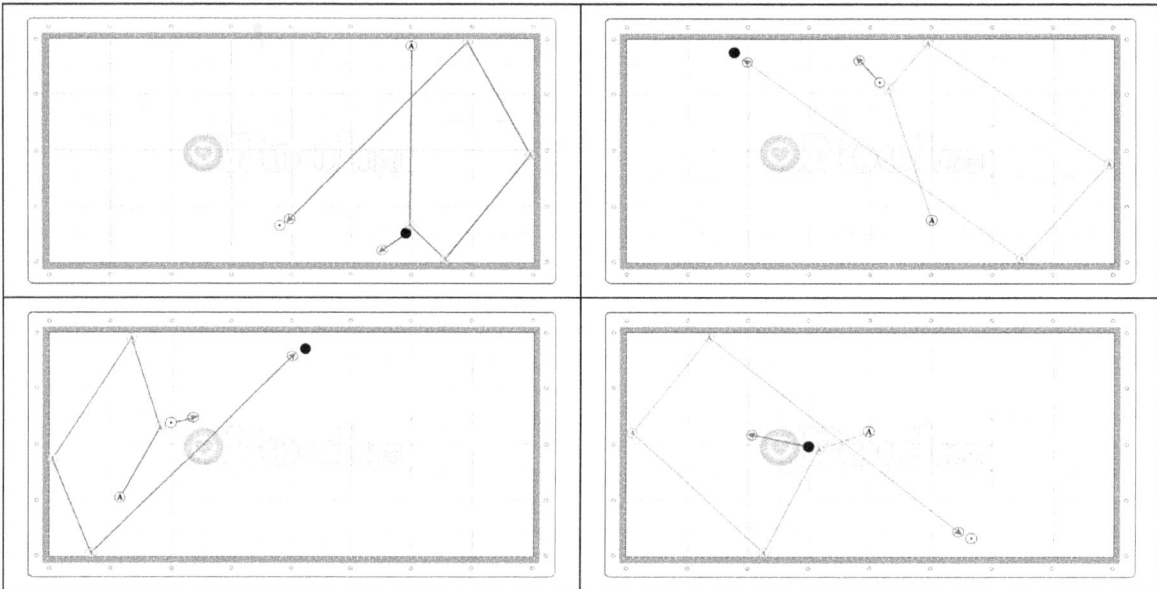

Analyse:

E:1a. _____

E:1b. _____

E:1c. _____

E:1d. _____

E:1a – Setup

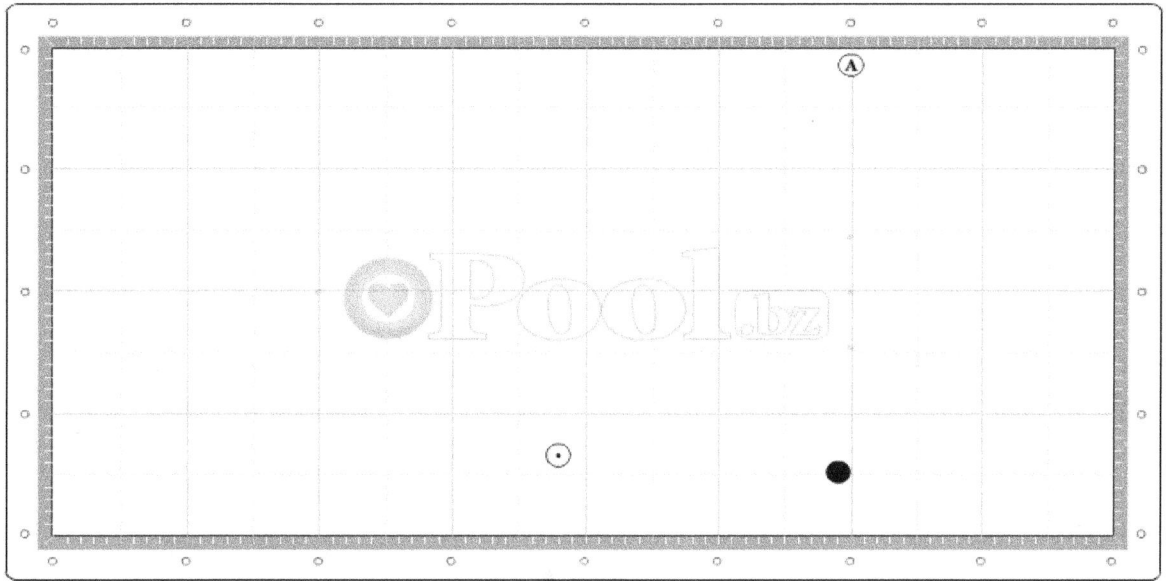

Notater og ideer:

Skudd mønster

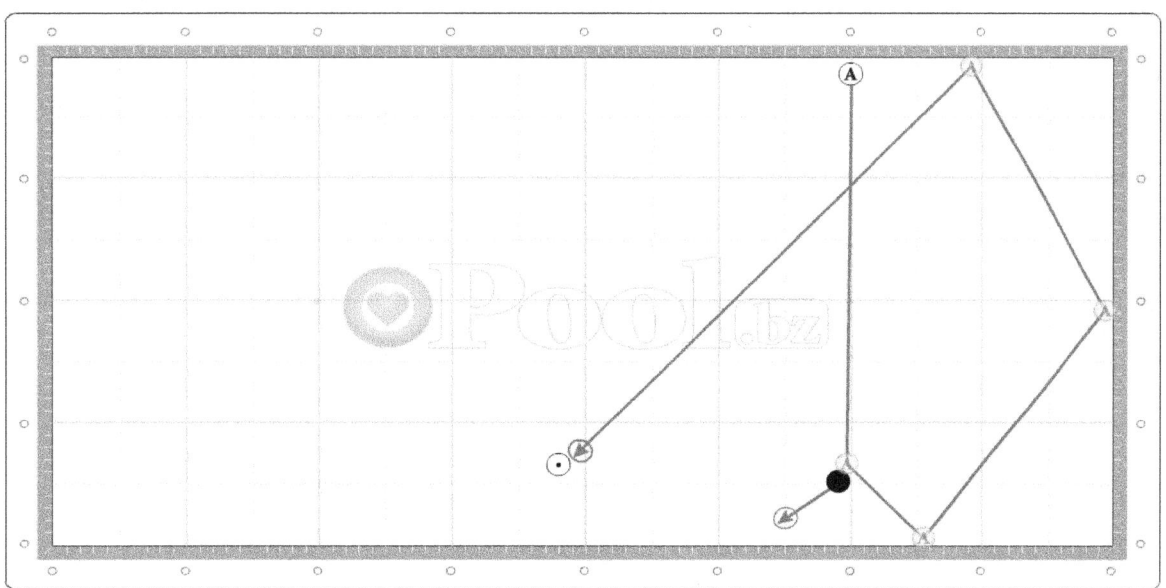

E:1b – Setup

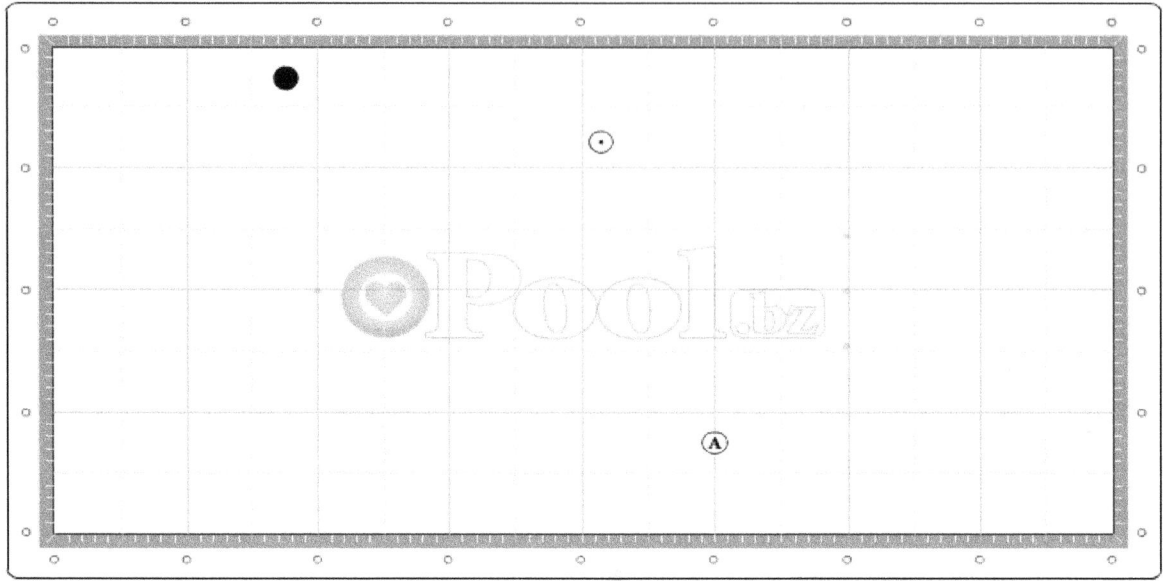

Notater og ideer:

Skudd mønster

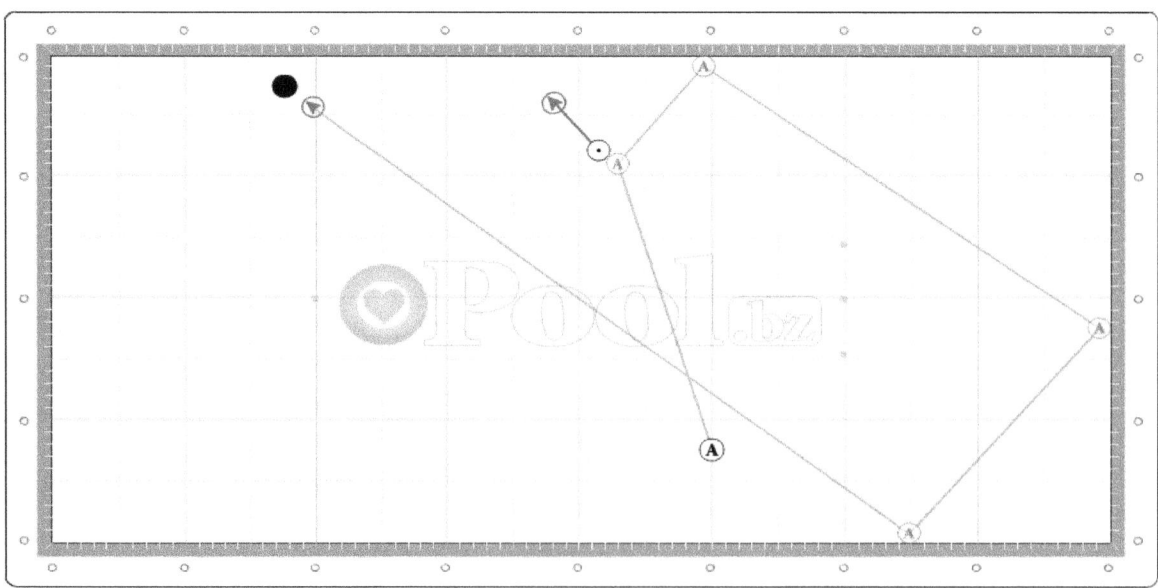

E:1c – Setup

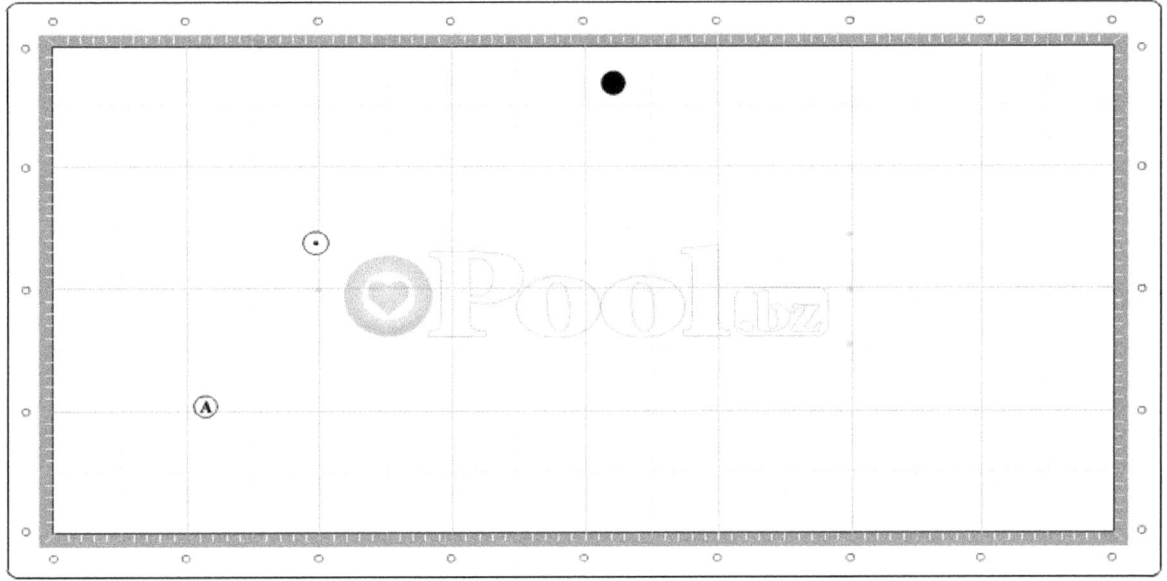

Notater og ideer:

Skudd mønster

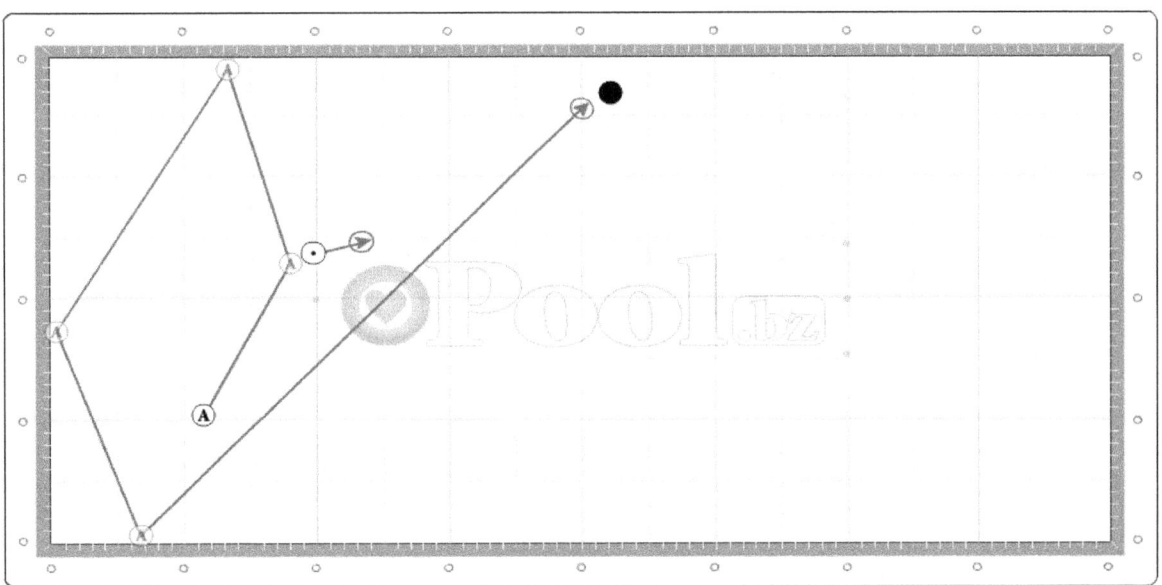

E:1d – Setup

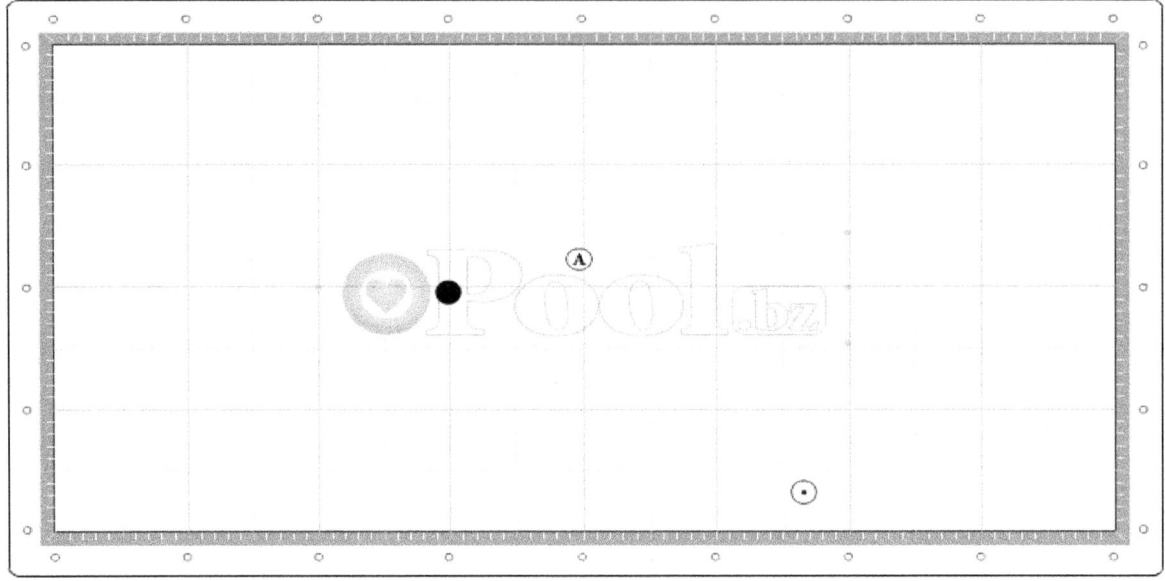

Notater og ideer:

Skudd mønster

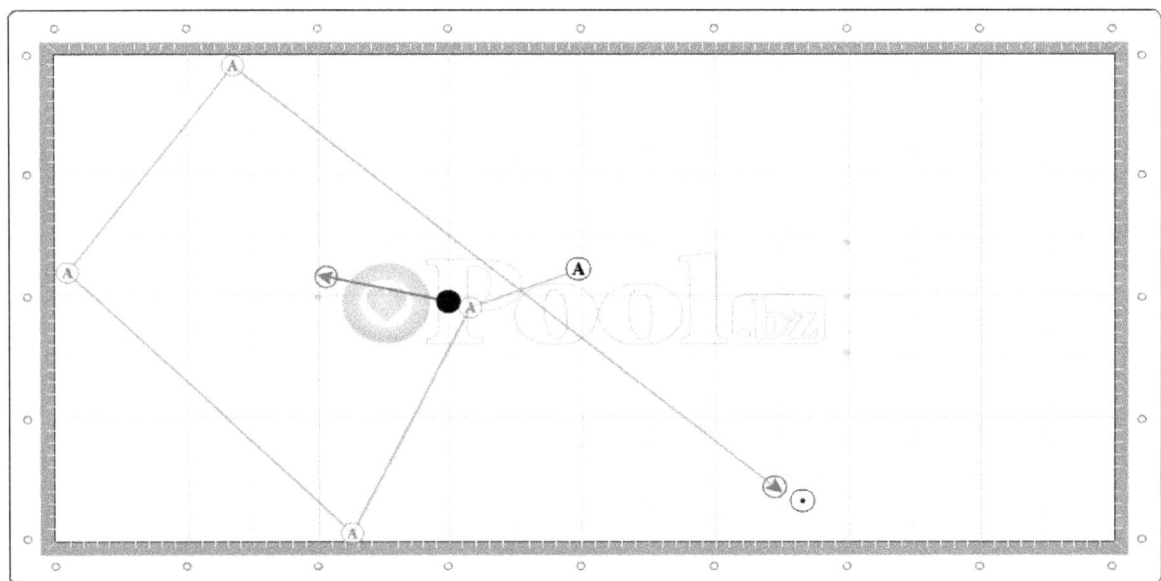

E: Gruppe 2

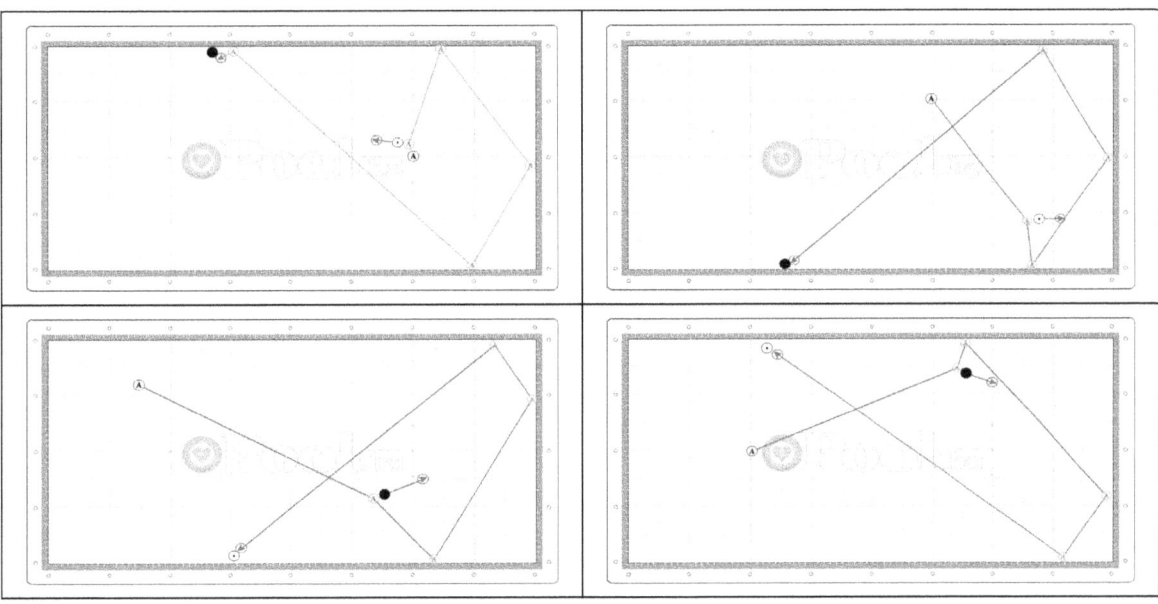

Analyse:

E:2a. _____

E:2b. _____

E:2c. _____

E:2d. _____

E:2a – Setup

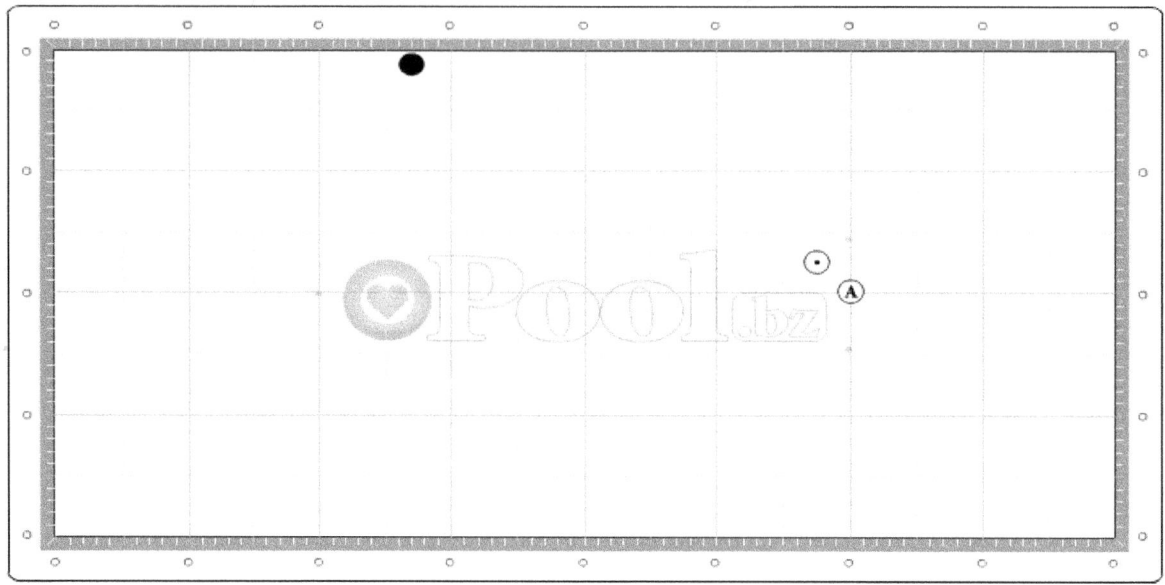

Notater og ideer:

Skudd mønster

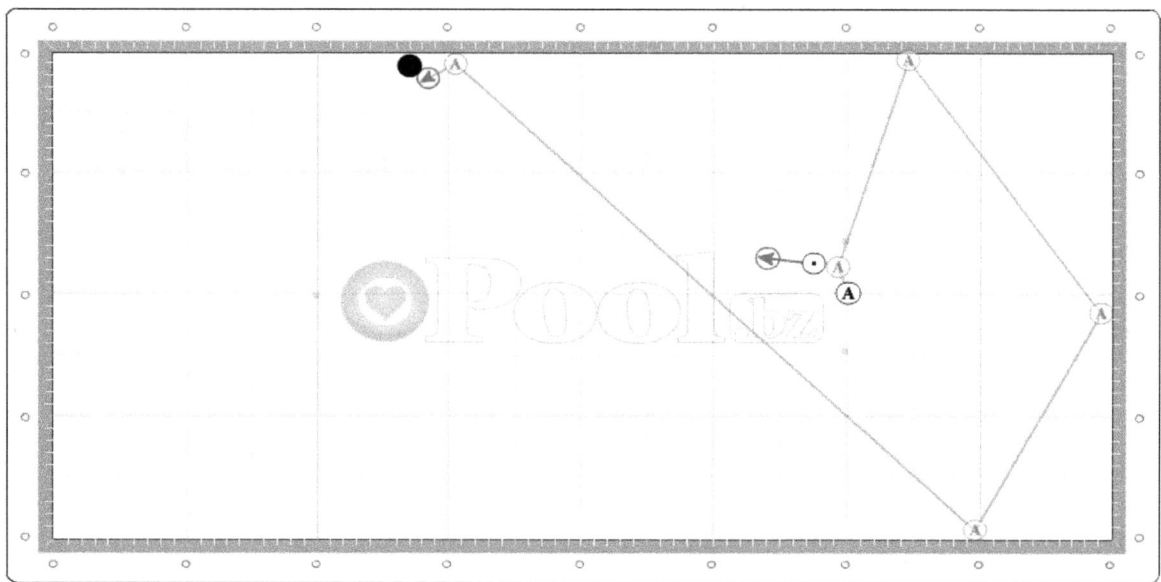

E:2b – Setup

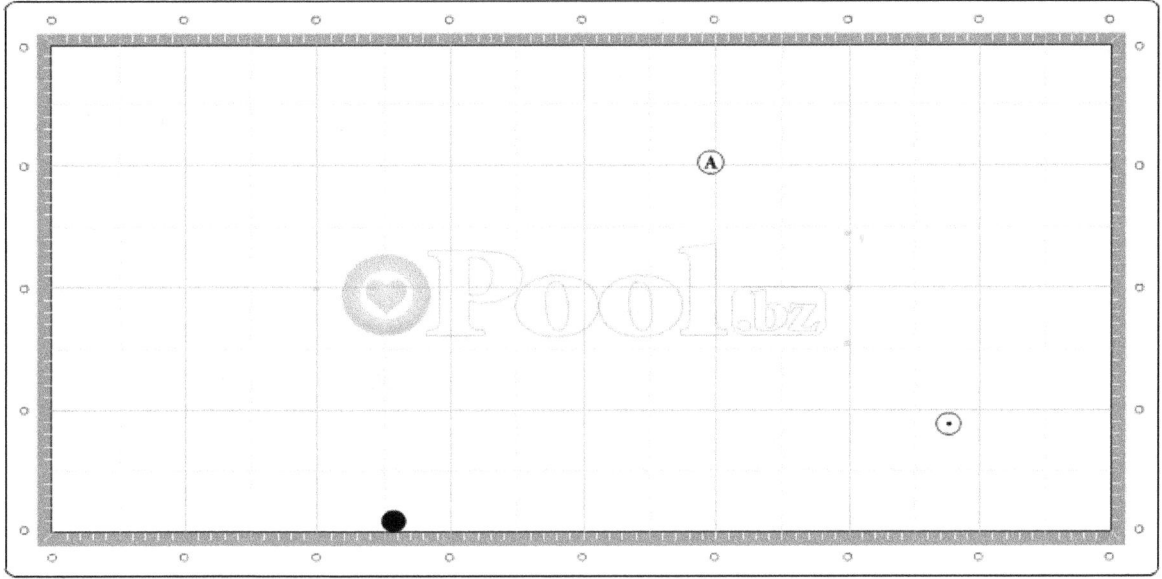

Notater og ideer:

Skudd mønster

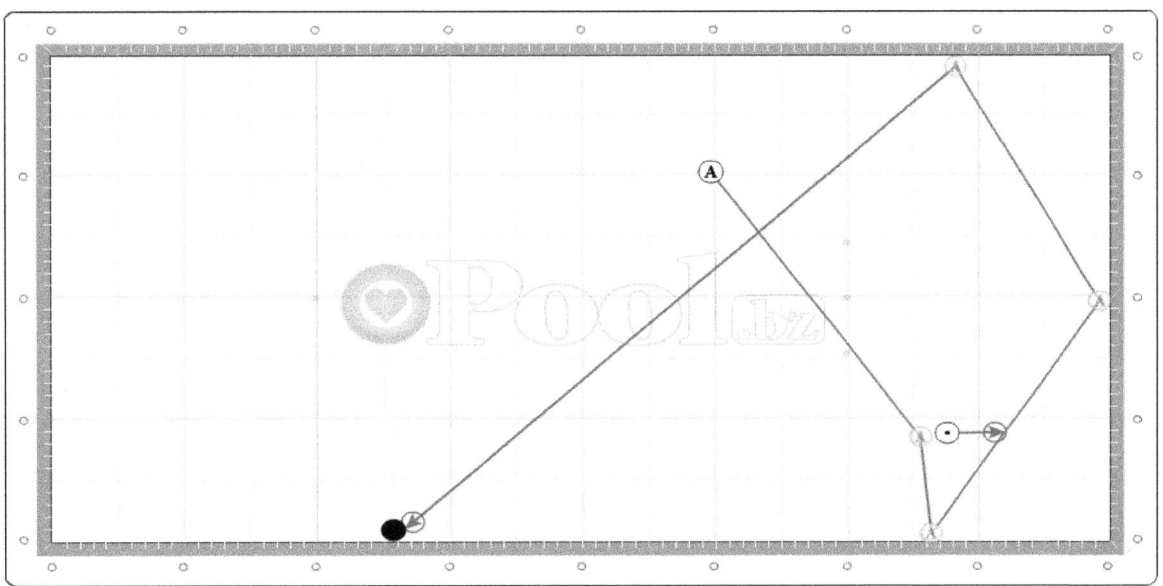

E:2c – Setup

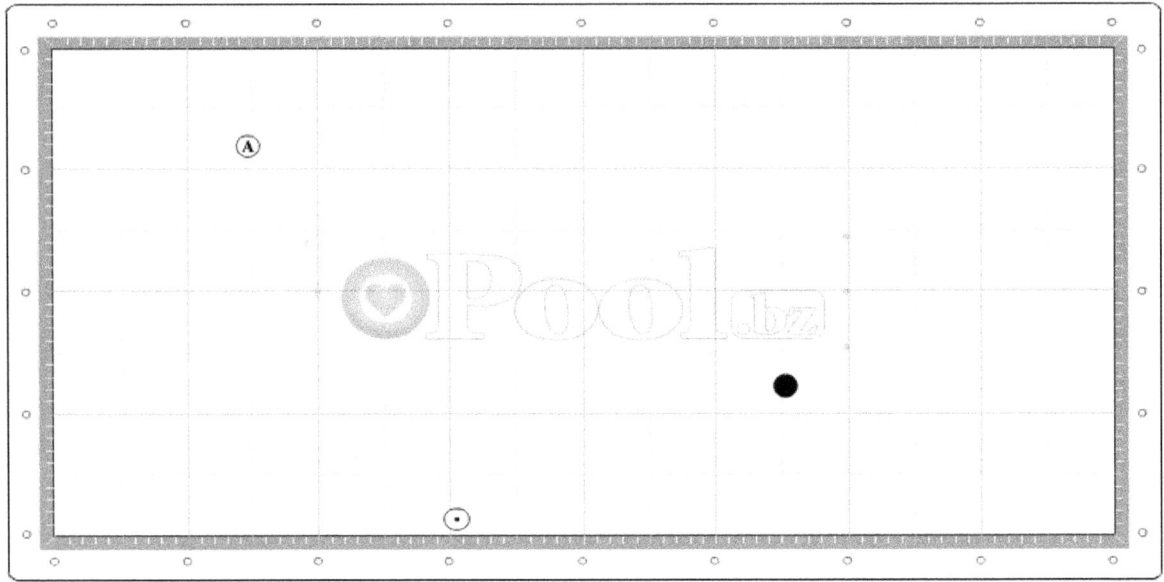

Notater og ideer:

Skudd mønster

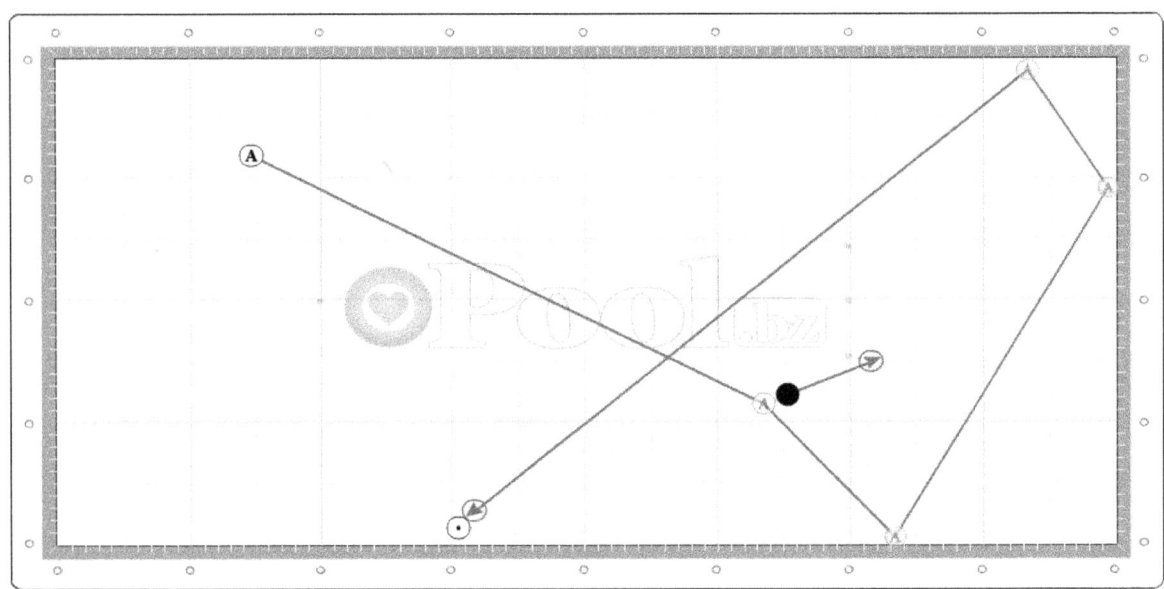

E:2d – Setup

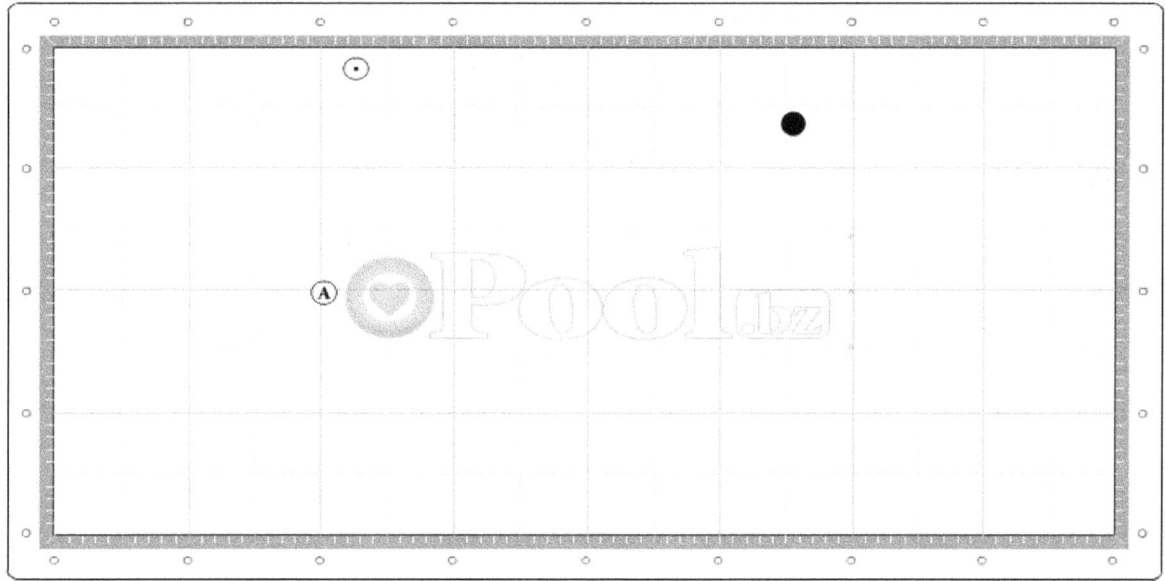

Notater og ideer:

Skudd mønster

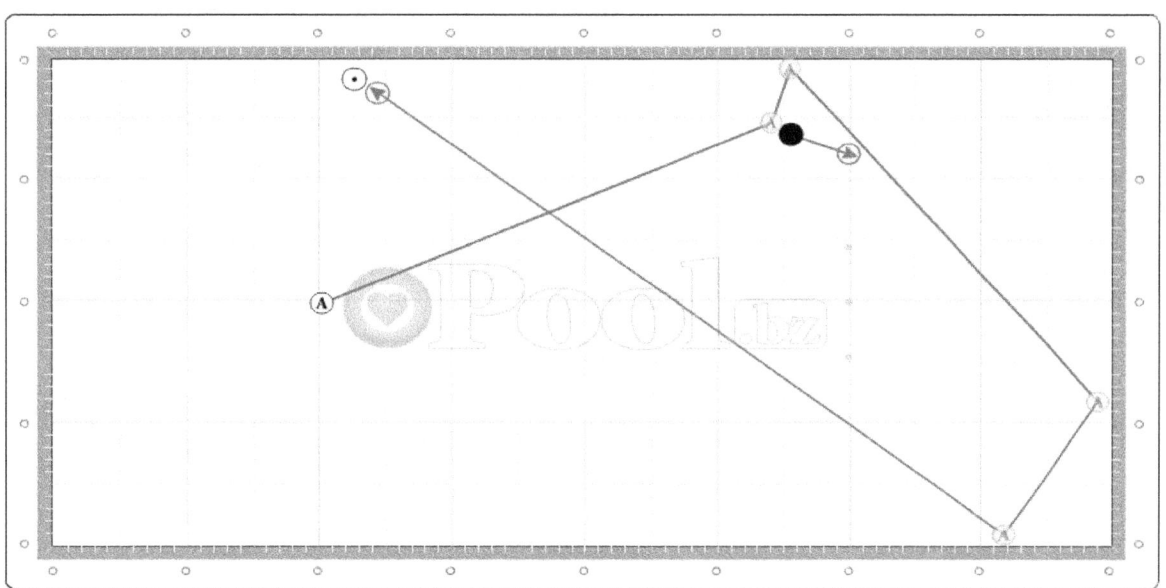

F: Utvidet ben (ekstra lang)

Den (CB) kommer av den første (OB) og følger det vanlige halvtabelsirkelmønsteret. (CB) reiser inn i den andre halvdelen av bordet. Disse eksemplene viser (CB) i den lange vant og deretter til den andre enden av bordet for den andre (OB).

Ⓐ (CB) (biljardkule) - ⊙ (OB) (motstander billiardball) - ● (OB) (rød biljardball)

F: Gruppe 1

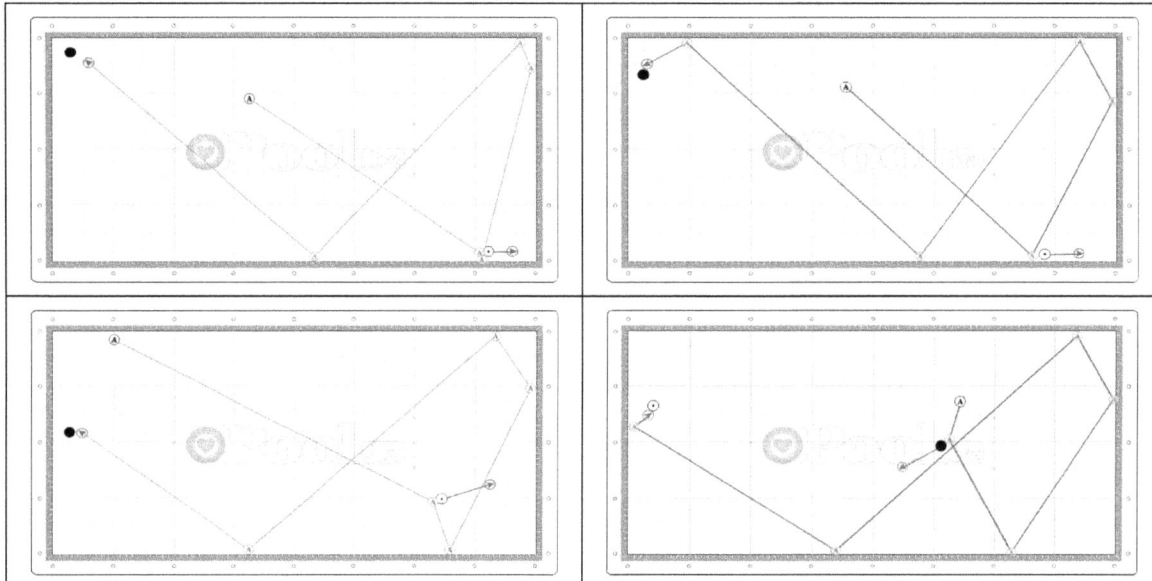

Analyse:

F:1a. _____

F:1b. _____

F:1c. _____

F:1d. _____

F:1a – Setup

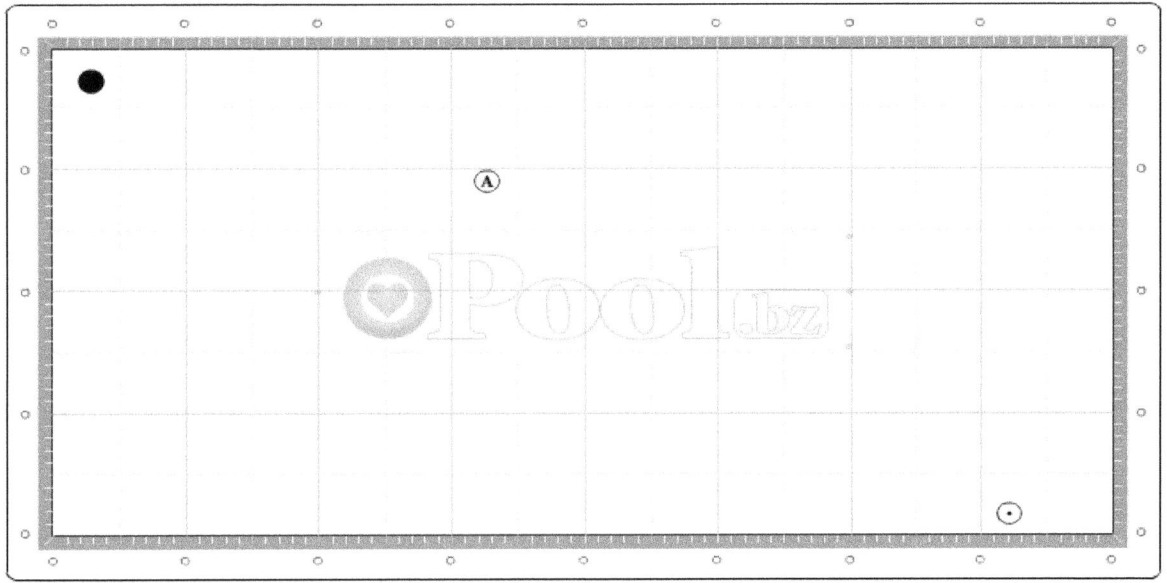

Notater og ideer:

Skudd mønster

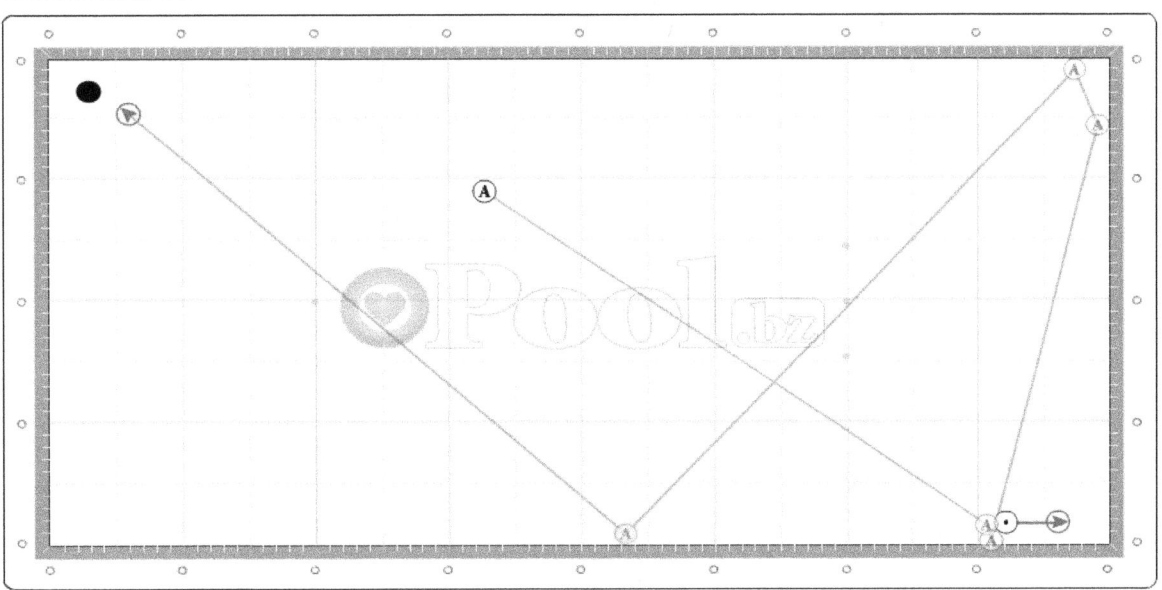

F:1b – Setup

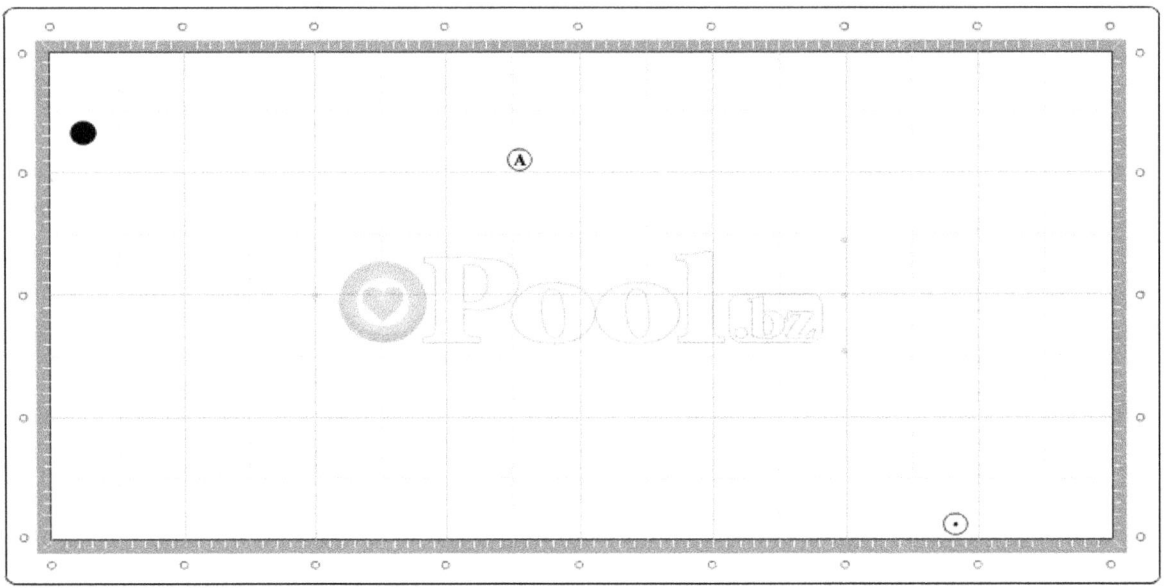

Notater og ideer:

Skudd mønster

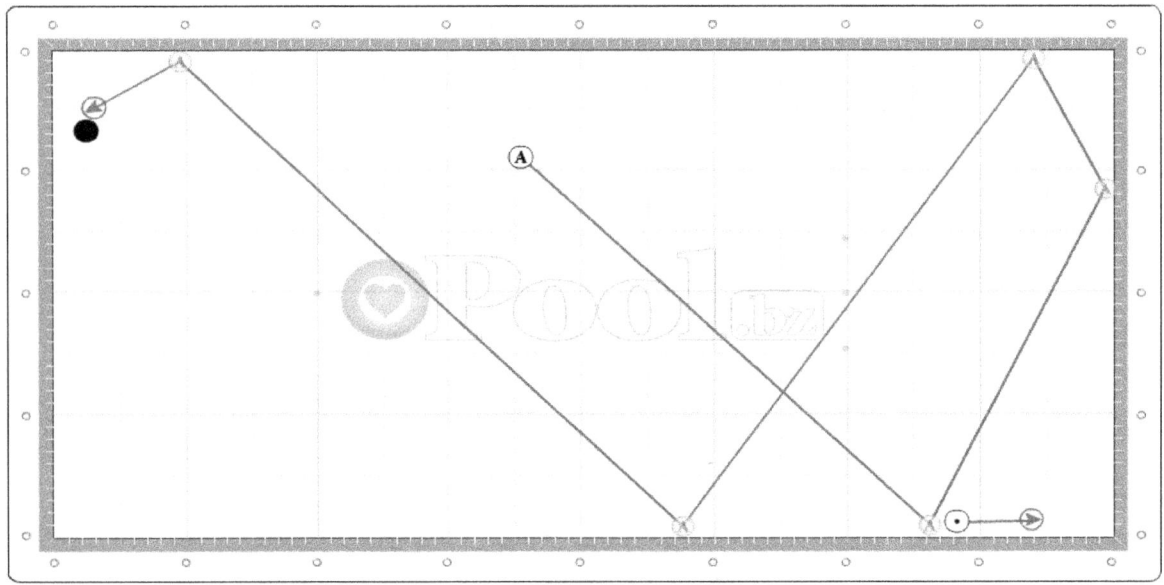

F:1c – Setup

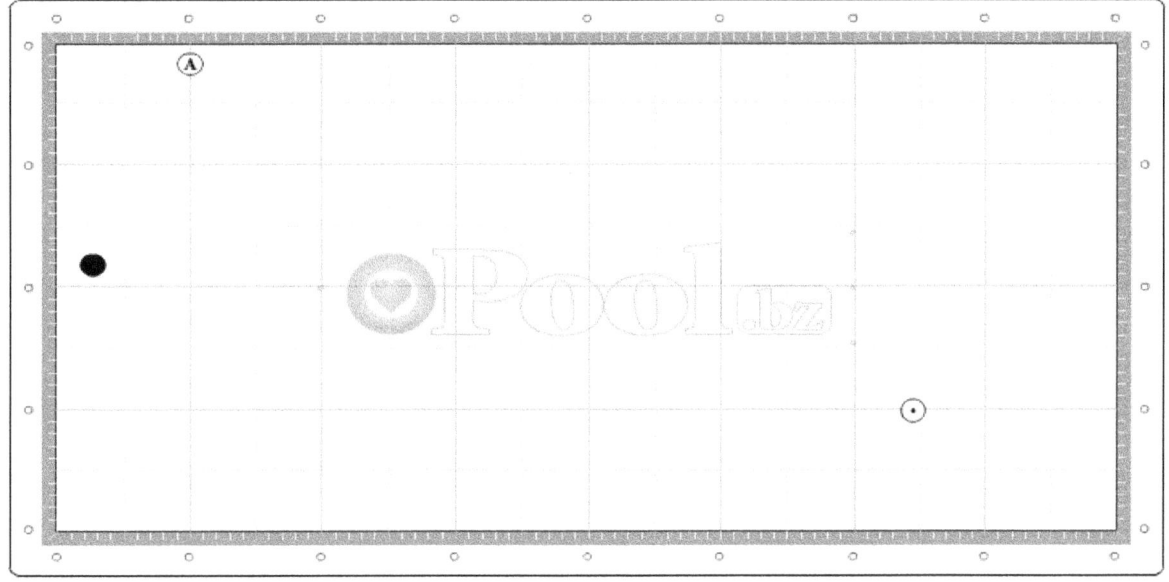

Notater og ideer:

Skudd mønster

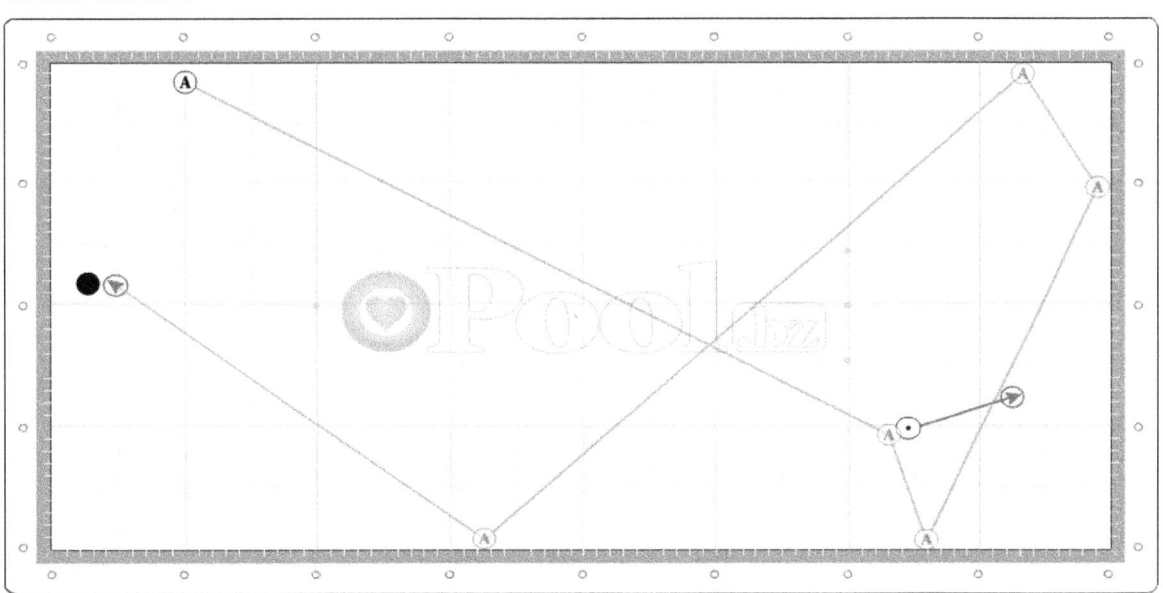

F:1d – Setup

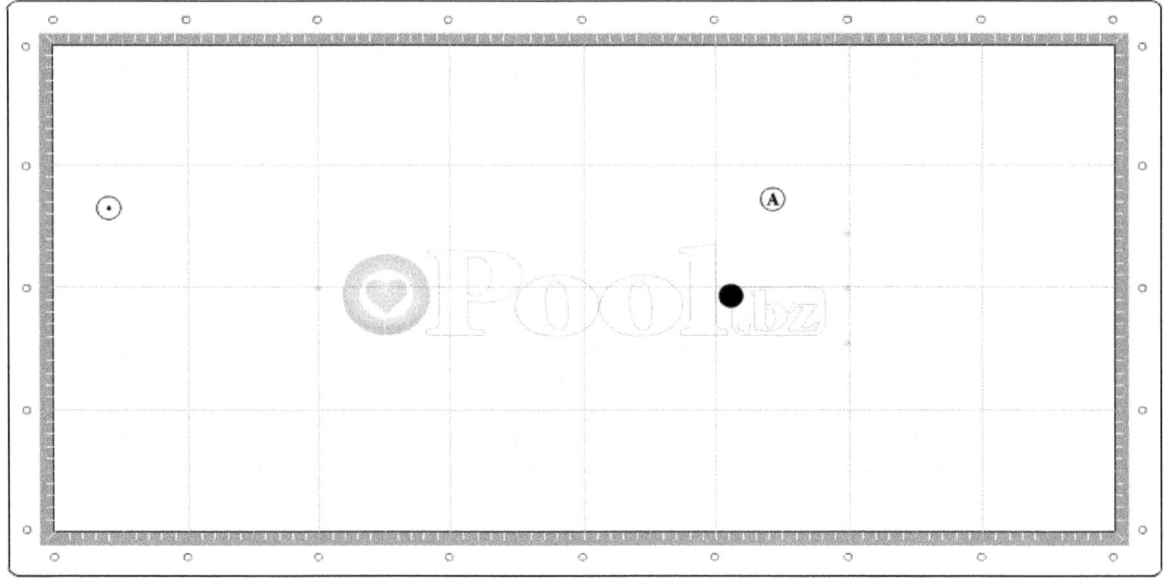

Notater og ideer:

Skudd mønster

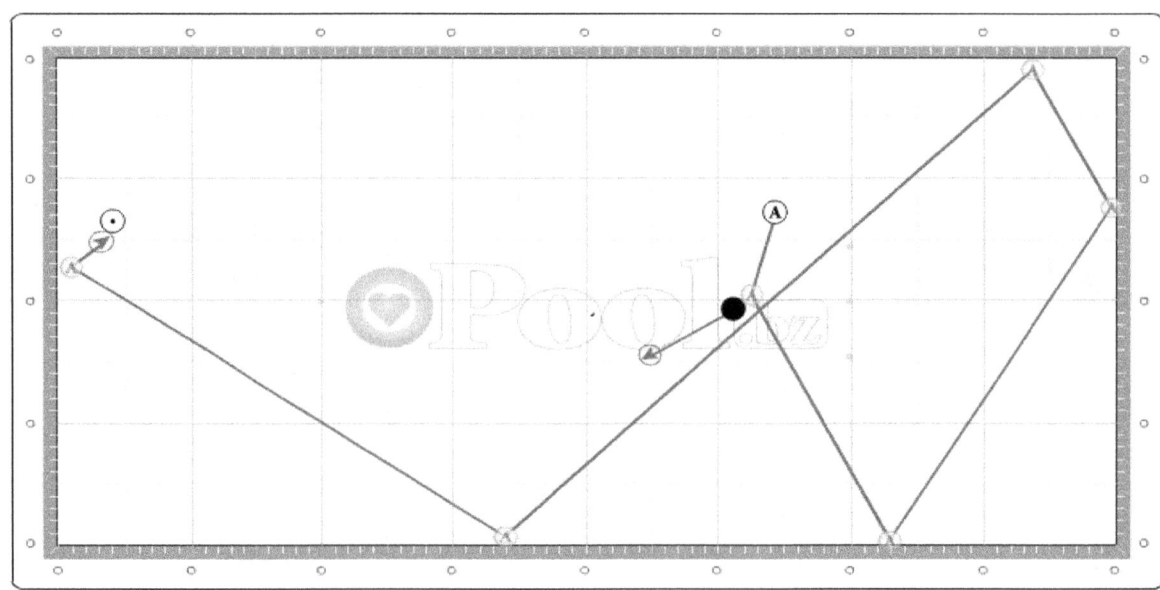

F: Gruppe 2

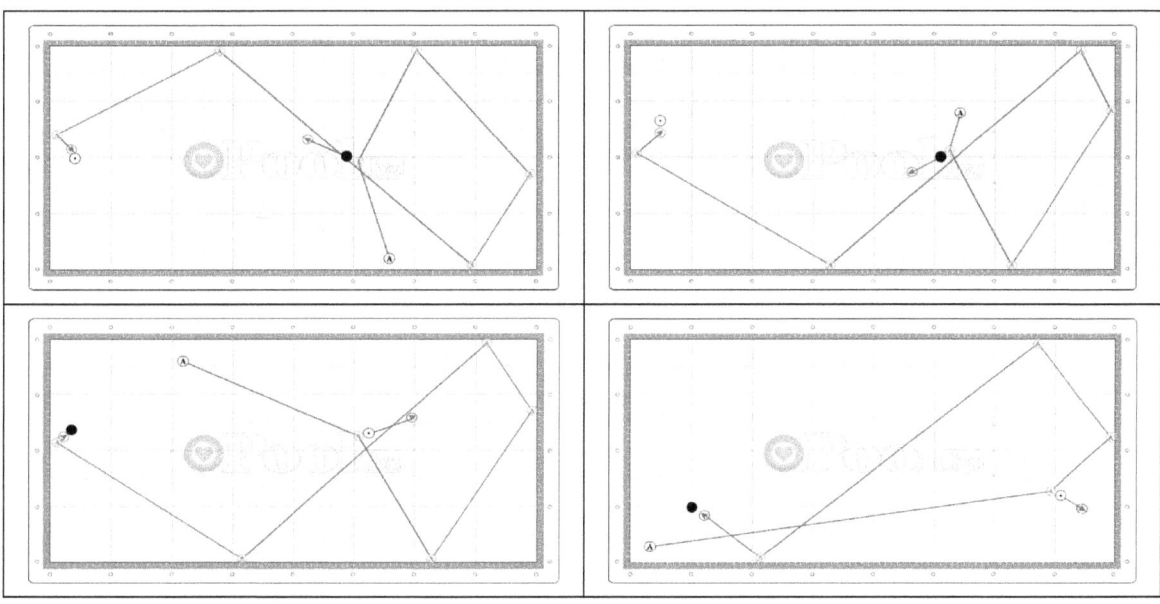

Analyse:

F:2a. _____

F:2b. _____

F:2c. _____

F:2d. _____

F:2a – Setup

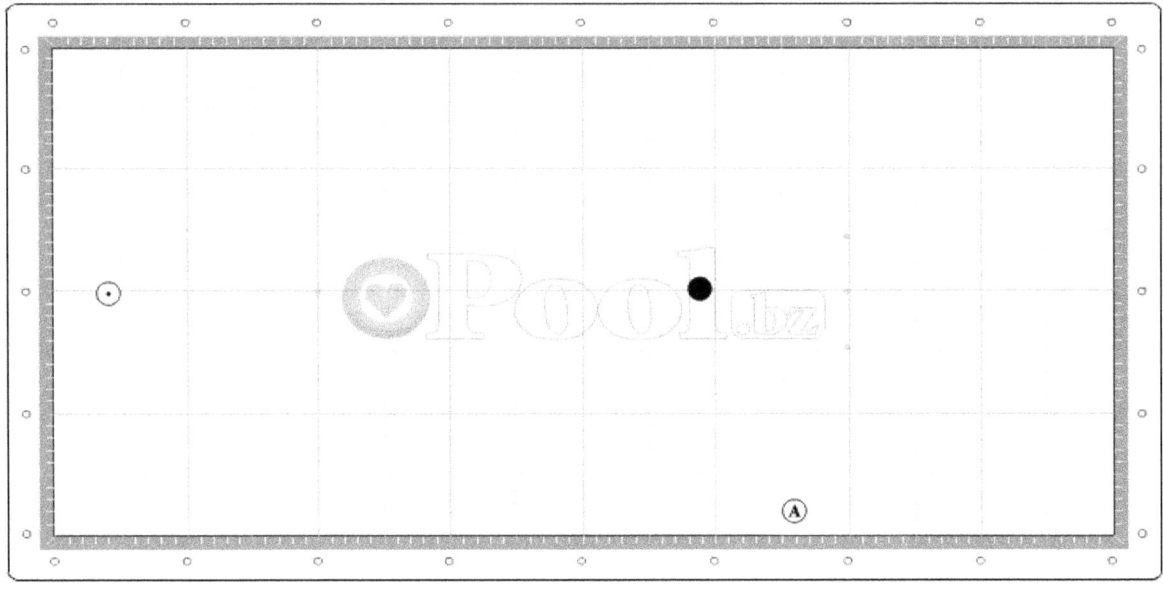

Notater og ideer:

Skudd mønster

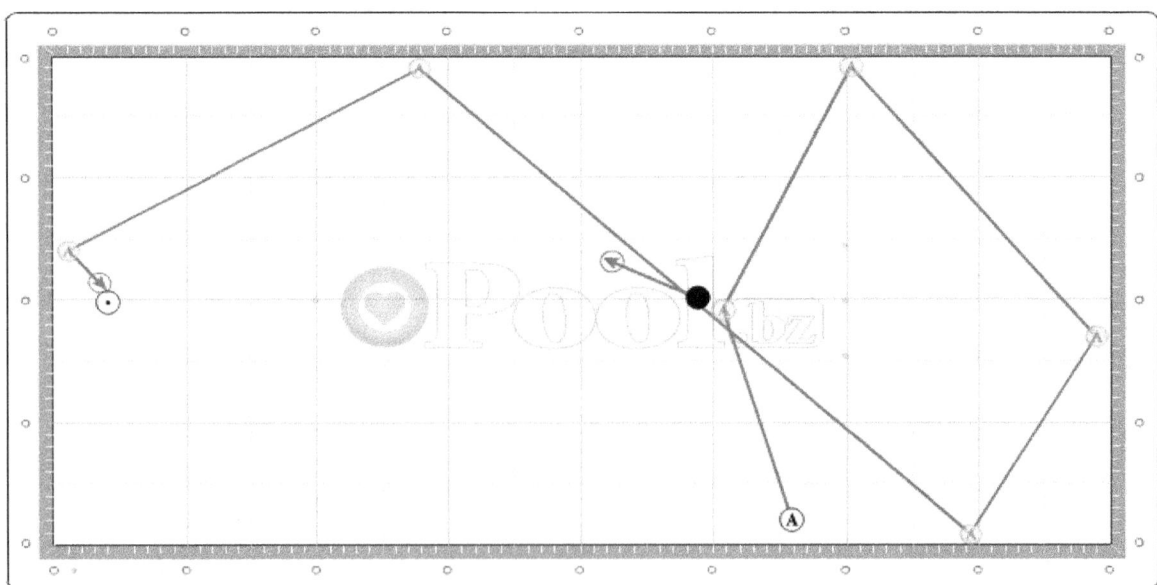

F:2b – Setup

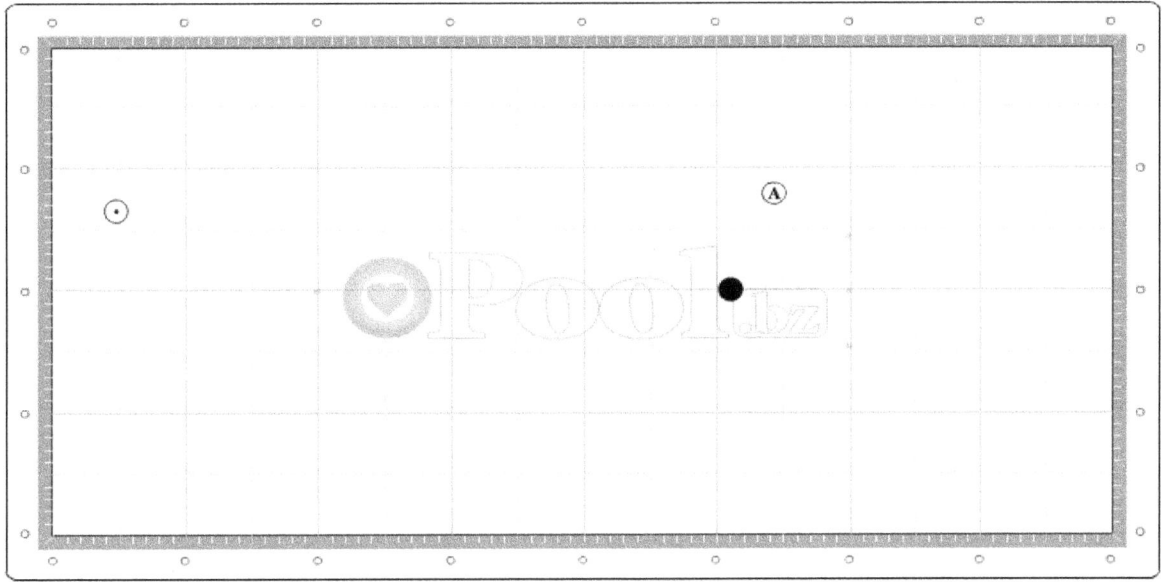

Notater og ideer:

Skudd mønster

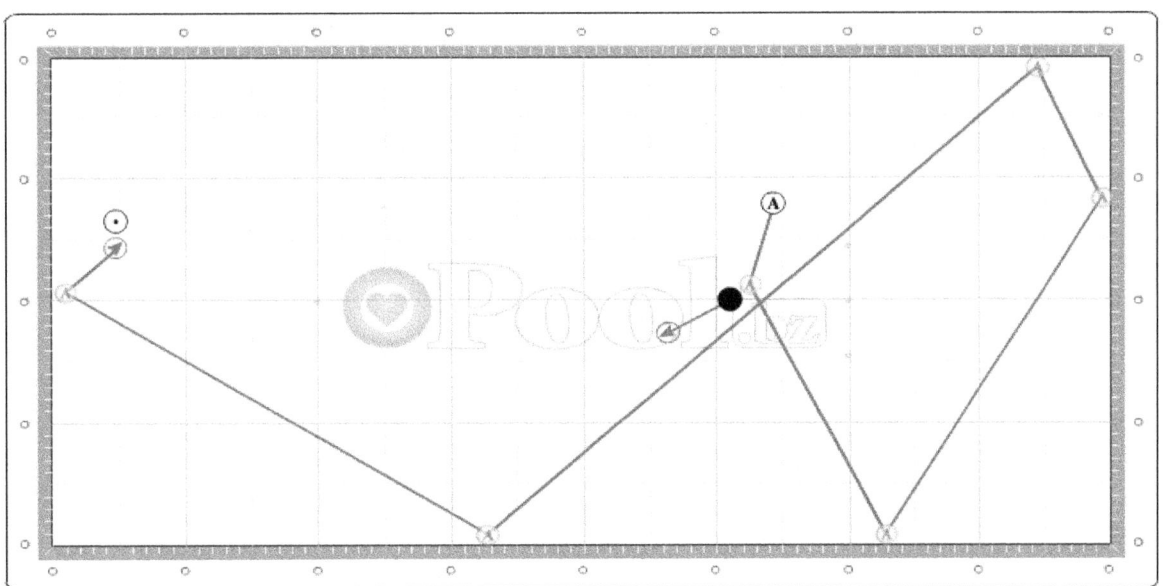

F:2c – Setup

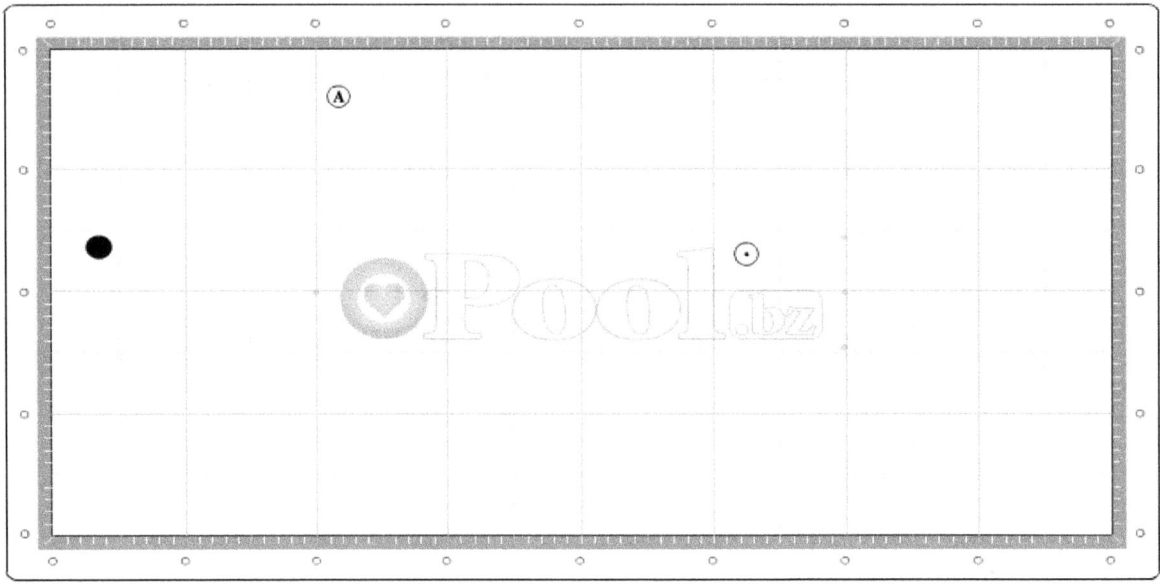

Notater og ideer:

Skudd mønster

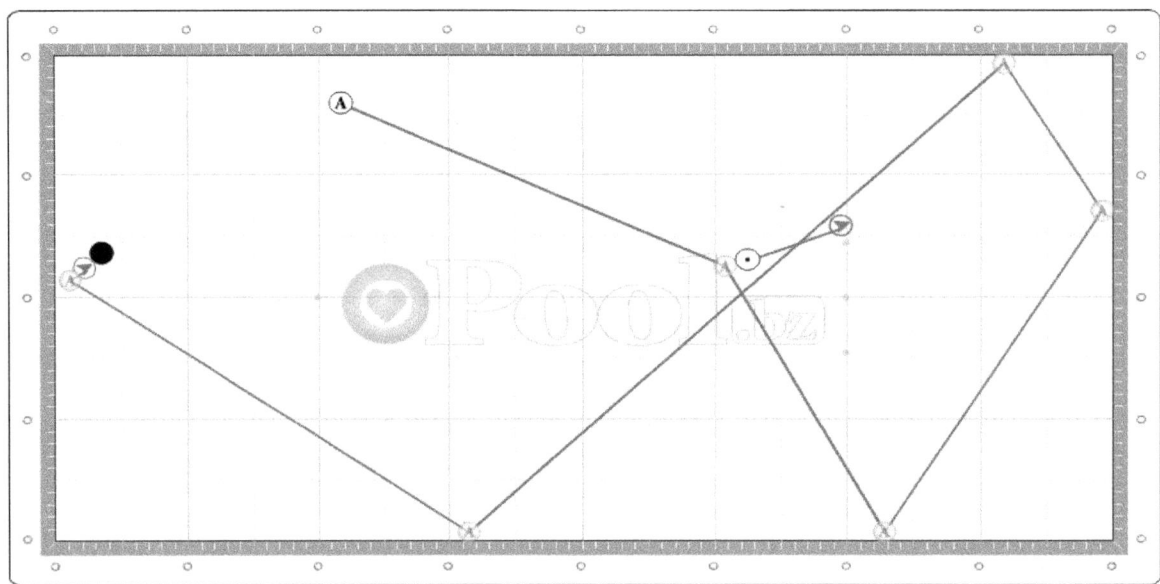

F:2d – Setup

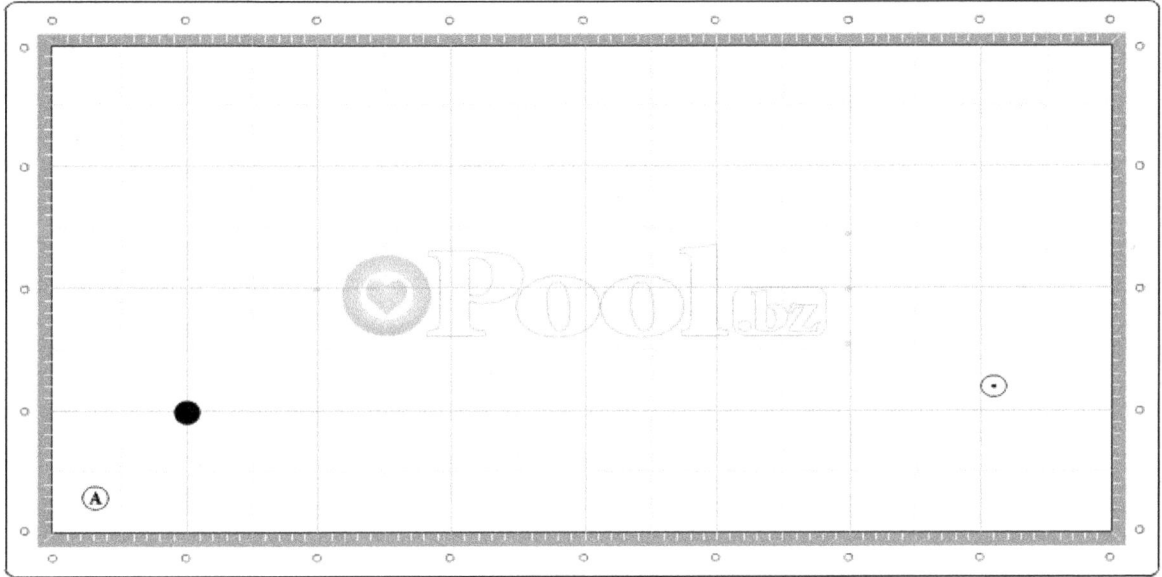

Notater og ideer:

Skudd mønster

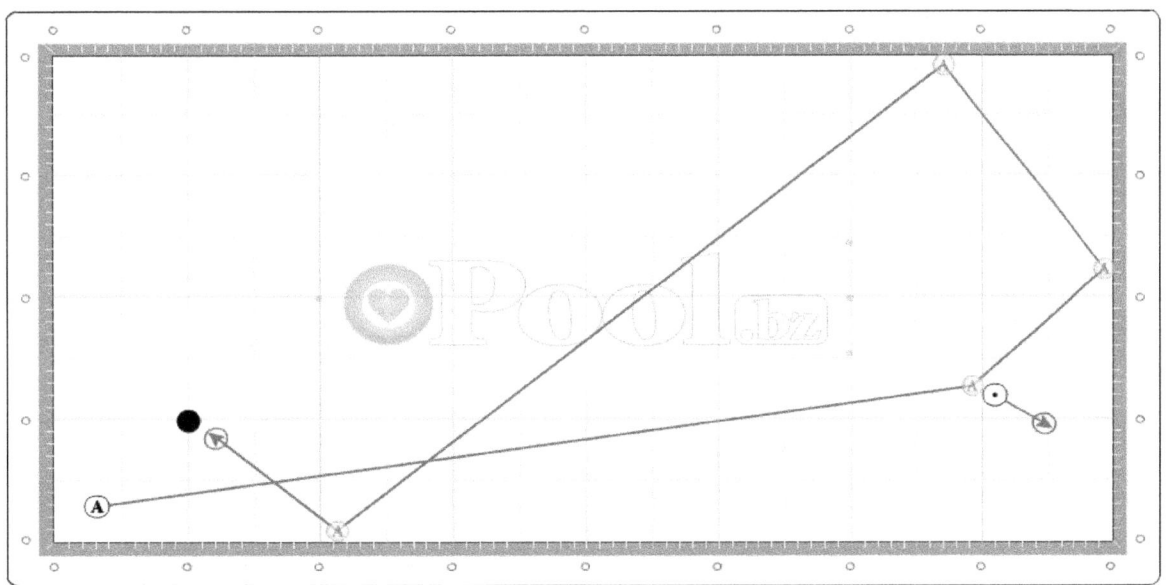

F: Gruppe 3

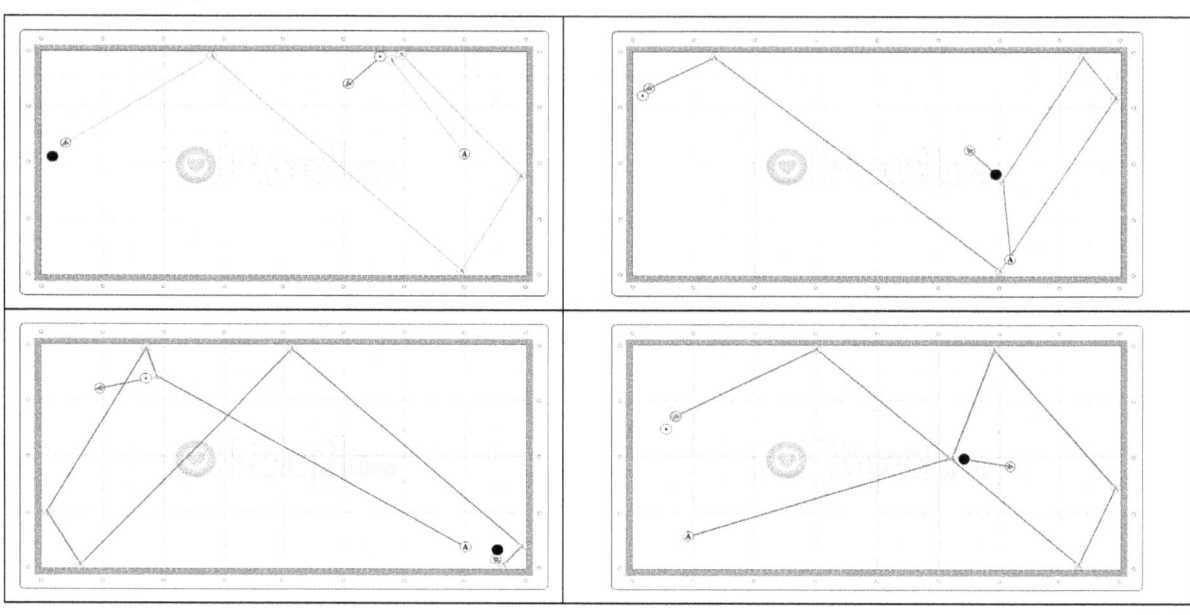

Analyse:

F:3a. _____

F:3b. _____

F:3c. _____

F:3d. _____

F:3a – Setup

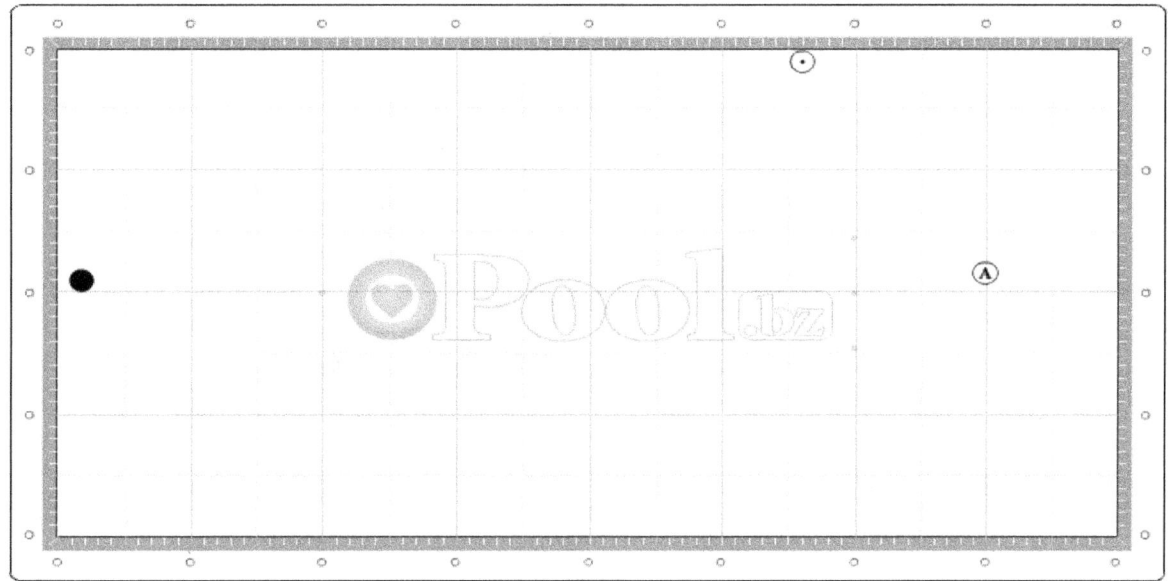

Notater og ideer:

Shot Patter

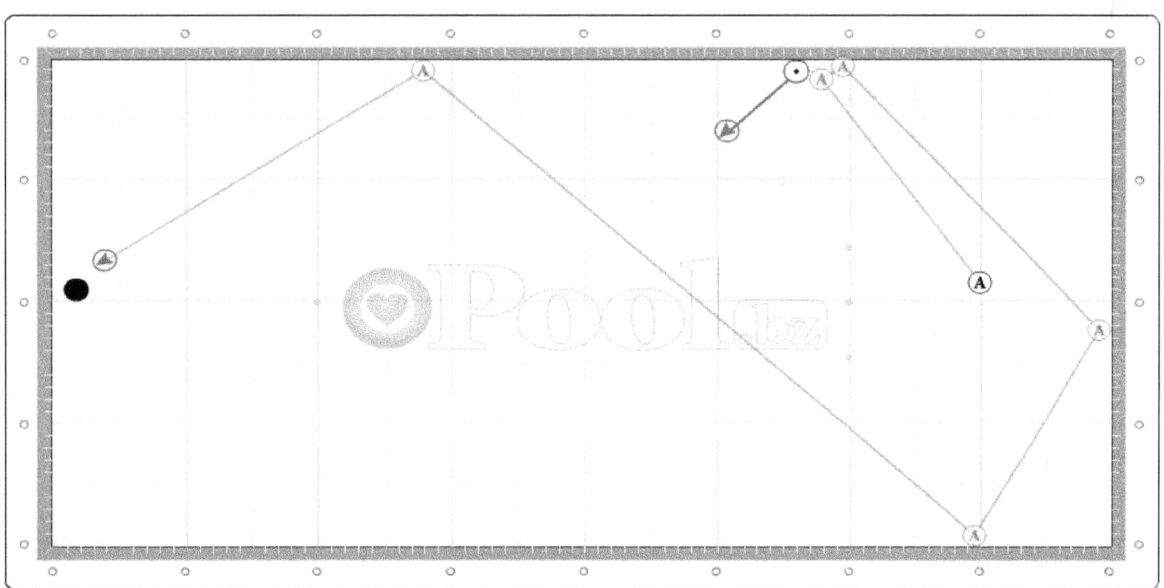

F:3b – Setup

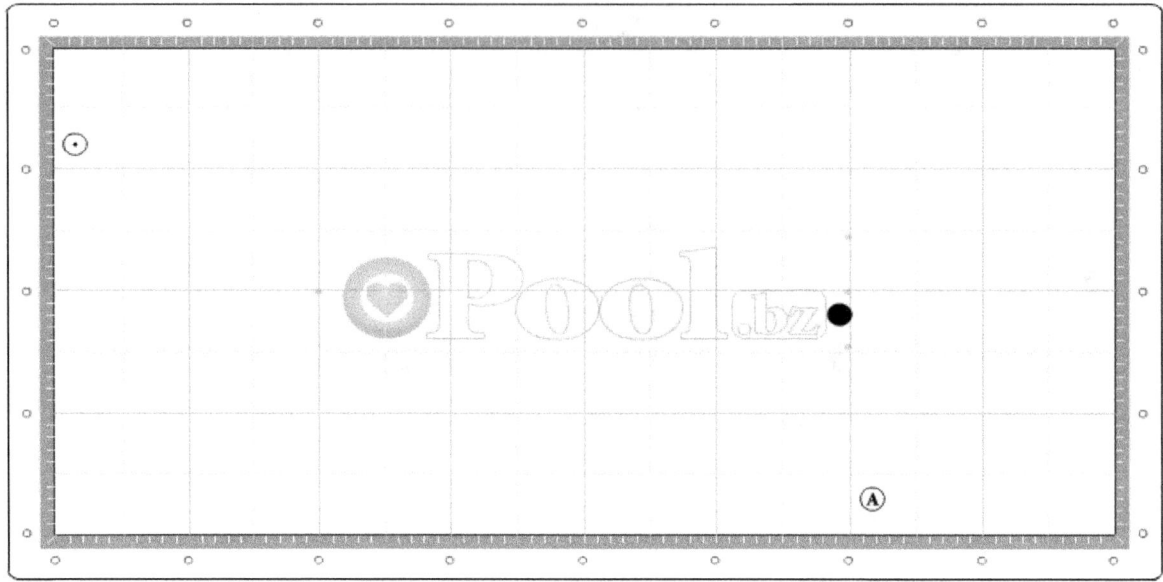

Notater og ideer:

Skudd mønster

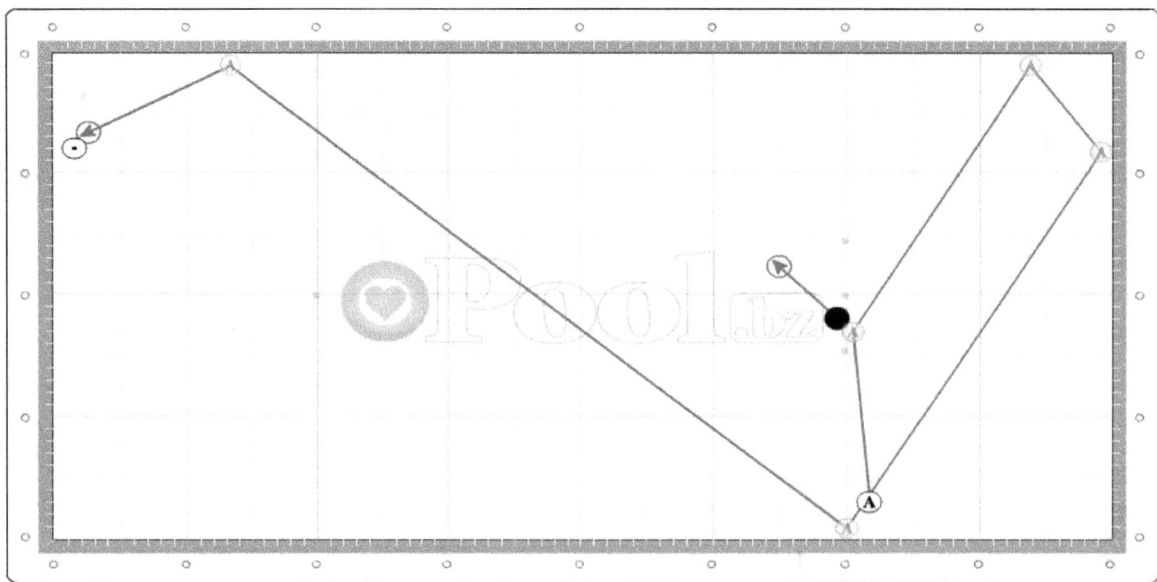

F:3c – Setup

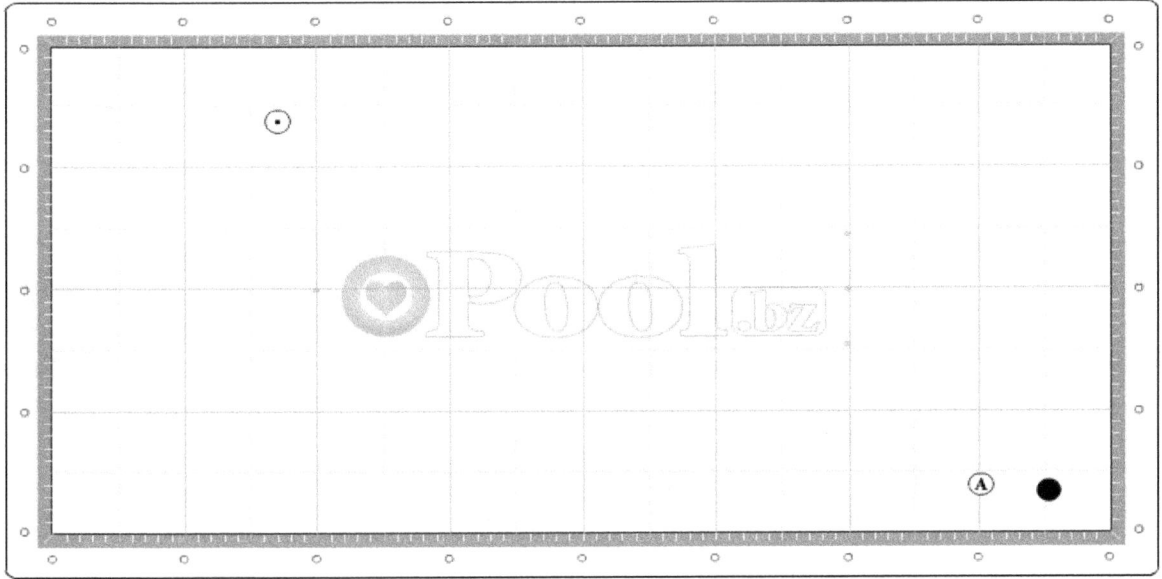

Notater og ideer:

Skudd mønster

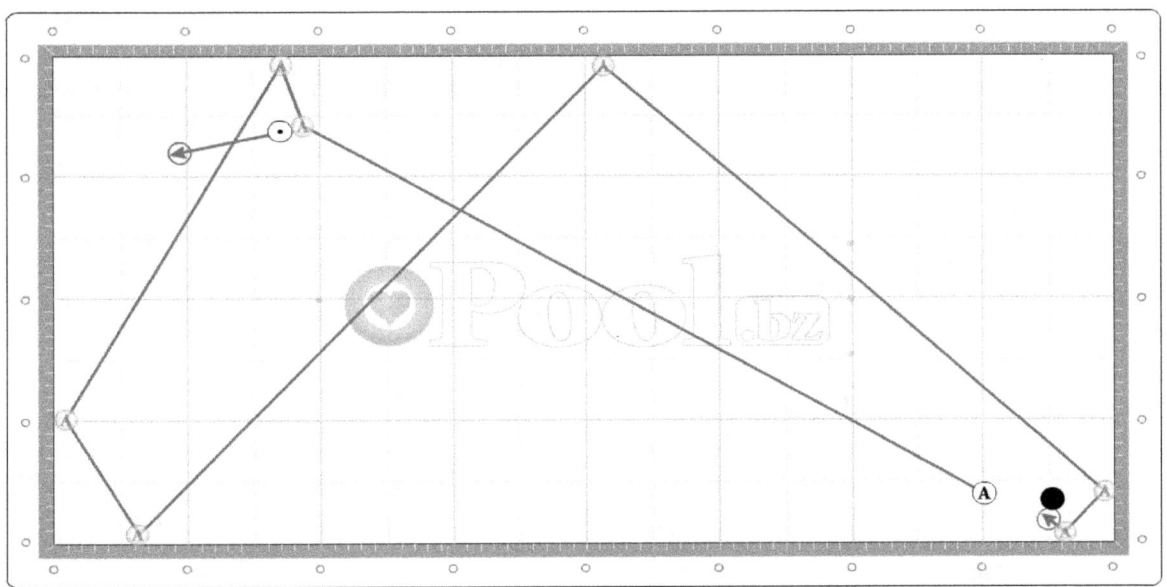

F:3d – Setup

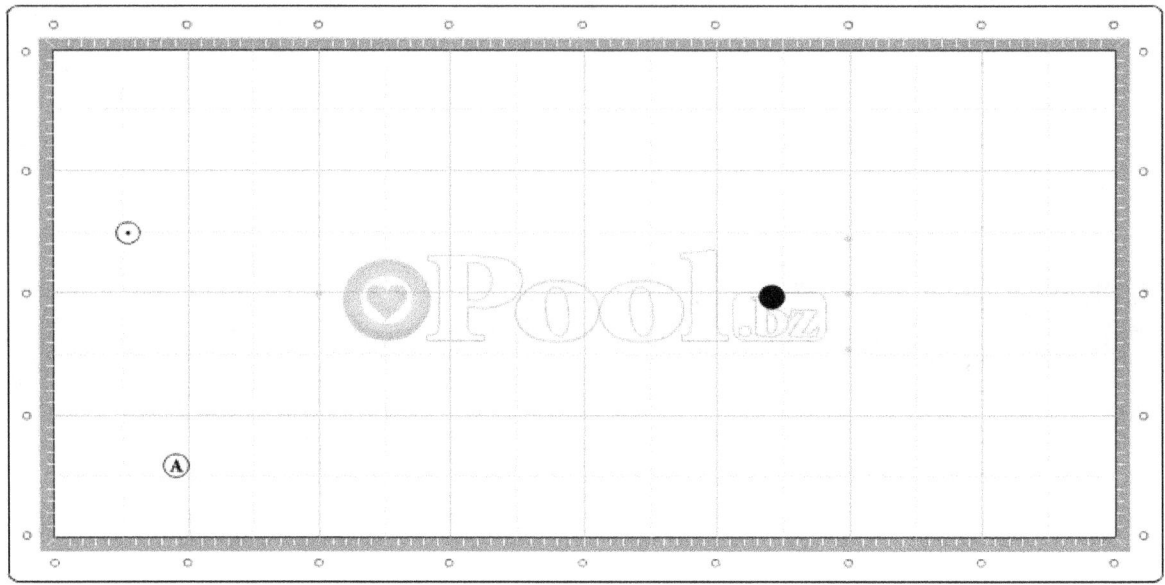

Notater og ideer:

Skudd mønster

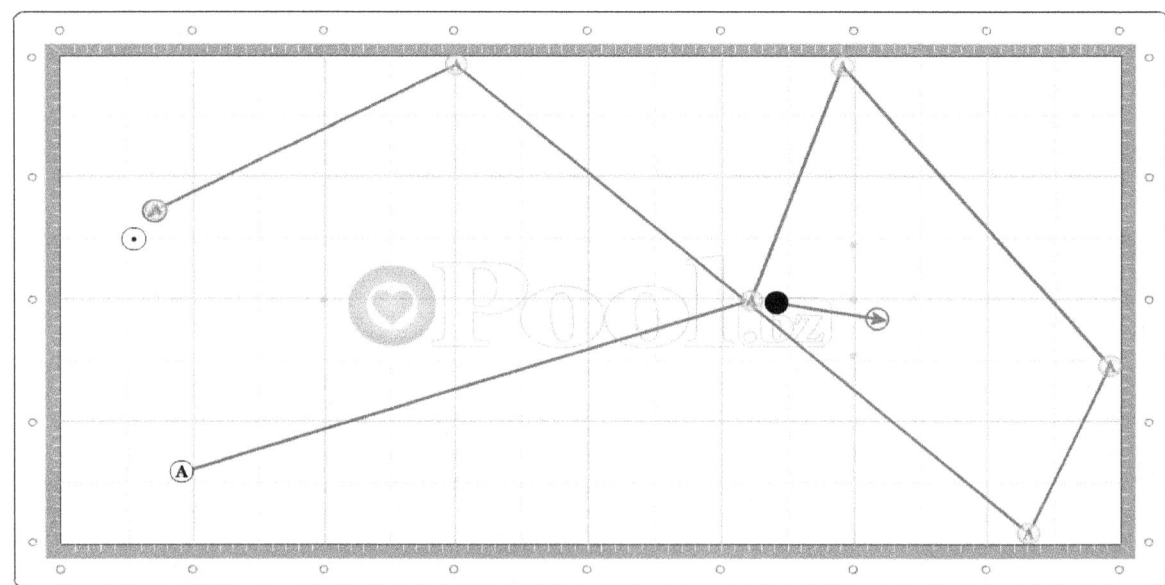

www.ingramcontent.com/pod-product-compliance
Lightning Source LLC
Chambersburg PA
CBHW081236170426
43198CB00017B/2786